Staatlichkeit aus zivilgesellschaftlicher Perspektive

Peter-Georg Albrecht

Staatlichkeit aus zivilgesellschaftlicher Perspektive

Eine Untersuchung ausgewählter
Beiträge zu den bürgerschaftlichen
Diskursen der 1990er und 2000er
Jahre

 Springer VS

Peter-Georg Albrecht
Hochschule Magdeburg-Stendal
Magdeburg, Deutschland

ISBN 978-3-658-24504-7   ISBN 978-3-658-24505-4   (eBook)
https://doi.org/10.1007/978-3-658-24505-4

Die Deutsche Nationalbibliothek verzeichnet diese Publikation in der Deutschen Nationalbibliografie; detaillierte bibliografische Daten sind im Internet über http://dnb.d-nb.de abrufbar.

Springer VS

Verantwortlich im Verlag: Jan Treibel

Springer VS ist ein Imprint der eingetragenen Gesellschaft Springer Fachmedien Wiesbaden GmbH und ist ein Teil von Springer Nature
Die Anschrift der Gesellschaft ist: Abraham-Lincoln-Str. 46, 65189 Wiesbaden, Germany

Vorwort

Das Jahr 1998 markiert eine Zäsur im bundesrepublikanischen Gesellschaftspolitikstil. Mit dem Ende der Kohl-Ära wurde der Weg frei, neu über eine „zivile Bürgergesellschaft" (so Gerhard Schröder) nachzudenken. Die 2000er Bundestagsenquetekommission „Bürgerschaftliches Engagement" arbeitete heraus, wie eine „zukunftsfähige Bürgergesellschaft" gelingen könnte. In ihren Bericht flossen alle zentralen Positionen der politischen und wissenschaftlichen Debatten der 1990er Jahre ein. Die vorliegende Untersuchung zeichnet einige dieser Positionen und ihre jeweiligen Perspektiven nach und zeigt ihre Weiterentwicklung in den 2000er Jahren auf.

Die hier vorgelegte Arbeit befasst sich also mit Zivilgesellschaft und Staatlichkeit und versucht, die Konzepte von Staatlichkeit der in Deutschland mit bürgerschaftlichem Engagement und Zivilgesellschaft befassten Autoren zu rekonstruieren und darauf aufbauend einen spezifischen, zivilgesellschaftlichen Staatsbegriff zu entwickeln. Dafür wurden die Publikationen von neun Autoren ausgewählt und analysiert, die die Themen bürgerschaftliches Engagement und Zivilgesellschaft in den 1990er und 2000er Jahren vertraten und die sich 2000 bis 2002 in bzw. im Umfeld der Bundestagsenquetekommission „Zukunft des bürgerschaftlichen Engagements" engagierten.

Im ersten Kapitel der Untersuchung sind die zivilgesellschaftlichen Debatten der 1990er und 2000er Jahre umrissen, wie sie sich bei grober Durchsicht der Grundgesamtheit darstellen. Das Konzept der Zivilgesellschaft wird andiskutiert und in seiner – deutschen – Ausprägung und Vielfältigkeit vorgestellt, weil davon auszugehen ist, dass dieses Konzept das Reden der im dritten Kapitel untersuchten Autoren über Staatlichkeit maßgeblich formt.

Das zweite Kapitel versucht eine Annäherung an das Konzept der Zivilgesellschaft – in einer qualitativ angelegten Akteursanalyse. Zivilgesellschaftlichkeit kann sich, so die dieser Analyse zugrunde liegende Überlegung, aus dem Handeln, der Form, dem Stellenwert von bürgerschaftlichem Engagement bestimmter Akteure entwickeln und zeigt sich insbesondere in der Konstitution einer Sphäre der Vergemeinschaftung und Kooperation. Organisationen, Einrichtungen, Gremien und Veranstaltungen in lokalen Kontexten wurden dafür vom Autor teilnehmend beobachtet und mithilfe induktiv angelegter Auswertungsmethoden komparativ kategoriebildend analysiert. Das Ergebnis dieser Arbeit sind aus der empirischen Erfahrung hergeleitete und für den lokalen Raum geltende Kategorien von Zivilgesellschaftlichkeit.

Im dritten Kapitel finden sich die Fallstudien zu den untersuchten neun Autoren. Ausgehend von der wissenschaftlichen Biografie dieser Autoren und ihren Hauptbefassungen werden ihre Konzepte von Zivilgesellschaft vorgestellt und ihre expliziten und impliziten Konzepte von Staatlichkeit rekonstruiert.

Im vierten Kapitel ist dargestellt, welche normativen Ausprägungen das Konzept der Zivilgesellschaft hat, welche Art von Wirklichkeit es zu umreißen sucht, was aus normativem Konzept und Wirklichkeitsbeschreibungen für Empfehlungen abzuleiten sind und welche Kritik an Zivilgesellschaftlichkeit geübt werden muss. Danach wendet sich der Analysefokus dieser Arbeit dem Hauptgegenstand zu und wechselt dementsprechend die Darstellung hin zur autorenspezifischen und von den Hauptbefassungen der Autoren ausgehenden zivilgesellschaftlichen Konstruktion von Staatlichkeit. Das Konzept der Staatlichkeit wird in Vergangenheits- und Zukunftsperspektive, das heißt im Blick auf die vergangene Entwicklung von Staatlichkeit in Deutschland und im Blick auf die Erwartungen bezüglich der weiteren Entwicklung vorgestellt und ergänzt um ideale Staatlichkeitsvorstellungen und einige Zusatzaspekte, die das Reden über Staatlichkeit berühren.

Das fünfte Kapitel korrespondiert mit dem zweiten Kapitel. Dabei nimmt es den im zweiten Kapitel vorgestellten Analysefokuswechsel auf, indem es – noch einmal ausgehend von empirischer Erfahrung – Staatlichkeit in den Mittelpunkt der Ausführungen stellt und Zivilgesellschaftlichkeit als erklärende Größe verwendet. Staatlichkeit kann sich im Handeln, in der Form und im Stellenwert individuellen koordinierenden Agierens in bestimmten Strukturen zeigen und verschiedene Sphären konstituieren helfen. Aus zivilgesellschaftskonstruktiver Perspektive ist das zumeist die Sphäre des dritten Sektors der Gemeinschaftlichkeit und der Kooperation, aus staatskonstruktivistischer Sicht ist dabei aber auch die Sphäre des Koordinierens, Regulierens und Steuerns im weiteren Sinne und der konkreten Verwaltung und Politik und ihrer Anliegen im engeren Sinne gemeint.

Im sechsten Kapitel wird versucht, den sich bereits in den vorherigen Kapiteln abzeichnenden spezifischen – zivilgesellschaftlichen – Staatlichkeitsbegriff zu fassen und auszubuchstabieren, um dem Ziel, ein theoretisch solides und wirklichkeitsnahes Konzept zivilgesellschaftlicher Staatlichkeit vorzulegen, näher zu kommen. Die zentralen Elemente, einige Details und die normativen Bezüge eines solches Konzepts kommen zur Sprache und werden durch drei klassische Zugänge und einen neuen Zugang ergänzt.

In der Studie wird explizit von Autoren gesprochen, um deutlich zu machen, wie stark die Debatte von Männern geprägt ist. Annette Zimmer ist damit ebenso mit gemeint wie all die Frauen, die jenseits der besprochenen Personen wichtige, aber in der Studie nicht vorgestellte Beiträge zur Weiterentwicklung der wissenschaftlichen und praktischen Diskurse leisten.

Peter-Georg Albrecht

Inhaltsverzeichnis

Versuch eines Überblicks: Der Begriff der Zivilgesellschaft in den deutschen Diskursen der 1990er und 2000er Jahre

Es ist unbestreitbar[1]: Zwischen den primären Netzwerken des verwandtschaftlichen, bekanntschaftlichen und nachbarschaftlichen Bereichs sowie Staat und Markt lässt sich ein dritter Sektor identifizieren. Eine Vielzahl an Organisationen wie die Kirchen sowie Assoziationen wie Vereine und Stiftungen müssen hierzu gerechnet werden. Es gibt kollektive Akteure wie Parteien, die zutiefst auf den Staat bezogen sind. Andere, wie Gewerkschaften, greifen direkt ins Marktgeschehen ein. Wieder andere widmen sich, staatsgefördert oder marktfinanziert wie Wohlfahrtsverbände, Benachteiligten und Notleidenden. Anders als die primären Netze mit ihren Zugehörigkeits- und direkten Reziprozitätslogiken verfügt der dritte Sektor über die Funktionslogiken der Mitgliedschaft und demokratischer Prinzipien (so Klie und Roß 2005). Insofern ergänzt und erweitert der dritte Sektor den primären Bereich um einen gemeinschaftlichen und gesellschaftlichen Raum, ohne dass in ihm allgemeinheitsbezogene Regulations- und Steuerungsziele, wie sie im Staatsbereich wichtig sind, oder private Kapitalakkumulationsabsichten, die den Markt prägen, eine allzu große Rolle spielen.

1.1 Konturen des Begriffs

Der beschriebene dritte Sektor ist – non-government und non-profit – der Bereich der Begegnungen von Bürgern auf gleicher Augenhöhe. Daneben trägt er zur Hilfe und Unterstützung derjenigen bei, die manche Lebensaufgaben nicht aus

---

[1]Dieses Kapitel ist in vielen Absätzen gleichlautend durch den Autor bereits veröffentlicht (vgl. Albrecht 2009, S. 136 ff.).

© Springer Fachmedien Wiesbaden GmbH, ein Teil von Springer Nature 2019
P.-G. Albrecht, *Staatlichkeit aus zivilgesellschaftlicher Perspektive*,
https://doi.org/10.1007/978-3-658-24505-4_1

eigener Kraft und mithilfe ihrer primären sozialen Netzwerke bewältigen können (und organisiert so Solidarität und Gemeinwohl). Diesen Sektor als die Zivil- bzw. Zivilgesellschaft[2] anzusehen, scheint jedoch wenig plausibel. Er ist es vor allem deshalb nicht, als sich die für eine Zivilgesellschaft maßgeblichen Prinzipien des Demokratischen und des Sozialen (§ 20 des Grundgesetzes: „Die Bundesrepublik Deutschland ist ein demokratischer und sozialer Bundesstaat…") keinesfalls ausschließlich auf den dritten Sektor beziehen, sondern auch den Staat und – so eine umstrittene These – auch die Marktwirtschaft meinen[3].

Alles in allem scheint es günstiger, die Zivilgesellschaft als eine Entwicklungsoption der Gesellschaft zu sehen, deren man sich immer wieder neu bewusst werden muss, die misslingen kann, die nicht naturgegeben ist, es sei denn, man verschließt die Augen vor vielfältigen anmaßendem Staatsgebaren, grundsätzlichen Marktproblemen und sowie auch den Schattenseiten der Entwicklungen im gemeinschaftlichen und gesellschaftlichen Raum (vgl. hierzu auch Roth in Bundestagsenquetekommission 2002, S. 80, 727 ff.). Eine Zivilgesellschaft, also eine Gesellschaft, in der Bürger mehr und mehr Beteiligungs- und Mitsprachemöglichkeiten haben und die anregt, grundlegende freiheitliche wie auch soziale Ziele immer wieder neu zu verfolgen und einzulösen, kann also nur zum Teil empirisch „entdeckt" werden, bleibt sie doch eher ein stetig einzuforderndes und einzulösendes Leitbild. Dass ein Projekt Zivilgesellschaft der Unterstützung aller bestehender Strukturen, Institutionen und Akteure der Sektoren bedarf, auf die sie sich bezieht, ist kein Widerspruch, benötigt doch eine

---

[2]Natürlich wird dies in empirisch-beschreibender Sicht in der angloamerikanischen Literatur so verhandelt. Dort wird mit Zivilgesellschaft – civil society – oft das bezeichnet, was hier als Teilbereich einer solchen, eben als dritter Sektor definiert wird – ein Bereich der selbstorganisierten und sich selbst artikulierenden Zusammenschlüsse und Aktivitäten von Bürgern. Zivilgesellschaft, die vielfach auch noch einmal begrifflich parallel verhandelt wird, ist Zivilgesellschaft dadurch, dass die Bürger ihre Rechte und Pflichten als citoyens gut und besser leben können. Hier soll sich der Begriffspraxis der Bundestagsenquetekommission zur Zukunft des bürgerschaftlichen Engagements (2002, S. 57 ff.) angeschlossen werden, die die Begriffe eher synonym verwendet hat. Meistenteils wird der Einfachheit halber der Begriff Zivilgesellschaft verwendet, hat er aus Sicht des Autors doch auch eine stärker normative Konnotation, die hier verhandelt wird, als das empirischer klingende Wort von der Zivilgesellschaft.

[3]Allerdings muss auch gesagt werden: Vor dem Hintergrund zunehmender internationaler Regulation und Globalisierung gerät ein solches – nationalstaatliches – Projekt in die Defensive geraten. Dies soll aber nicht darüber hinwegtäuschen, dass es national dazu weiterhin – sogar „ewigkeitsverklausuliert" – einen Auftrag gibt.

Gesellschaftsgestaltung, will sie nicht bei Null anfangen, mehr als die allgemeine Beteiligung und das Engagement aller und bzw. der kompetentesten ihrer Bürger. Zivilgesellschaft kann nur gelingen, so sei hier ergänzend definiert, wenn die Engagierten in Staat, Markt, im dritten wie im primären sozialen Sektor ziviler, menschenrechtlicher, bürgerschaftlicher, freier, demokratischer und sozialer zu handeln beginnen und Benachteiligte und Notleidende dabei mitnehmen[4].

1.2 Ähnlichkeiten und Unterschiede der Begriffsverwendung

Die Protagonisten zivilgesellschaftlicher Konzepte in Wissenschaft, Politik und wohlfahrtsverbandlicher Praxis verwenden den Begriff der Zivilgesellschaft höchst unterschiedlich...

Adalbert Evers kommt dem genannten Verständnis am nächsten. Er präferiert, eine Zivilgesellschaft „nicht als Sektor mit ihm eigenen Merkmalen, sondern vor allem über einen Set an ihm eigenen Merkmalen, Praktiken und Prinzipien zu definieren, die im gesamten öffentlichen Bereich Dienste und Einrichtungen mitzuprägen vermögen" (Evers 2003, S. 989). Folgt man seinem Konzept hybrider Organisationen, zu denen er auch Wohlfahrtsverbände zählt, so ist „die Grenzlinie zwischen staatlichem und drittem Sektor zweitrangig" und haben auch marktwirtschaftliche Elemente ihre Berechtigung. Wichtiger als Grenzziehungen sind Evers „Gemeinsamkeiten des aus beiden konstituierten öffentlichen Bereichs", in dem verschiedene Prinzipien wie „Wettbewerb, hierarchische Steuerung und soziale Kooperation" nebeneinander und verschränkt zur Anwendung kommen. Adalbert Evers gibt insofern in seiner sozialpolitischen Akzentsetzung nicht staatlichen, wirtschaftlichen oder freien Trägern den Vorzug – in seinem Verständnis von Zivilgesellschaft für ihn ein „nachgeordnetes Problem" –, sondern setzt für die Entwicklung zivilgesellschaftlicher Institutionen und Strukturen auf Verschränkung und Komplementarität der Logiken verschiedener Sektoren. Evers sieht es kritisch, „den dritten Sektor gewissermaßen mit Zivilgesellschaft gleichzusetzen" (Evers 2003, S. 989), ist doch für ihn die Zivilgesellschaft das ganze öffentliche Gemeinwesen – ob als sozial-kooperativer, als politischer Raum oder

---

[4]und ohne der folgenden Argumentation vorauszugreifen, sei schon hier angedeutet, dass sowohl die (meist auf den Sozialstaat bezogene) Struktur- und Strukturerhaltungsfrage wie auch die soziale Frage zu den umstrittensten Punkten aller drittsektoralen und zivilgesellschaftlichen Konzepte gehören.

Markt. Sein Hintergrundkonzept ist das eines öffentlichen Raumes mit öffentlichen, einsehbaren, diskutierbaren und bürgerschaftlich gestaltbaren Diensten. In seinem hier zitierten Grundsatztext schlägt Evers vor, sein Konzept der Zivilgesellschaft sowie des dritten Sektors von mindestens zwei anderen ebenfalls in der Diskussion stehenden zu unterscheiden: Für die einen, zu denen er sich nicht zählt, besteht die Zivilgesellschaft aus einem dritten Sektor als einem sozialwirtschaftlich leistungsfähigen Bereich mitglieder- und mitarbeiterstarker nichtstaatlicher und nichtgewerblicher Organisationen, wie sie konzeptionell von den Vertretern der sogenannten Drittsektorforschung – in angloamerikanischer Tradition – gefasst wird (in Deutschland vielfach rezipiert und vertreten u. a. von Annette Zimmer und Eckhard Priller (so bspw. bei Priller und Zimmer 2005)). Für die anderen ist Zivilgesellschaft, so Evers, „eine Sphäre kritischer Öffentlichkeit" (Evers 2003, S. 977), die bspw. auch durch neue Formen sozialer Bewegungsbildung und Institutionalisierung sowie auch traditionelle wertorientierte Gemeinschaftsbildung und Interessenartikulation befördert wird. Auch wenn diese beiden Sichtweisen eng miteinander verschränkt sind, kann man Zivilgesellschaft also „einerseits als ein politischer Raum, eine Art ‚Agora' von kritischem Raisonnement und von Interessenkämpfen, mit denen man auf die Entwicklung staatlicher Politiken und Dienste Einfluss nimmt, anderseits aber auch als ein Feld der bürgerschaftlichen Selbstorganisation und sozialen Mitträgerschaft von sozialen Einrichtungen" betrachten (Evers 2003, S. 978)[5].

Worum geht es bei diesen beiden häufig gegensätzlich erscheinenden Diskurssträngen, von denen sich Evers abgrenzt? Die Drittsektorforschung (vgl. Priller und Zimmer 2005) hält besonders die sozialwirtschaftliche Produktivität eines von Staat und Markt abgrenzbaren Sektors von Organisationen und Assoziationen für bedeutend. Durch Erhebung von Mitglieder-, Mitarbeiter- und Ehrenamtlichenzahlen und wirtschaftlichen Outputs will man der gesellschaftlichen, sozialpolitischen, sozialwirtschaftlichen wie auch gesamtwirtschaftlichen Bedeutung dieses Sektors auf die Spur kommen. Die durch diese Theorie- und Forschungstradition entstandenen Operationalisierungen (vgl. das Johns Hopkins Comparative Nonprofit Sector Project) haben in hohem Maße dazu beigetragen, die Bedeutung der Organisationen des dritten Sektors herauszuarbeiten[6].

---

[5]Evers setzt seine Auffassung von Zivilgesellschaft allerdings nicht allzu stark von dieser zweiten Richtung ab, sieht er seine weitergehende Theoriebildung doch eher in dieser – demokratiebezogenen – Tradition stehend.

[6]Priller und Zimmer schreiben: Dritte-Sektor-Organisationen zeichnen sich über ihre Produktivität hinaus „durch einen Funktionsmix aus, der ökonomische, politische wie auch gesellschaftlich-integrative Komponenten umfasst" (Priller und Zimmer 2005, S. 130).

Allerdings haben die Autoren dieser Studien operationalisierend nicht nur die Besonderheiten dieser Organisationen im Verhältnis zu Wirtschaftsunternehmen herausgearbeitet, sondern sich häufig auch einem staatliche Behörden kritisierenden, ja staatsablehnenden und dabei gleichzeitig sehr wirtschaftsnahen Diskursduktus gewidmet. Dieser Umstand muss – zumindest empirisch gesehen – verwundern, ist doch besonders in Deutschland der dritte Sektor nicht nur staatlich gerahmt und reguliert (wie bspw. im Vereins- und Gemeinnützigkeitsrecht), sondern auch finanziert. So schreibt Stefan Nährlich, Geschäftsführer einer zentralen ähnlich der Dritte-Sektor-Forschung argumentierenden Lobbyorganisation: Zivilgesellschaft bedeutet im Kern „privat vor Staat" (Nährlich 2007a, S. 152). Dass es „die Idee der Zivilgesellschaft" in Deutschland „noch nicht zum gesellschaftlichen Leitbild geschafft hat, liegt auch an uns selbst", denn viele Debatten und viel Engagements wirken etwas „orientierungslos, mutlos und machtlos" (Nährlich 2007a, S. 151). Weil hierzulande „Gesellschaftspolitik vornehmlich in Kategorien staatlichen Handelns gedacht wird", ist die deutsche Zivilgesellschaft laut Nährlich auch „auf der konzeptionellen Ebene … nach wie vor eine Idee ohne Theorie". Günstiger wäre es seines Erachtens, sowohl in der Theorie als auch in der Praxis engagierter auf gesellschaftliche Selbstorganisation zu setzen und „analog zum marktwirtschaftlichen Ideal der Konsumentensouveränität" die „Bürgersouveränität" zu stärken, also Bürgern mehr Autonomie und Selbstorganisation sowie selbstbestimmtes, auch unternehmerisches Handeln zu ermöglichen (Nährlich 2007a, S. 151)[7].

Ansgar Klein und andere Autoren betonen anders als die Drittsektorforschung die demokratietheoretische Relevanz der zivilgesellschaftlichen Debatten. Sie streben „Engagementpolitik als neues Politikfeld" an und meinen damit, dass es in der Gesellschaft vor allem zu einer „Stärkung der Kultur des kooperativen Handelns und Entscheidens" kommen muss, die alle „zentralen Lebensbereiche und Institutionen berührt". Jedem Menschen sollte ihres Erachtens „die Möglichkeit

---

[7]Dass Stiftungen und wirtschaftliche Genossenschaftsmodelle, die Nährlich zumeist im Blick hat (vgl. Nährlich 2005, 2007a), nur die eine Seite der Medaille, nämlich die des engagierten Bürgers, im Blick haben, zeigt Nährlichs Vorschlag zur Privatisierung eines Berliner Theaters im gleichen Text. Insgesamt ist zu sagen, dass seine Vorschläge – wie auch die von Rupert Graf Strachwitz –, geht es bürgerschaftliches Engagement, zumeist den Kulturbereich meinen.. Die Frage von Menschen, deren Engagement zum einen mit viel weniger Ressourcen auskommen muss als das von Kulturmäzenen und die zum anderen als „arme" Ausgegrenzte, Benachteiligte und Notleidende Zielgruppe von ressourcenreichem Engagement sein könnten, bleibt bei ihnen unbedacht und wird nicht problematisiert.

geboten werden, nicht nur als Klient und Kunde Einfluss zu nehmen, sondern Mitverantwortung zu tragen und kompetent mitreden und mitgestalten zu können" (Klein 2005, S. 15–16)[8]. Eine ähnliche Perspektive nimmt Warnfried Dettling ein, wenn er formuliert: „Die Idee der Zivilgesellschaft verändert grundsätzlich Art und Weise, wie wir Politik insgesamt denken und machen... Zivilgesellschaft meint nicht nur einen dritten oder informellen Sektor der Gesellschaft, sondern die gesamte Res publica, alle öffentlichen Dinge... Demokratie wird verstanden nicht nur als Organisationsform des Staates, sondern auch, wo immer möglich, als eine Form der Selbstorganisation der Gesellschaft, als Einmischung der Bürger in ihre eigenen Angelegenheiten", als „Demokratisierung des Sozialstaates" sowie als „Demokratisierung der Demokratie" (Dettling 2007, S. 8).

Damit schließt sich an dieser Stelle der Kreis zurück zu Adalbert Evers und seinem an der Ausgestaltung konkreter Institutionen und des öffentlichen Raumes ansetzenden Auffassung von Zivilgesellschaft[9]. Klein stimmt mit Dettling in seiner Abgrenzung des Konzepts von Zivilgesellschaft von zwei anderen Ausrichtungen eigentümlich überein: Beide betonen – wenn auch der eine stärker aus demokratietheoretischer Tradition mit dem Background neuer sozialer Bewegungen und der andere aus einer, manchmal konservativer Argumentation naher Gesellschaftskritik und einem eher liberaleren Bürgerideal heraus, grundsätzlich basisdemokratische Elemente. Damit kritisieren sie zum einen demokratietheoretische Konzepte der Expertenherrschaft (deliberative Demokratie), zum anderen aber auch strukturkonservativen Beharrungen auf dem Gesellschafts- und Staatsaufbau der 1990er und 2000er Jahre (Konzepte bewahrender Sozialstaatlichkeit).

Ein solche struktur-, institutionen- und im Prinzip staatsbewahrende Auffassung vertritt bspw. Nullmeier (2002), wenn er verdeutlicht, dass bürgerschaftliches Engagement, allenfalls ein „Anbau, (...) etwas Zusätzliches und Ornamentales" ist (wie es Dettling 2007, S. 8) ausdrückt. Nullmeiers Ansicht nach kann die

---

[8]Dass Ansgar Klein aus dieser Tradition der Demokratisierung heraus argumentiert, zeigt sehr anschaulich sein mittlerweile klassischer Sammelband: „Politische Beteiligung und Bürgerengagement in Deutschland", in dem in theoretischer und politisch-praktischer Weise Gesellschaftsstruktur, Institutionen und Bürgerengagement im Kontext von Partizipation diskutiert werden (Klein und Schmalz-Bruns 1997).

[9]Thomas Olk, der stärker aus der Institutionenforschung und der Forschung zu den Akteuren des Sozialstaates kommt, hat zumindest in seinen Beiträgen zur Enquetekommission zur Zukunft des bürgerschaftlichen Engagements ähnlich argumentiert. Sein stärker mit Wohlfahrtsverbänden und ihrer historischen Entwicklung verbundener Ansatz wird an entsprechender Stelle verhandelt.

Zivilgesellschaft die grundlegenden Herausforderungen, mit denen Sozialpolitik und damit der Sozialstaat zu kämpfen haben, nicht übernehmen. Entweder transformiert sich all das, was als soziale Zivilgesellschaft verhandelt wird „unter der Aufgabenlast in eine markt- oder unternehmensähnliche Szenerie oder sie bedarf massiver Hilfestellung seitens des Staates. Aus sich selbst heraus bietet sie jedenfalls nicht die erforderlichen Regelungs- und Kooperationspotenziale. So kann sie immer nur ein – durchaus sympathischer – Nebenzweig der sozialpolitischen Lösungsstrategien mit beschränktem Wirkungskreis sein" (Nullmeier 2002, S. 18). Dahme und Wohlfahrt (2007), die auf Basis eines zumindest ähnlichen bewahrenden Sozialstaatsverständnisses den „inszenierten" Wettbewerb kritisieren, durch den das klassische staatskorporatistische Engagement bspw. von Wohlfahrtsverbänden durch politische Regulation und Steuerung auf den freien Markt gedrängt wird, argumentieren gegenüber den Konzepten der Zivilgesellschaft im Blick auf den Mainstream der Politik: „Der Effizienzstaat, auf dessen Agenda die Konsolidierungspolitik ganz weit oben angesiedelt ist, bedroht die Zivilgesellschaft, die er lautstark fordert und einklagt, mehrfach. Durch den neuen managerialistischen Politikstil werden der Bürger wie zivilgesellschaftliche Organisationen in den demokratischen Mitbestimmungsmöglichkeiten eingeschränkt... Zivilgesellschaftliche Organisationen verlieren durch die ihnen aufgezwungene Effizienzpolitik vor allem ihren zivilgesellschaftlichen Charakter... werden zu Sozialbetrieben, also Teil des Wirtschaftssystems" (Dahme und Wohlfahrt 2007, S. 28).

Sie sehen bei vielen „Verfechtern einer staatlichen Engagementpolitik ... einen Glauben an die Kraft der Bürgerschaft ..., der so unerschütterlich ist" (Dahme und Wohlfahrt 2007), dass er blauäugig genannt werden muss.

Dahme und Wohlfahrt verweisen damit auf ein Zivilgesellschaftskonzept, dass zwar einerseits mehr engagierte Bürger fordert, aber andererseits deliberativ die bisherige Expertenherrschaft zu erhalten, ja zu restaurieren versucht. Die Zivilgesellschaft ist in dieser Perspektive kein soziales Projekt der Mitnahme von Benachteiligten und Notleidenden, sondern vor allem dann gegeben, wenn die Besten die Herrschaft und die Führung der gesellschaftlichen Unternehmen übernehmen. Tatsächlich werden solche Zivilgesellschaftsmodelle verhandelt. Vor allem in FDP-nahen Konzepten ist dies der Fall, wie sie schon oben bei Nährlich anklangen. Für Rupert Graf Strachwitz, der in der Bundestagsenquetekommission zur Zukunft des bürgerschaftlichen Engagements für die FDP arbeitete, ist vor allem „Freiheit die Voraussetzung dafür, dass sich Menschen für das Gemeinwesen engagieren" (Strachwitz 2007b, S. 46), und nicht der Staat. Unter anderem durch „Revolution der Kommunikation" ist es laut seiner Ansicht in den letzten Jahren zu einer „Emanzipation des Marktes" gekommen, sodass der jetzige Staat endgültig ausgedient hat. „Das Grundmodell ... ist nicht mehr intakt. Es erscheint ... innerlich zerrüttet, ja erodiert", was sich deutlich an den Identifikationsproblemen der Menschen mit ihrem Staat und in ihrer Staatsverdrossenheit zeigt (Strachwitz 2007b, S. 40). Deshalb ist Deregulierung dringend angesagt: Laut Strachwitz ist die Gesellschaft der 1990er und 2000er Jahre „auf einen Kreativitäts- und Engagementschub angewiesen und (muss) dafür Verluste an administrativer Durchdringung und organisatorischer Stringenz nicht nur in Kauf nehmen, sondern geradezu herbeisehnen, (sind diese) doch der Entfaltung dieser Kreativität hinderlich" (Strachwitz 2007b, ebenda)[10]. Konsequenterweise ist die Zivilgesellschaft, für Strachwitz deshalb das überlegene Gegenüber eines Staates, der in seiner jetzigen Form „als universelle Leitinstanz als überholt gelten (muss)", eher geeignet, gesellschaftliche Herausforderungen zu meistern. Soll eine Gesellschaft aus den „drei Aktionsfeldern Staat, Markt und Zivilgesellschaft gleichrangig, unabhängig voneinander, zugleich aber in enger Kommunikation miteinander" bestehen, so muss es einen grundsätzlichen „ordnungspolitischen Paradigmenwechsel" geben (Strachwitz 2007b, S. 41). Der Staat hat in die zweite Reihe zu treten, weil freie und kompetente Bürger beginnen, die Gesellschaft unabhängig vom Staat selbst zu gestalten[11]. Auch wenn Strachwitz keinerlei Antworten auf soziale Fragen zu geben sucht; der bisherige „übersteigerte und pervertierte" Sozialstaat ist in jedem Falle zu zerschlagen (Strachwitz 2007b). Denn wie Phönix aus der Asche wird sich seines Erachtens dann der Bürger erheben, der seine Belange durch „das Schenken von Zeit, Ideen und Vermögenswerten, Engagement, Selbstermächtigung und Freiwilligkeit, Selbstorganisation und nicht zuletzt Verzicht auf materielle Entschädigung" in die eigenen Hände nimmt (Strachwitz 2007b, S. 41).

Zivilgesellschaft ohne sozialpolitische Strukturen, Institutionen und Staat? Böhnisch und Schröer widersprechen in vielen ihrer Beiträge vehement einer

---

[10]Für Strachwitz hat die deutsche Mehrheitsgesellschaft bisher aber noch das falsche, allzu affine Staatsbild. Seines Erachtens ist nicht der Staat der, der „gewähren oder verweigern" kann, sondern „es liegt an den Bürgern, dem Staat das zu gewähren, was er zur Erfüllung der Aufgaben, die ihm die Bürger übertragen haben, nach ihrer Einschätzung braucht". Ein solches, bisher noch nicht allzu weit verbreitetes Staatsbild ist für Strachwitz „radikal" (Strachwitz 2007b, S. 43), aber zwingend notwendig.

[11]Gleichzeitig, dass wird hier nicht weiter ausgeführt, ist das hier vorgestellte Zivilgesellschaftsbild hochgradig marktaffin. Ob innerorganisatorisch betriebswirtschaftlich und manageriell, zwischenorganisatorisch wettbewerblich oder global gar kapitalistisch – dieser Verfasstheit des Marktes und der Wirtschaft stimmen die Vertreter dieser Perspektive zu.

solch pauschalen Sozialstaatskritik, wie sie Strachwitz vorträgt. Für sie steht der Sozialstaat in zivilgesellschaftlichen Diskursen zu Unrecht am Pranger, weil es ihres Erachtens nicht darum gehen kann, „die soziale Frage, die als sozialstaatlich verwaltet und deshalb als die Gesellschaft lähmend etikettiert wird, aus dem Käfig der Gewährung heraus in den Fluss der Teilhabe zu bringen" (Böhnisch und Schröer 2004, S. 16). Allzu unglaubwürdig erscheint ihnen, dass der vor allem von bestimmten Liberalen geforderte Sozialstaats- und Institutionenabbau und „die neue politische Verfasstheit einer Gesellschaft..., in der die Bürger selbst das aktive regulierende Element sind", neue oder gar bessere Antworten auf die klassische soziale Frage wie auch auf die neuen gesellschaftlichen Herausforderungen geben könnte (Böhnisch und Schröer 2004, S. 16). Ihr Credo ist deshalb eine sozial fundierte Zivilgesellschaft, die sich der Errungenschaften ihrer sozialen Institutionen bewusst ist und diese nicht einfach über Bord wirft – um das von ihnen gut gewählte Bild nationalstaatlicher Sozialpolitik als Bootsfahrt durch unruhige globale Wasser zu präzisieren. Weil sich „frei schwebende intermediäre Sozialkulturen ... – wenn überhaupt – nur in Ausnahmeständen" entwickeln, lehnen sie eine sozialstaatsfern konstituierte Zivilgesellschaft ab[12]. Ihre Argumentation ähnelt dem, was in der Linkspartei verhandelt wird: „Die strukturelle Verantwortungslosigkeit des Kapitals"[13] kann keinesfalls durch „individuelle patrimoniale Verantwortlichkeit" kompensiert werden (so Böhnisch und Schröer 2004, S. 17). Im Gegenteil: Weil der „Übergang zum digitalen Kapitalismus" global und innerstaatlich wie auch für die Institutionen so allmächtig stattfindet, ist dieser zu überwinden oder doch zumindest durch einen „Sozialkompromiss", durch eine „Konstruktion des Sozialpolitischen, die im 20. Jahrhundert von der institutionellen Figur des Sozialstaates ausgefüllt wurde", zu zähmen (Böhnisch und Schröer 2004, ebenda). Natürlich überlegen Böhnisch und Schröer auch, wie die parlamentarische Demokratie teilhabeoffener wird, welches Sozialkapital für eine weitergehende Demokratisierung der Gesellschaft benötigt und welche Machtverhältnisse hilfreich sind. Doch all dies löst ihres Erachtens jedoch die zivilgesellschaftliche Diskussion nicht ein. Dieser fehlt, so die Quintessenz der

---

[12]Allzu viele bürgerschaftliche Entwürfe haben sich an der Ökonomie der 1990er und 2000er Jahre „vorbeigemogelt und jenseits der Sozialpolitik ihre Visionen von Klienten als Bürger entfaltet", so Böhnisch (2005, S. 6).

[13]An anderer Stelle heißt es dazu: Es muss erkannt werden, „dass sich das Wesen des Kapitalismus nicht geändert hat. Vielmehr ist die soziale Bindungslosigkeit und Verantwortungslosigkeit" der Wirtschaft der Grund, warum in den 1990er und 2000er Jahren an vielerlei Stellen „die sozialpolitische Luft ausgeht" (Böhnisch 2005, S. 7).

Autoren, die „reformkapitalistische Perspektive", sie ist nur eine „Ideologie der sozialen Milderung" dessen, was ganz anders und anderorts gelöst werden müsste (Böhnisch und Schröer 2004, S. 18). Womit auch ihre Meinung zur Bedeutung eines dritten Sektors als Teil eines zivilgesellschaftlichen Projektes deutlich wird: Die Böhnisch und Schröersche Zivilgesellschaft muss sich in „Spannung zum Ökonomisch-Gesellschaftlichen entfalten. Diese aber kann nur durch die Einbeziehung des Sozialpolitischen in den zivilgesellschaftlichen Diskursen herausgefordert werden. Der Sozialstaat steht nicht neben der Gesellschaft" und ist keinesfalls „in seiner grundsätzlichen Eigenschaft als kollektives Vergesellschaftungsprinzip und in seinem gemeinschaftsbezogenen, sozialvertraglichen Charakter neu zu überdenken" (Böhnisch und Schröer 2004, S. 22). Im Gegenteil: Ihm kommt, natürlich beauftragt durch die Menschen, wieder neu die Gestaltungsmacht zu, „auf Alternativen zur entbetteten und digitalisierten Shareholder-Mentalität der Wirtschaft zu dringen" (Böhnisch 2005, S. 9).

1.3   Kernaspekte eines Konzepts der Zivilgesellschaft

Betrachtet man die Konzepte der hier erwähnten Protagonisten einer Zivilgesellschaft sowie eines dritten Sektors, so zeigen sich verschiedene Übereinstimmungen und Differenzen.

Zentral ist ihnen allen die „Leitfigur des Bürgers bzw. der Bürgerin (…), die auf der Grundlage liberaler Grund- und Freiheitsrechte in mitbürgerschaftlicher Verantwortung ihr Gemeinwesen aktiv mitgestalten" (Olk 2005, S. 178). Schaut man genauer hin, so schwanken die vorhandenen Bürgerbilder zwischen Euphorie und Skepsis. Grund ist zum einen der Ressourcenfokus der Bürgereuphorischen: Der Bürger ist laut dieser zivilgesellschaftlichen Protagonisten fähig und willens, privat wie auch öffentlich aktiv zu werden und Einfluss zu nehmen. Bürgerskeptiker haben auf der anderen Seite einen eher breiteren Blickwinkel: Ihr Bürgerbild ist dadurch gekennzeichnet, dass sie ebenso wie die Ressourcen auch die Defizite des Bürgers sehen[14]. Zudem machen diese bürgerschaftlichen Protagonisten darauf

---

[14]Deutlich sei gesagt: Die Böhnisch-Schröersche Auffassung entstammt keinem unreflektierten pessimistisch-defizitärem Menschenbild, sondern entfaltet seine Argumentation aus den Quellen sozialpädagogischer und sozialpolitischer Theoriebildung (vgl. dazu viele der Publikationen von Böhnisch und Schröer), zu der auch eine spezifische Gesellschaftsanalytik mit Bezug auf die soziale Frage und die auf die Beantwortung dieser Frage bezogenen Konflikte und Institutionenbildung gehören).

aufmerksam, dass bürgerschaftliche Ressourcen keineswegs nur ziviler Natur sein müssen. Viele wie Roland Roth (2004) verweisen neben bürgerschaftlichen Glanzlichtern auch auf die „dunklen Seiten" der Zivilgesellschaft (bspw. auf den Rechtsextremismus), die hervortreten können, nehmen Bürger ihre Geschicke gegen ihre Mitmenschen in die eigenen Hände. Trotz dieser kritischen Anfragen an ein zivilgesellschaftliches politisches Projekt: Den Bürger gegenüber dem Staat zu stärken, ihn neu zu fördern und zu fordern, ist das Hauptthema der zivilgesellschaftlichen Debatten[15].

Dies ist ein zweiter Punkt, der alle verhandelten Konzepte charakterisiert: In unterschiedlichster Form setzen sie sich mit der gesellschaftlichen und insbesondere mit Struktur des Sozialstaates auseinander. Die einen – so Strachwitz und andere – wollen den Sozialstaat, dessen Grenzen sie erreicht sehen, zurückbauen und verkleinern. Die anderen – so bspw. Olk – denken eher an Umbau und Qualifizierung der sozialstaatlichen Struktur der 1990er und 2000er Jahre. Wieder andere, wie Böhnisch, machen sich eher für den Erhalt, ja die Reaktivierung des Sozialstaats stark. Die Mehrheit allerdings strebt einen Sozialstaatsumbau an, der für viele sozialstaatliche Institutionen, so ihnen der Weg auf den freien Markt nicht allzu gut gelingt, Rückbau und Abbau bedeutet (wie besonders Dahme und Wohlfahrt dezidiert zeigen).

In den Konzepten der Zivilgesellschaft ist ein dritter Aspekt von Bedeutung: der der demokratischen Erneuerung der Gesellschaft, des politischen Systems und seiner Institutionen. Auch hierzu gibt es unterschiedliche Meinungen: Während die einen, stärker aus basisdemokratischer Tradition kommend wie Ansgar Klein, diese Elemente betonen und fordern, und gemeinschaftlich (vgl. die Kommunitarismusdebatte der 1980er und 1990er Jahre) bzw. bewegungsnah (wie bspw. Roth) argumentieren, sind andere wie Olk und Evers stärker an der Demokratisierung der vorhandenen gesellschaftlichen Institutionen interessiert. Basisdemokratische Elemente „direkter Demokratie", so Bürgerbegehren und Bürgerentscheide, können dabei ebenso eine Rolle spielen wie Elemente einer „kooperativen Demokratie" (vgl. Roß et al. 2007, S. 195), die neue und unabhängige Organisationen und bürgerschaftliche Assoziationen als Partner der klassischen Institutionen empfiehlt. Diese zweite Diskursausrichtung von der institutionellen Erneuerung ist stärker zu vernehmen als die der grundsätzlichen basisdemokratischen Erweiterung der Gesellschaft. Eine eher konservative Tradition, die „Nun ist doch genug an Demokratie!"

---

[15]Ganz grundsätzlich ist auch zu erwähnen, dass die einen eher vom Menschen aus argumentieren (wie bspw. Strachwitz), oder – in menschenrechtlicher Perspektive – die Grünen. Die anderen sehen Zivilgesellschaft eher aus Sicht der Gesellschaft und ihrer Struktur (wie bspw. Olk).

argumentiert, und eine wirtschaftsliberale Tradition, die lieber weniger als mehr Abstimmungsverfahren möchte, weil diese kontrollierend die freie Entfaltung bürgerschaftlichen Handelns behindern, sind eher randständig in den Debatten. Allerdings fallen sie – wie Strachwitz und andere – immer wieder durch ihre Lautstärke auf, wenn sie bspw. eine Eliten- und Führungskräfteerneuerung fordern.

Die Frage der wirtschaftlichen Struktur unserer Gesellschaft, die Frage des Marktes, ist ebenfalls eine, die in allen zivilgesellschaftlichen Konzepten, wenn auch vielfach eher implizit oder verdeckt, verhandelt wird. Gleich den anderen lassen sich auch an diesem Aspekt verschiedene Debattenstränge zeigen. Einige zivilgesellschaftliche Protagonisten schwanken zwischen dem „Integrieren" (Evers und Olk) und „Raushalten" (Roth) marktwirtschaftlicher Elemente aus zivilgesellschaftlichen Konzepten. Geht man den Verfechtern des „Raushaltens" nach, so finden sich (so bei Dahme und Wohlfahrt) marktwirtschaftlicher Pessimismus ebenso wie begründete Argumentationsmuster, die für ein Korrigieren und Regulieren des Marktes durch den Staat und damit letztlich durch die Zivilgesellschaft plädieren (so Böhnisch und Schröer). Auf der anderen Seite finden sich Befürworter eines „Überlassens", die meinen, der Markt wäre das eigentliche Spielfeld einer sich emanzipierenden Zivilgesellschaft (so Strachwitz). Bei allem Lärm, den diese Richtung macht: Insgesamt wirken die zivilgesellschaftlichen Debatten in Sachen Markt weitaus stiller, als sie es zu den Aspekten Bürgerleitbild, Sozialstaatserneuerung und Demokratieentwicklung ist.

Eines ist allen Autoren gemeinsam: Stets münden ihre Gedanken in Überlegungen zu Struktur, Logik und der normativen Ausrichtung eines dritten Sektors zwischen Staat, Markt und primären sozialen Netzwerken. Klie und Roß haben 2005 für die Akteure dieses Sektors die Unterscheidung in institutionalisierte Organisationen (wie bspw. Kirchen) und bürgerschaftliche Assoziationen (wie bspw. Vereine) vorgeschlagen. Damit haben sie, auch wenn dies nicht allzu stark aufgenommen wurde, eine Differenzierung empfohlen, die den Debatten weiterhelfen könnte. Denn vielfach stehen in ihr, je nachdem, ob die Argumentation eher staats- oder marktaffin ist, die klassischen Organisationen in der Kritik. Da ist von Werte- und Mitgliederschwund die Rede, von Funktions- und Legitimationsverlust und wahlweise von zu viel Ökonomisierung oder zu viel Staatskorporatismus. In diese Argumentationsmuster stimmen

Vertreter der sozialen Bewegungs- und Gemeinschaftsforschung ein[16], deren liberalere Tradition die Autonomie und das Freiheitliche von kleinen und überschaubaren Assoziationen betont, während die Kommunitäreren stärker das Binnensolidarische und Kooperative herausstellen. Sieht man auf die Debatten, so muss bis dato als unentschieden gelten, welche der Strömungen sich in Zukunft durchsetzen wird. Konsens scheint, den dritten Sektor als einen zumindest empirisch von staatlicher und marktwirtschaftlicher Logik abgrenzbaren Bereich zu sehen, inwieweit er jedoch Hauptfeld eines zivilgesellschaftlichen Projektes ist und was dies für Staat, Markt und die primären Netzwerke bedeutet, ist immer noch völlig offen.

---

[16]Möglicherweise liegt ein Grund darin, dass alle Protagonisten in der mittlerweile wissenschaftlich breit ausgefalteten Kritik der klassischen Institutionen übereinstimmen. Eine dementsprechende Kritik gegenüber kleinen Assoziationen ist ungleich schwerer möglich, sind diese doch weder in struktureller Gestalt noch in ihrem Bestandsvermögen allzu leicht zu fassen. Hinzukommt, dass eine solche Kritik allzu sehr an die psychologischen Wurzeln der Debatten gehen könnte: Was nun, wenn es um den Bürger doch nicht so gut bestellt wäre, wie nur allzu oft beschworen? Oder anders: Wenn Politik- und Staatsverdrossenheit sowie Kapitalismusmüdigkeit auch die Gründe wären, das sich die Bürger auch in Sachen Engagement im dritten Sektor zurückzuhalten?

Ausgangserfahrungen: Zur zivilgesellschaftlichen Ausrichtung lokaler Begegnung, Kultur, Bildung sowie Ordnung und Sicherheit

2

Zivilgesellschaft ist ein von verschiedenen Autoren sehr unterschiedlich verstandenes Konzept: Die einen sehen in ihr eine besonders anstrebenswerte *Form der Öffentlichkeit,* die insbesondere kritischen Diskursen und der diskursiven Auseinandersetzung über das gesellschaftlich Gute und Richtige Raum gibt[1]. Andere verstehen Zivilgesellschaft als Konzept der *Good Society,* der guten Gesellschaft, die es durch neue Politikstile, aber auch spezifische Formen des Wirtschaftens, der Verteilung von gesellschaftlicher Wohlfahrt sowie auch der primären sozialen Vergemeinschaftung in Partnerschaften und Familien, insgesamt also durch ein Set an Handlungsformen zu verwirklichen gilt (so Evers 2011, S. 214 ff.). Wieder andere halten einen von ihnen sogenannten dritten *Sektor,* eine Sphäre des Agierens und Konstituierens von freigemeinnützigen Vereinen, Verbänden und Organisationen, für die Zivilgesellschaft[2]. Eines gilt übergreifend: Insbesondere das *bürgerschaftliche Engagement* wird als Ausdruck zivilgesellschaftlichen Handelns angesehen.

---

[1]Eine solche Zivilgesellschaft zeichnet sich dadurch aus, dass sie „problemlösende Diskurse zu Fragen allgemeinen Interesses im Rahmen veranstalteter Öffentlichkeit institutionalisiert" hat (so Habermas 1992, S. 443). Eine ähnliche Perspektive nimmt Warnfried Dettling ein, als er formulierte: Zivilgesellschaft ist „die gesamte res publica, (sind) alle öffentlichen Dinge" (Dettling 2007, S. 8).

[2]Hierzu zählen insbesondere Helmuth Anheier, Annette Zimmer und Eckhard Priller (vgl. Priller 2011).

© Springer Fachmedien Wiesbaden GmbH, ein Teil von Springer Nature 2019
P.-G. Albrecht, *Staatlichkeit aus zivilgesellschaftlicher Perspektive,*
https://doi.org/10.1007/978-3-658-24505-4_2

2.1   Lokale zivilgesellschaftliche Praxisaspekte

Egal ob die Zivilgesellschaft nun eher ein normatives Konzept und/oder eine empirische Realität ist, jedenfalls muss – organisationssoziologisch – immer, soll die *Ausrichtung* von Einrichtungen und Organisationen in lokalen Kontexten untersucht werden, *zunächst* nach von außen *sichtbaren* Aspekten von Strukturen gefragt werden, die als zivilgesellschaftlich deutbar sind. Es empfiehlt sich, die Frage nach dem Stellenwert bürgerschaftlichen Engagements innerhalb von Strukturen, die Frage nach zivilgesellschaftlicher Ausrichtung der Strukturen, die Frage nach zivilgesellschaftlichem Handeln sowie auch die Frage nach der durch das Handeln erfolgenden Konstitution einer gesellschaftlichen Sphäre[3] zu stellen:

Unter bürgerschaftlichem Engagement wird deshalb im Folgenden eine individuelle freiwillige und unentgeltlich erbrachte Tätigkeit verstanden, die sich innerhalb einer Struktur in der Führung oder auch in der Leistungserbringung zeigen kann.

Zivilgesellschaftlich ist eine lokale Struktur also dann zu nennen, wenn sie bürgerschaftliches Engagement integriert, vor allem aber, wenn ihr satzungsgemäßer Zweck, ihre Finanzierung und ihre Form gemeinschaftliches und kooperatives Handeln ermöglicht.

Als zivilgesellschaftliches Handeln wird ein Set von – organisationsinternen sowie außenbezogenen – Praktiken angesehen, unter denen Gemeinschaftlichkeit und Kooperation[4] eine zentrale Rolle spielen, zu denen in gewissem Maße aber auch Betriebswirtschaftlichkeit und Wettbewerb bzw. Regulation und Steuerung gehören, die in zivilgesellschaftlichen Diskursen eher den Sphären der wettbewerblich organisierten Marktwirtschaft und des demokratischen Staates zugerechnet werden.

Durch zivilgesellschaftliches Handeln konstituieren sich Sphären wie der dritte Sektor der freigemeinnützigen Vereine, Verbände und Organisationen oder

---

[3]Unter Sphären werden eigentlich teilchenfreie Auren verstanden. In zivilgesellschaftlichem Sinne empfiehlt sich jedoch eine akteursbasierte gesellschaftliche Verwendung des Begriffes: Gesellschaftliche Sphären werden dementsprechend von Menschen – formell und informell und bewusst wie auch unbewusst – geschaffen und strukturiert, sodass aus bestimmten individuellen Praxen gesellschaftliche Formen wie auch geteilte Prinzipien entstehen.

[4]Diese beiden zivilgesellschaftlichen Handlungsformen entsprechen in etwa dem, was Robert Putnam als *bridging* und *bonding* in die zivilgesellschaftlichen Debatten eingeführt hat (vgl. Putnam 1999, S. 21 ff.).

auch die wettbewerbliche Marktwirtschaft und die abstimmungsbasierte Demo-
kratie. Welche Sphäre durch das Handeln der untersuchten Einrichtungen und
Organisationen entsteht, ist die vielleicht wichtigste Frage der hier vorgestellten
Überlegungen.

2.2 Zivilgesellschaftlichkeit in den lokalen Handlungsfeldern Begegnung, Kultur, Bildung sowie Ordnung und Sicherheit

Alle genannten vier Aspekte werden im Folgenden in vier lokalen Handlungsfeldern durchgesehen:

Ein erstes exemplarisch ausgewähltes Handlungsfeld ist das der Begegnung;
der Interaktion, des Austauschs und der Beteiligung. Es ist davon geprägt, dass
sich Bürger in einer Kommune zusammenfinden und austauschen. Sichtbares Zei-
chen einer guten Interaktionskultur einer Stadt können Bürgerhäuser, aber auch
spezifische Formen der medialen Interaktion sowie Gremien sein, in denen Menschen sich begegnen und ins Gespräch kommen. Ihre zivilgesellschaftliche Ausrichtung soll diskutiert werden.

Das zweite untersuchte Handlungsfeld ist das der Kultur. Kommunen sind
vielfach Träger von Kultureinrichtungen wie Theatern. Es gibt in vielen Kommunen eine große Vielfalt an freigemeinnützigen Anbieter von Kulturveranstaltungen. Darüber hinaus gibt es eine Reihe an kulturellen Events, die auch
von gewerblichen Agenturen angeboten werden.

Das dritte beispielhaft zu verstehende Handlungsfeld ist das der Bildung. In
vielerlei Hinsicht sehr ähnlich der Kultur, werden in ihm kommunale Bildungseinrichtungen – die Volkshochschulen – sowie freigemeinnützige und gewerbliche
Träger von Bildungsveranstaltungen untersucht. Darüber hinaus stehen Bildungsveranstaltungen im Fokus, die nicht direkt Trägern zugeordnet werden können.

Ein viertes lokales Handlungsfeld, stark von den drei Erstgenannten
abweichend, ist das der Sicherheit. Das Handeln von Polizei und kommunalen Ordnungsbehörden und die Art der Absicherung von Veranstaltungen durch
Sicherheitsunternehmen liefern erste Indizien dafür, ob und wie eine zivilgesellschaftliche Ausrichtung von kommunaler Sicherheitspolitik aussehen kann.

2.2.1 Zivilgesellschaftlichkeit im lokalen Handlungsfeld der lokalen bürgerschaftlichen Begegnungs- und Beteiligungsmöglichkeiten

Zum lokalen Handlungsfeld der Begegnung, des Austauschs und der Beteiligung lassen sich Bürgerzentren, mediale Foren sowie Gremien und Arbeitsgemeinschaften zählen.

In vielen deutschen Städten existieren Jugendklubs, Seniorenbegegnungsstätten und stadtteilbezogene Bürgerhäuser. In ihnen ist bürgerschaftliches Engagement insbesondere bei der Durchführung von Veranstaltungen von hoher Bedeutung, zentral sind jedoch die die Kontinuität gewährleistenden hauptamtlichen Mitarbeiter. Immer wieder werden diese beiden Formen der Mitwirkung durch arbeitsgeförderte Mitarbeiter ergänzt. Hinzu tritt ein Pool an Honorarkräften.

Die Einrichtungen befinden sich zumeist in freigemeinnütziger Trägerschaft. Insbesondere Jugendklubs sind relativ stabil von den Kommunen grundfinanzierte Einrichtungen, sodass sie über gut qualifiziertes hauptamtliches Personal sowie einen hohen Anteil an langfristig vereinbarter Grundförderung verfügen (Es gibt sogar kommunale Jugendklubs.). Seniorenbegegnungsstätten wie auch Bürgerhäuser in freigemeinnütziger Trägerschaft sind stärker auf projektbezogene Zuschüsse verschiedener Stellen angewiesen. Während gemeinschaftsbildendes und kooperatives Handeln von hoher Bedeutung sind, spielen Wettbewerblichkeit (sieht man einmal von den Wettbewerben um Zuschüsse) sowie Betriebswirtschaftlichkeit in den genannten Einrichtungen nur eine geringe eine Rolle. Einzig das stete Ansprechen von neuen Zielgruppen und das Agieren am staatlich inszenierten Markt werden gefordert. Alle Einrichtungen versuchen über die stete Werbung hinaus Geh-Praktiken zu entwickeln, um neue Zielgruppen zu erreichen. Sie konstituieren eine Sphäre der Kooperationen und der Vergemeinschaftung, zum Teil jedoch auch die Sphäre der Staatlichkeit. Eine Sphäre der Marktwirtschaft wird von ihnen nicht konstituiert.

Neben den Interaktionsorten der Jugend-, Senioren- und Bürgerbegegnung findet sich in vielen Städten eine Reihe an Medien, die für Interaktion, Austausch und Beteiligung genutzt werden. Zentral sind im Printbereich die Lokalzeitungen, gefolgt von zielgruppenbezogenen Medien wie bspw. den Seniorenzeitschriften und Jugendmagazinen. Hinzu kommen offene Kanäle sowie das Internet mit seinen zunehmend interaktiveren Bereichen. Insbesondere im Leserbriefbereich von Lokalzeitungen findet Interaktion, Austausch und insofern Beteiligung statt. In den Redaktionen der Printmedien sind dauerhaft tätige Redakteure sowie Honorar beziehende Journalisten mit zielgruppenspezifischer Erfahrung eingebunden. Ehrenamtlichkeit findet sich kaum. Während die Printmedien in kommerziellen Händen sind, haben Webseiten die unterschiedlichsten Träger, betreiben viele Kommunen aber auch eigene Webseiten. Sie sind somit Wirtschaftsunternehmen. Institutionell kann dies damit erklärt werden, dass insbesondere die für ihre Finanzierung wichtigen Anzeigen nur auf einem hoch umkämpften Markt erworben werden können, auf den sich freigemeinnützigen Organisationen nur selten wagen und in den sich die öffentliche Hand allenfalls nur hin und wieder einmischen möchte. Eine Internetplattform ist in dieser Hinsicht (noch) ein vergleichsweise unumkämpfteres Forum. Immer wieder tauchen in diesem Bereich kleine Verlage auf, die Medienprodukte auf den Markt werfen, immer wieder gehen Verlage und damit Medien vom Markt. Stetig neue Institutionalisierungsversuche und das damit verbundenen Markthandeln und die damit verbundene zentralen Frage des Marktanteils und der Möglichkeit zur Erzielung von Einnahmen beschränkt Gemeinschaftsbildung und Kooperationen sowie eine verwaltungsseitige und politische Profilierung der meisten Medien. Medien konstituieren Märkte und eine Art Marktwirtschaftlichkeit. Eine Sphäre der Kooperationen und der Vergemeinschaftung entsteht durch ihr Handeln weniger, so etwas wie Staatlichkeit kaum.

Bürgerschaftlicher Austausch und kommunale Partizipation hat noch eine dritte Form, die es an dieser Stelle zu untersuchen gilt. Viele Menschen einer Kommune kommen in Alters- bzw. jugendbezogenen sowie alle Bürger betreffenden Gremien und Arbeitsgemeinschaften zusammen. All diese Gremien bieten Foren der Interaktion, der Präsentation, des Austauschs, des Ringens um Ziele, Aufgaben, Aufgabenumsetzung und Prioritäten. Ehrenamtliches Engagement spielt in Gremien eine zentrale Rolle, auch wenn die Mitwirkenden häufig hauptberufliche Vertreter der sie entsendenden Organisationen sind – die Beteiligten verstehen sich als Freiwillige, die gemeinschaftlich und kooperativ an einer dem Gemeinwohl dienenden Aufgabe arbeiten. Organisatorisch zeichnet gute Gremien ihre Mobilisierungsfähigkeit aus, mit der sie Teilnehmer akquirieren und immer wieder motivieren. Zum Teil geschieht das über die Moderatoren, zum Teil über die Gremienleitungen, z. B. über motivierende Mitwirkende, zum Teil aber auch über die Inhalte, die gemeinsam bearbeitet werden[5].

---

[5]Häufig entscheidet die Außenwirkung auch über das Selbstbild eines Gremiums: die Präsentation auf einer Website, in einer Druckveröffentlichung oder auf einem Markt von hoher Bedeutung. Durststrecken, wie es sie auch in Vereinen und Familien gibt, in denen die Bedeutung des Zusammentretens im Gremium unklar wird, die Motivationsfähigkeit der einzelnen Teilnehmer gering ausgeprägt ist und Inhalte und Arbeit wenig Zusammenhalt erzeugt, werden vielfach dadurch ertragen, dass ein gemeinsames Budget verwaltet und zeitnah ausgegeben werden kann.

Gremien und Arbeitsgemeinschaften sind von ihrer außenbezogenen Handlungs-logik her Gemeinschaftsorgane und Kooperationsebenen, angelegt auf Konsens oder zumindest Kompromissfindung. Wettbewerbliches Agieren und Betriebs-wirtschaftlichkeit sind ihnen fremd, allerdings sind sie dazu da, bestimmte Dinge eines Gemeinwesens mit zu regulieren und zu steuern – und in diesem Sinne koordinativ[6]. Insofern konstituieren Gremien und Arbeitsgemeinschaften durch ihr Handeln nicht Märkte bzw. die Marktwirtschaft (auch wenn sie sich auch an gewerbliche Akteure richten), sondern besonders stark die Sphäre der Kooperationen und der Vergemeinschaftung. Sie konstituieren Koordination und in diesem Sinne so etwas wie Staatlichkeit.

2.2.2 Zivilgesellschaftlichkeit im lokalen Handlungsfeld der Kultur

Träger von Kultur können wie Theater Einrichtungen der Kommunen, aber auch freigemeinnützige Vereine sein. Kultur findet in Form von diversen kulturellen Veranstaltungen statt, die von freigemeinnützigen wie auch gewerblichen Trägern angeboten werden.

Ein großer Träger von Kultur in den Kommunen sind die in Deutschland sogenannten Stadttheater. Ehrenamtliches Engagement findet sich in kommu-nalen Kultureinrichtungen wie Theatern insbesondere in den zu diesen Ein-richtungen gehörenden Fördervereinen und Freundeskreisen, die zumeist aus diesen Einrichtungen heraus gegründet wurden, um die Theaterarbeit unter-stützen. Das neben dieser Engagementform existierende bürgerschaftliche Enga-gement in Form kultureller Leistungserbringung bzw. kultureller Koproduktion ist in den öffentlichen Theatern gegeben, allerdings dominieren in diesem Bereich die Honorarkräfte: Viele Einrichtungen verfügen über einen großen Pool an Honorarkräften, sei es für die Veranstaltungen bzw. die Bühne als auch bei den die Veranstaltungen begleitenden Diensten. Darüber hinaus gibt es immer auch Einzelpersonen, die den Eigennutzen einer Tätigkeit als so hoch einschätzen, dass sie ehrenamtlich z. B. im Zusatzchor bzw. in der Gruppe der Statisten eines Theaters mitwirken. Organisatorisch sind kommunale Kultureinrichtungen wie Theater durch kommunale Mittel und Landeszuschüsse grundfinanziert. Hinzu

---

[6]Einige spezifische Gremien sind allerdings genau dafür – politisch wie auch verwaltungs-seitig – initiiert worden. Als Beispiele wären hier Seniorenbeiräte und Jugendhilfeaus-schüsse zu nennen.

kommen die Veranstaltungseinnahmen. Theater handeln angebotsorientiert. Gemeinschaftsbildend wirken sie jedoch auch, was sich bspw. dadurch zeigt, dass sie im Bereich der Mitwirkenden Beziehungen wie auch im Publikum ein Stammpublikum ausbilden. Insbesondere in der Theaterjugendklubarbeit wie auch in der Arbeit mit Senioren wird ist dieser Aspekt von den Verantwortlichen direkt intendiert. Mit ihren Angeboten konstituieren kommunale Theater (wie auch andere kommunale Kultureinrichtungen) einen Markt, auf dem auch andere Anbieter vorhanden sind. Sie tragen zur Gemeinschaftsbildung bei, sodass sie einen Beitrag zur Konstitution der Zivilgesellschaft leisten[7].

Eine große Vielfalt von freigemeinnützigen Kulturvereinen prägt neben den kommunalen Einrichtungen (wie bspw. Theater) die Kultur im kommunalen Raum. Freigemeinnützige Kulturvereine satzungsgemäß dem Ziel der kulturellen Mitgestaltung eines Gemeinwesens verpflichtet, was sie ihre Mitglieder vorrangig ehrenamtlich umsetzen. Die Praxis zeigt jedoch, dass die Institutionalisierung und Professionalisierung stark mit einer entgeltlichen Honorierung von Engagement einhergeht, ja dass Kulturveranstaltungen zunehmend als Produkte angesehen werden, deren finanzielle Rückflüsse auch den Beteiligten zugutekommen sollten. Organisatorisch leben freigemeinnützige Kulturvereine von einer – zumeist kleinen – öffentlichen Grundfinanzierung, veranstaltungsbezogenen privaten und öffentlichen Zuschüssen und dem Kartenverkauf. Ihre Praxis ist angebotsorientiert zum einen auf ihre kulturellen Veranstaltungen ausgerichtet, an denen sie auch von der Öffentlichkeit bzw. von Zuwendungsgebern her beurteilt werden, zum anderen aber auch gemeinschaftsfördernd, weil sich in ihnen Mitgliederhandeln ausdrückt, weil sie zur Durchführung von Veranstaltungen vielfältige Kooperationen mit anderen eingehen müssen und weil sie ein Publikum, insbesondere ein Stammpublikum konstituieren. Freigemeinnützige Kulturvereine konstituieren durch ihr Angebotshandeln einen Markt, aber auch eine Sphäre der Kooperationen und der Vergemeinschaftung. Nur einzelne Kulturvereine sind regulierend und steuernd tätig, insbesondere wenn sie Aufgaben von Dachverbänden übernehmen oder ein bestimmtes Projekt im Gemeinwesen – möglicherweise sogar im Auftrag der Kommune – koordinieren sollen. In diesem Fall kann durch ihre Arbeit auch so etwas wie Staatlichkeit entstehen.

---

[7]Mit ihren inneren und nach außen gerichteten Handlungsformen gehören sie eher zu (öffentlich geförderten) Marktakteuren, die zum einen Markt erzeugen, zum anderen aber durch ihre Monopolstellung auch stark behindern. Gemeinschaftsbildung gelingt ihnen allenfalls an Rändern, quasistaatliche Einrichtungen der Koordination, Steuerung und Regulation sind sie nicht.

Kulturveranstaltungen jenseits der kommunalen Einrichtungen und frei-gemeinnützigen Kulturanbieter gibt es unzählige. Je nach Veranstalter, sei es ein freigemeinnütziger Verein, sei es eine gewerbliche Agentur, sei es eine staatliche Stelle, spielt in Organisation und Leitung wie auch in der Mitwirkung bei kulturellen Events bürgerschaftliches Engagement eine mehr oder weniger große Rolle, wollen häufiger als dies Organisatoren, Leiter und Mitwirkende entgeltlich honoriert werden, wiewohl der Künstler fast immer eine Honorarkraft ist. Organisatorisch sind kulturelle Events mal eher gemeinschaftliche, mal stärker wirtschaftlich ausgerichtete Veranstaltungen. Finanziert werden sie über Kartenverkäufe sowie private und öffentliche Zuwendungen. Während in den Kulturveranstaltungen freigemeinnütziger Kulturvereine kooperative und gemeinschaftliche Praktiken zu finden sind, sind diejenigen gewerblichen Anbieter fast ausschließlich wirtschaftlich zu deuten. Kulturveranstaltungen regulieren und steuern nur, wenn sie staatlich organisiert werden bzw. durch staatliche Mitwirkung zustande kommen. Durch Kulturveranstaltungen wird allerdings versucht, über das spezifische Angebot, das sich natürlich am Markt behaupten muss und so einen solchen mitkonstituiert, auch die Sphäre der Kooperationen und der Vergemeinschaftung sowie eine gewisse Staatlichkeit mitzubegründen. Insbesondere die Vereins- und Verbands-, stärker aber noch die Stadt- und Landesfeste sowie die kulturellen Veranstaltungen des Bundes sollen dies zumindest implizit erreichen.

2.2.3 Zivilgesellschaftlichkeit im lokalen Handlungsfeld der allgemeinen Erwachsenenbildung

Allgemeine Erwachsenenbildung wird vor allem von gewerblichen Bildungsanbietern, kommunalen Volkshochschulen und freigemeinnützigen Erwachsenenbildungseinrichtungen angeboten.

Gewerbliche Erwachsenenbildungseinrichtungen sind betriebswirtschaftlich ausgerichtet an Märkten aktiv, in denen sie im Wettbewerb mit anderen stehen. Sie verfügen über entsprechende Praktiken, sodass sie an den ihnen jeweils entsprechenden Märkten handeln und bestehen können. Ihre ausschließliche Produktfinanzierung nötigt sie, intern betriebswirtschaftlich und nach außen hin wettbewerblich zu handeln. Gewerbliche Organisationen sind unternehmerisch geführt, ihre Mitarbeiterinnen und Mitarbeiter sind Selbstständige, Angestellte bzw. Honorarkräfte. Bürgerschaftliches Engagement spielt weder auf der Führungs- noch auf der Leistungserbringungs-Ebene eine Rolle. Sie orientieren sich an ihren Adressatinnen und Adressaten, den *Kundinnen und Kunden,* deren Interessen immer wieder erforscht, die aber nicht in zivilgesellschaftlichem Sinne partizipativ beteiligt werden.

Volkshochschulen sind nicht, wie aufgrund ihrer Zugehörigkeit zum staatlichen Sektor erwartet werden könnte, „quasistaatliche" Einrichtungen zur Förderung der Demokratie. Sie betätigen sich eher als lokale Monopolisten auf den Bildungsmärkten, wo sie auch mit gewerblichen und freigemeinnützigen Akteuren konkurrieren. Vorrangig agieren sie durch ihr Bildungsangebot marktkonstitutiv und sind kein demokratisches Regulativ bzw. Steuerungsorgan. Ihr Beitrag zur Konstitution einer Sphäre der gemeinschaftlichen und kooperativen Beziehungen muss ebenfalls als gering eingeschätzt werden. Einrichtungen der Kommunen verfügen intern allerdings über ein Set von Praktiken, zu dem neben den betriebswirtschaftlichen und wettbewerblichen auch gemeinschaftliche und kooperative gehören. Ihre solide Grundfinanzierung ermöglicht ihnen dies. Kommunale Einrichtungen sind in ihrer Führungsstruktur von den drei Einrichtungstypen am stärksten von demokratischer Mitbestimmung geprägt, verfügen über ehrenamtlich besetzte Aufsichts- und Beiräte sowie der Führung zuarbeitende Fördervereine. Allerdings kann auch bei ihnen kaum von ehrenamtlicher Koproduktion gesprochen werden, sind die Leistungserbringer doch zumeist Erwerbstätige bzw. Honorarkräfte und keine bürgerschaftlich Engagierten. Allerdings werden die Zielgruppen der Volkshochschulen, die *Bürgerinnen und Bürger* einer Kommune, häufig partizipativ an der Leistungsausgestaltung beteiligt.

Freigemeinnützige Organisationen – wie z. B. die „Evangelische Erwachsenenbildung" oder die gewerkschaftliche Bildungsvereinigungen „Arbeit und Leben" – sind heute ebenso wie gewerbliche und die Volkshochschulen auf Märkten unterwegs. Gleichzeitig versuchen sie Gemeinschaftlichkeit zu schaffen und Kooperationen einzugehen. Freigemeinnützige Organisationen beteiligen sich stärker als die anderen an der Konstitution der Sphäre der gemeinschaftlichen und kooperativen Beziehungen. Die Mischfinanzierung von Freigemeinnützigen, bestehend aus Grundfinanzierung, Produktfinanzierung und staatlichen Zuwendungen sowie gewerblichem Sponsoring, ermöglicht ihnen ein hybrides Agieren zwischen Milieu und Mitgliedern, Klientel, staatlichen Aufträgen und gewerblicher Beteiligung. Bürgerschaftliches Engagement spielt sowohl in der Führung als auch in der Leistungserbringung eine deutlich erkennbarere Rolle als bei den Gewerblichen. Allerdings sind auch bei Freigemeinnützigen sowohl die Führungsstrukturen als auch die Leistungserbringung, ähnlich wie bei den kommunalen Einrichtungen, weitaus stärker durch Erwerbs- bzw. Honorartätigkeit geprägt. Aus dem Bezug zu einem bestimmten Milieu (z. B. den evangelischen Christinnen und Christen), zu dem eine Verbundenheit besteht, sowie aus der Fokussierung auf eine Zielgruppe bzw. ein *Klientel* (z. B. Arbeiterinnen und Arbeiter) wurde zunehmend eine Fokussierung auf einen bestimmten

Kundenkreis, der so an der Führungs- und Leistungsebene beteiligt wird, wie es auch bei den gewerblichen Einrichtungen üblich ist. Eine bürgerschaftliche Beteiligung, wie sie sich die Volkshochschulen leisten, scheint immer schwieriger realisierbar.

2.2.4 Zivilgesellschaftlichkeit in der Ordnung und Sicherheit

Sicherheit in der Kommune wird von der Polizei, kommunalen Ordnungsbehörden wie auch privat-gewerblichen Sicherheitsdiensten bereitgestellt bzw. angeboten[8]. Freigemeinnützige Anbieter dieser Leistung gibt es im Prinzip nicht.

Zentrale Bereitstellungsorganisation von Sicherheit auf kommunaler Ebene ist die Polizei, die in Landeshoheit geführt wird. Ehrenamtliches Engagement in der Polizeiarbeit ist noch nicht sehr weit verbreitet[9], insbesondere die polizeiliche Führung ist streng in hauptamtlichen, ja verbeamteten Händen. Gleiches gilt – mit Ausnahme der Kriminalprävention – für die Arbeit vor Ort. Finanziert aus dem Staatshaushalt, ist die Polizei in organisatorischer Hinsicht staatliche Exekutive in Reinform, sodass sich ihr gewerbliche Arbeitsformen wie auch das Einlassen auf – freigemeinnützige – Beziehungsmuster verbieten. Allerdings appelliert die Polizei nicht nur an Gemeinschaftlichkeit und Kooperation ihrer Bürger, sie fördert sie unter Präventions- wie auch Gefahrenabwehrgesichtspunkten auch in Maßen bzw. indirekt. Gleiches gilt für ihre Beziehung zur Wirtschaft: Selbst nicht in einem wettbewerblichen Verhältnis z. B. zu anderen Sicherheitskräften stehend und nicht betriebswirtschaftlich ausgerichtet, sucht sie stets auch sicheres betriebliches Wirtschaften und Sicherheitsaspekte nicht außer Acht lassendes wettbewerbliches Handeln zu unterstützen. Intervention ist dabei die ihr auferlegten staatliche Aufgabe. Die Polizei konstituiert die Sphäre des Staates, wenn gleich sie auch an einer guten Wirtschaft und einem guten dritten Sektor interessiert ist.

---

[8]Im Bereich der Sicherheit von einem Angebot zu sprechen, ist vielleicht noch etwas ungewohnt, im Blick auf die hier durchgeführte im Kern auf Prozesse bezogene Handlungsanalyse, die nur selten die Strukturen in den Mittelpunkt stellt, jedoch notwendig – wie sich in den folgenden Ausführungen zeigen wird.

[9]Jens Wurtzbachers spannende Studie zur Rolle des bürgerschaftlichen Engagements innerhalb der Sicherheitsarbeit zeigt die Ansätze, die es im internationalen Raum wie auch in Deutschland gibt (vgl. Wurtzbacher 2008).

Kommunale Ordnungsbehörden sind die städtischen Ordnungsämter. Diese kommunalen Ordnungsbehörden sind nur wenig von bürgerschaftlichem Engagement geprägt. Weder an der Führung, noch an der ordnungsbehördlichen Arbeit sind bürgerschaftlich Engagierte koproduzierend beteiligt. Im Gegenteil: Kommunale Ordnungsbehörden sind an polizeilichen Arbeitsformen, polizeilichem Auftreten und polizeilicher Organisations- und Führungsstruktur orientiert und dementsprechend nur am Rande an bürgerschaftlich engagierter Beteiligung interessiert. Finanziert durch die Kommunen, sind die kommunalen Ordnungsbehörden staatliche Exekutivorgane, die vielfältigen Verfassungs-, Bundes- und Landes- sowie kommunalen Vorgaben und lokalen Sicherheitsverordnungen im kommunalen Raum Geltung zu verschaffen haben. Sie sind sehr unterschiedlich strukturiert. Gering ausgeprägt sind bei ihnen marktwirtschaftliche und an menschlichen Beziehungen orientierte Handlungsformen, auch wenn ihr staatliches interventionistisches (und oft wenig präventives) Handeln sich stets auf diese Handlungsformen bezieht. Kommunale Ordnungsbehörden tragen dazu bei, Staatlichkeit in ihrer kommunalen Form zu konstituieren. Ihr staatlicher interventionistischer Ansatz hilft allerdings auch, Wirtschaft und dritten Sektor – in Verhinderung von Fehlentwicklungen – zu fördern.

Neben der Polizei und den Ordnungsämtern sind im kommunalen Raum privat-gewerbliche Sicherheitsdienste für die Aufrechterhaltung der öffentlichen Ordnung zuständig. In gewerblichen Sicherheitsdiensten spielt bürgerschaftliches Engagement keine Rolle. Ihre Geschäftsführungen wie auch ihre Mitarbeiterschaft bestehen aus bezahlten Kräften. Sicherheitsdienste finanzieren sich über ihre Aufträge: die Absicherung und den Schutz von Orten, Personen und Veranstaltungen. Ihrem Selbstverständnis nach sind sie Unternehmungen. Privat-gewerbliche Sicherheitsdienste sind aber auch durch ihr Handeln zu charakterisieren als mit anderen im Wettbewerb um die Möglichkeit der Erbringung von Sicherheitsdienstleistungen stehende Wirtschaftsunternehmen. Auch wenn es bei der Ausführung ihrer Tätigkeit (z. B. bei Großveranstaltungen) Kooperation und Gemeinschaftlichkeit gilt, privat-gewerbliche Sicherheitsdienste arbeiten nicht an den Beziehungen der Menschen. Sie orientieren sich eher an staatlichen Vorgaben. Durch ihren Wettbewerb mit anderen und durch ihre betriebswirtschaftliche Ausrichtung konstituieren sie die Marktwirtschaft, beziehungsfördernd bzw. staatskonstituierend sind sie nicht zu nennen.

2.3   Erfahrungen mit Zivilgesellschaftlichkeit in lokalen Organisationen

Unter dem Gesichtspunkt der Frage von Zivilgesellschaftlichkeit muss für die untersuchten Organisationen, Einrichtungen, Gremien und Veranstaltungen aus organisationssoziologischer Sicht konstatiert werden:

1. Bürgerschaftliches Engagement, der Kerngegenstand bzw. *das* Charakteristikum zivilgesellschaftlich orientierter Organisationen, zivilgesellschaftlichen Handelns und der Sphäre gemeinschaftlicher und kooperativer Beziehungen, ist in den untersuchten Einrichtungs- und Organisationstypen nur wenig anzutreffen.
2. Von zivilgesellschaftlichen Strukturen kann in Bezug auf die untersuchten Einrichtungen und Organisationen nicht gesprochen werden. Zwar sind gewisse Grundsätze durch die freigemeinnützige Verfasstheit vieler Organisationen gegeben. Es gilt jedoch: Je geringer eine verlässliche Grundfinanzierung und je stärker die Ausrichtung an der Finanzierung ihres Angebotes (im Sinne eines Produktes), desto geringer der zivilgesellschaftliche Charakter einer Einrichtung bzw. Organisation.
3. In vielen untersuchten Einrichtungen und Organisationen ist ein Set von Praktiken entwickelt, bei dem Gemeinschaftlichkeit und Kooperation, Betriebswirtschaftlichkeit und Wettbewerb sowie auch Regulation und Steuerung eine Rolle spielen. Gemeinschaftlichkeit und Kooperation, die bei einem engeren zivilgesellschaftlichen Verständnis der Schwerpunkt des Handelns einer entsprechenden Struktur sein sollten, stehen allerdings nicht im Mittelpunkt des Agierens der untersuchten Strukturen. Sie handeln nach innen eher betriebswirtschaftlich und nach außen wettbewerblich.
4. Entsprechend ihrer Ausrichtung an Betriebswirtschaftlichkeit und Wettbewerb formen fast alle untersuchten Strukturen eher die wettbewerbliche Marktwirtschaft, als dass sie konstitutiv für demokratische Staatlichkeit wären oder aber die Sphäre der gemeinschaftlichen und kooperativen Beziehungen – eben die Zivilgesellschaft – stärken würden.
5. Gewerbliche Organisationen sind wirtschaftlich ausgerichtet an Märkten aktiv, auf dem sie im Wettbewerb mit anderen stehen und betriebswirtschaftlich handeln. Durch ihre Betätigung konstituieren sie die Marktwirtschaft. Sie verfügen über entsprechende Praktiken, sodass sie an den ihnen jeweils

entsprechenden Märkten handeln und bestehen können[10]. Ihre ausschließliche Produktfinanzierung nötigt sie, wettbewerblich und betriebswirtschaftlich zu handeln. Gewerbliche Organisationen sind unternehmerisch geführt, ihre Mitarbeiter sind Angestellte bzw. Honorarkräfte. Ehrenamtlichkeit spielt weder auf der Führungs- noch auf der Mitarbeiterebene eine Rolle. Sie orientieren sich an ihren Adressaten, den Kunden.

6. Freigemeinnützige Organisationen sind heute ebenso wie gewerbliche auf Märkten unterwegs. Gleichzeitig suchen sie Gemeinschaftlichkeit zu schaffen und Kooperationen einzugehen[11]. Freigemeinnützige Organisationen beteiligten sich stärker als andere an der Konstitution einer Sphäre der Kooperationen und der Vergemeinschaftung, nur bei bestimmten Veranstaltungen wie z. B. Stadtfesten oder der politischen Bildung an der der Staatlichkeit. Die Mischfinanzierung von Freigemeinnützigen, bestehend aus Grundfinanzierung[12], Produktfinanzierung und staatlichen Zuwendungen sowie gewerblichem Sponsoring ermöglicht ihnen ein hybrides Agieren zwischen Milieu und Mitgliedern, Klientel, staatlichen Aufträgen und gewerblicher Beteiligung. Ehrenamtliches Engagement spielt in Führung als auch in der Leistungserbringung eine deutlich erkennbare Rolle. Allerdings sind auch bei Freigemeinnützigen die Führungsstrukturen als auch die Leistungserbringung weitaus stärker durch Erwerbstätigkeit geprägt. Aus der Zielgruppe bzw. einer Klientel, das es bis dato zu empowern galt, wurde zunehmend ein Kundenkreis, der so (und nur so!) beteiligt wird, wie es bei gewerblichen Organisationen auch üblich ist.

7. Einrichtungen der Kommunen – wie bspw. Theater und z. T. städtische Volkshochschulen – sind nicht, wie vielfach diskutiert wird und dementsprechend zu erwarten, mit Koordinations-, Steuerungs- und Regulationsaufgaben von ihren staatlichen Auftraggebern her ausgestattet, sondern betätigen sich eher

---

[10]Märkte haben, anders als die zivilgesellschaftliche Sphäre der Kooperation und Gemeinschaftlichkeit, einen ausgrenzenden Charakter: Wer nicht mehr mithält, ist nicht mehr beteiligt. Inklusion oder ähnliche Zielstellungen sind hier wenig vorhanden.

[11]Die Kooperationen dienen allerdings stärker als des allgemeine Bridging (zum Begriff siehe Putnam 1999) dazu, die Position der Freigemeinnützigen insbesondere gegenüber öffentlichen Auftraggebern zu stärken. Hin und wieder entsteht aus solchen Kooperationen eine Dachorganisation, wie es sie bei gewerblichen Organisationen auch häufig gibt, die neben der Vertretung der Teilnehmer nach außen bzw. nach oben auch Koordinations-, Steuerungs- und Regulationsaufgaben nach innen bzw. nach unten übernimmt.

[12]Grundfinanzierung wird hier verstanden als der Eigenanteil der Organisation, bereitgestellt bspw. durch das Milieu bzw. die Mitglieder, der in die Arbeit eingebracht wird.

als Monopolisten auf Märkten, die neben ihnen auch von freigemeinnützigen und gewerblichen Akteuren bevölkert ist[13]. Sie agieren marktkonstitutiv und verkörpern keinesfalls den Staat in Bezug auf diese Märkte. Ihr Beitrag zur Konstitution einer Sphäre der der Kooperationen und der Vergemeinschaftung muss ebenfalls als gering eingeschätzt werden. Einrichtungen der Kommunen verfügen allerdings über ein Set an Praktiken, zu dem neben den wettbewerblichen und betriebswirtschaftlichen auch kooperative und gemeinschaftliche gehören. Ihre solide Grundfinanzierung ermöglicht ihnen dies[14]. Kommunale Einrichtungen sind in ihrer Führungsstruktur am stärksten von demokratischer Mitbestimmung geprägt, verfügen über ehrenamtlich besetzte Aufsichts- und Beiräte sowie der Führung zuarbeitende Fördervereine. Allerdings kann auch bei ihnen kaum von ehrenamtlicher Koproduktion gesprochen werden, Leistungserbringer sind zumeist Erwerbstätige bzw. Honorarkräfte und keine bürgerschaftlich Engagierten. Die Zielgruppen, sei es nun das Publikum, seien es Nutzer, seien es Klienten oder eher Kunden und/oder einfach die Bürger einer Kommune, werden häufig partizipativ an der Leistungsausgestaltung beteiligt[15].

---

[13]Hier scheint, was noch zu prüfen wäre, eine „Entstaatlichung" in dem Sinne im Gange, dass keine Dezentralisierung der Koordination, Steuerung und Regulation erfolgt, sondern nur eine der Leistungserbringung.

[14]Außerdem ist es vielfach in ihren Satzungen festgeschrieben.

[15]Hierdurch prädestinieren sich Einrichtungen der Kommune für eine Weiterentwicklung in Richtung zivilgesellschaftlicher Organisationen am stärksten, wenngleich sie dafür sowohl ihre Marktmonopolstellung als auch ihre umfängliche staatlich grundfinanzierte Leistungserbringung zugunsten von ebenso notwendigen Koordinations-, Steuerungs- und Regulationsaufgaben zurücknehmen müssten.

Den Details auf der Spur: Explizite und implizite Konzepte von Zivilgesellschaftlichkeit und Staatlichkeit

3.1 Aus der Sicht neuer sozialer Bewegungen, zivilgesellschaftlichen Engagements und integrierter Strategien zur Bekämpfung des Rechtsextremismus: Zivilgesellschaft und Staat bei Roland Roth

Roland Roth ist emeritierter Professor für Politikwissenschaft an der Hochschule Magdeburg-Stendal. Er engagiert sich über das von ihm gegründete Institut für Demokratische Entwicklung und Soziale Integration Berlin (DESI) in verschiedenen wissenschaftlichen Begleitforschungen. Roland Roth war von 2000 bis 2002 sachverständiges Mitglied der Bundestagsenquetekommission zur Zukunft des bürgerschaftlichen Engagements. Er gehört zu den Gründern des Komitees für Grundrechte und Demokratie und ist Mitglied in diversen wissenschaftlichen Vereinigungen[1].

Nach seinem gesellschaftswissenschaftlichen Studium an den Universitäten Frankfurt am Main und Marburg arbeitete Roland Roth zunächst in der außerschulischen politischen Erwachsenenbildung. In dieser Zeit leitete er ein Modellprojekt gegen Jugendarbeitslosigkeit in einem Frankfurter Stadtteil. Ende der 1970er Jahre wurde Roland Roth wissenschaftlicher Mitarbeiter an der Universität Frankfurt, wo er 1984 über Herbert Marcuse und neue soziale Bewegungen promovierte (vgl. Roth 1985). In den Folgejahren lehrte und arbeitete er an der Freien Universität Berlin. In seiner Habilitation zeichnete er den

---

[1]Vgl. https://www.hs-magdeburg.de/hochschule/fachbereiche/soziale-arbeit-gesundheit-und-medien/mitarbeiter.html sowie https://de.wikipedia.org/wiki/Roland_Roth. Eingesehen am 01.07.2018.

© Springer Fachmedien Wiesbaden GmbH, ein Teil von Springer Nature 2019   29
P.-G. Albrecht, *Staatlichkeit aus zivilgesellschaftlicher Perspektive*,
https://doi.org/10.1007/978-3-658-24505-4_3

Weg der deutschen neuen sozialen Bewegungen bis zur politischen Institutionalisierung nach (vgl. Roth 1994). 1993 wurde Roland Roth zum Professor für
Politikwissenschaft an die Hochschule Magdeburg-Stendal berufen.

Roland Roths Empathie und sein besonderes wissenschaftliches Interesse
gilt seit jeher sozialen Protesten und sozialen Bewegungen (vgl. Roth und Rucht
1987, 2008). Von seinem befördernden und gleichermaßen kritischen Blick auf
diese Bewegungen ist seine Sicht auf Kommunalpolitik (vgl. Wollmann und Roth
1998), bürgerschaftliches Engagement (Roth 2000) und Zivilgesellschaft geprägt
(siehe unten). Roland Roth interessiert sich darüber hinaus für die Erhöhung der
Lebenschancen und Beteiligungsmöglichkeiten benachteiligter Personengruppen
wie Kindern und Jugendlichen (Roth und Rucht 2000; Roth et al. 2007; Roth und
Olk 2007) sowie Migranten und lokale Integrationspolitik (Roth und Gesemann
2011). Hinzu tritt ab Mitte der 1990er Jahre eine intensive Auseinandersetzung
mit dem Rechtsextremismus (Lynen von Berg und Roth 2003; Roth 2008).

Normativer Schwerpunkt der Arbeit Roland Roths ist die Verwirklichung von
Grundrechten und die Weiterentwicklung von Demokratie. Zu all diesen Themen-
feldern hat er umfänglich publiziert.

3.1.1   Konzepte des Autors

In seinem Text zu „Kommunikationsstrukturen und Vernetzungen in neuen sozialen Bewegungen" hat Roth 1987 soziale Bewegungen so definiert: „Ihre kleinste
Einheit, die bewegungsstiftende Ereignisse und eine gemeinsame Geschichte
voraussetzt, ist nicht der bzw. die isolierte Einzelne, sondern die soziale Gruppe,
die in einer stark dezentralisierten Bewegung ein relativ hohes Maß an Autonomie
besitzt. Freundschafen, persönliche Beziehungen und Nachbarschaften sind das
Medium, aus dem sich die Bewegungsgruppen und -aktionen entwickeln und an
das sie gebunden bleiben" (Roth 1987, S. 72)[2]. Charakteristika[3] dieser kleinsten
Einheit sind „Basisdemokratie in der Entscheidungsfindung (sei es nun durch
Konsensprinzip, Minderheiten- und Betroffenenschutz oder durch die Suche

---

[2]„Auf dieser Grundlage agieren (auch) stärker formalisierte Bewegungsorganisationen,
Koordinationsgremien, Arbeitskreise, informelle Zirkel, Bewegungsunternehmer" (Roth
1987, S. 72).

[3]Roths umfängliches Werk ist leichter zu verstehen, macht man sich bewusst, dass die hier
referierten Werte eine sehr hohe Bedeutung für ihn haben.

nach einem Minimalkonsens), Ganzheitlichkeit (gegen die Rollenzumutungen, Kompromisszwänge und fragmentierten Kommunikationsprozesse in Parteien und Verbänden) und das Recht auf Differenz (gegen den Vereinheitlichungsdruck und die Konformitätserwartungen bürokratischer Organisationen)" (Roth 1987, S. 72)[4].

Als es aufgrund des Engagements der neu gewählten rot-grünen Bundesregierung Ende der 1990er Jahre zu breiten gesellschaftlichen Debatten um bürgerschaftliches Engagement kam, befasste sich Roth – berufenes Mitglied der gleichnamigen Bundestagsenquetekommission – zunehmend auch mit dieser Thematik. Für ihn gehören zum bürgerschaftlichen Engagement verschiedene Aktivitätsformen: „konventionelle und neue Formen politischer Beteiligung, freiwillige bzw. ehrenamtliche Wahrnehmung öffentlicher Funktionen, klassische und neue Formen des sozialen Engagements, klassische und neue Formen der gemeinschaftsorientierten, moralökonomisch bzw. von Solidarvorstellungen geprägten Eigenarbeit, klassische und neue Formen von gemeinschaftlicher Selbsthilfe und andere gemeinschaftsbezogene Aktivitäten" (Roth 2000, S. 31), insgesamt „eine Vielzahl jener Aktivitäten, die sich zwischen den Polen Markt, Staat und Familie abspielen" (Roth 2000). Engagement muss „sozial und bürgerschaftlich gestimmt" sein; „demokratische Vorzeichen, …Öffentlichkeit und Gemeinschaftsbezug, zumindest jedoch Gemeinwohlverträglichkeit" gehören für Roth zum Charakter von bürgerschaftlichem Engagement (Roth 2000, S. 31–32). Als öffentliches Engagement ist ihm gemein, dass es Brücken schlägt zwischen klassischen und neuen Aktivitätsmöglichkeiten und so zur „Vermittlung von Sphären" beiträgt (Roth 2000, S. 33). Weil ein solches Engagement immer auch politisch ist und z. B. gegen Rechtsextremismus Stellung beziehen muss, arbeitete Roth es in den Folgejahren als zivilgesellschaftliches Engagement aus (Roth 2010).

Aufgrund seiner Tätigkeit an einer Hochschule in Sachsen-Anhalt, einem Bundesland, dessen vielfältige rechtsextreme Aktivitäten es in die Schlagzeilen brachte, beschäftigte sich Roth auch mit diesem Phänomen und seiner Bekämpfung.

---

[4]Auch wenn Kritiker dieses Autoren seine Differenziertheit nicht sehen, Roth hat sie – bei aller Empathie für die neuen sozialen Bewegungen: So heißt es im genannten Text: „Die Geschichte von Bewegungen ist immer auch eine von politischen Niederlagen, Spaltungen, Sackgassen… Um nur einige für die Bundesrepublik zu nennen: Der 2. Juni 1967, die Bildung der Rote Armee Fraktion, die Sektiererei der ‚proletarischen Wende', die Praxis des ‚Radikalenerlasses', der ‚Deutsche Herbst' von 1977, die Stationierung der neuen Raketen" (Roth 1987, S. 88). Zu vielen dieser Niederlagen, Spaltungen und Sackgassen ist es von oben her, zu vielen aber durch Irrungen innerhalb der Bewegungen gekommen.

Von Anfang an begleitete Roland Roth Praxisansätze der Rechtsextremismus-bekämpfung durch wissenschaftliche Begleitforschung und beobachtete die Kon-zeptionierung und Umsetzung der Bundesprogramme gegen Rechtsextremismus (vgl. Lynen von Berg und Roth 2003; Roth 2008). Trotz seiner Skepsis gegenüber repressiver Bearbeitung der Thematik fordert er eine „integrierte Strategie gegen Rechtsextremismus", die den Kampf gegen dieses Phänomen als Daueraufgabe versteht und sowohl zivilgesellschaftliches Engagement als auch staatliches Han-deln (und sogar wirtschaftliche Betätigung) einbezieht (vgl. Roth 2010). Seine viel-fältigen Vorschläge, wie eine solche Strategie auszubuchstabieren wäre, reichen von detailreichen lokalen Praxisempfehlungen bis zur Konzipierung einer großen „Bundesstiftung zur Demokratieförderung und Rechtsextremismusprävention" (vgl. Roth 2008), ja sogar einer „Bundestagsenquetekommission zur Demokratieent-wicklung" (Roth 2008, S. 115).

Roland Roths Kerngegenstand sind soziale und insbesondere neue soziale Bewegungen. Das Engagement der Teilnehmer neuer sozialer Bewegungen bringt er als bürgerschaftliches Engagement über die Debatten zum Thema ein und weist besonders auf Zivilität als einen wichtigen – und bei anderen Autoren häu-fig fehlenden – Orientierungspunkt von Engagement hin. Roth hat sich mit Strate-gien zur Bekämpfung des Rechtsextremismus auseinandergesetzt.

3.1.2 Die Zivilgesellschaft bei Roland Roth

Für Roland Roth stammt das Konzept der Zivilgesellschaft aus den sozialen Bewegungen Osteuropas und Ostdeutschlands: „Im Kontrast zu den westlichen Traditionen repräsentativer Demokratie zielten und zielen diese Bürgerbe-wegungen auf politische Formen, die sich am Leitbild der ‚Zivilgesellschaft' orientieren. Es lebt von der uneingeschränkten politischen Öffentlichkeit, der Anerkennung der Prinzipien des Dialogs, der Toleranz und der Mündigkeit" (Roth 1998, S. 22). In Osteuropa und Ostdeutschland bildeten Bürgerbewegungen Gegenöffentlichkeit zum alles durchdringenden sozialistischen Staat aus – und sie verstanden dies auch als ihren Auftrag. Erst in der Zeit der Wende gelang es ihnen, sich als „Lebenselixier einer zivilgesellschaftlich fundierten Demokratie" (Roth 1998, S. 22) und ihr zunächst selbstbezogenes Programm als ein Programm direkter politischer Beteiligung zu empfehlen.

Leider, so Roth, gelang dies nicht. „Mit dem Import repräsentativer politischer Strukturen schien auch das demokratische Leitbild der Bürgerbewegungen über-holt. Gemessen an den Konfliktlinien und -formen der Parteienkonkurrenz wirkte es unpolitisch und konfliktscheu. Die zahlreichen Versuche, diese demokratische

Perspektive in die Verfassungsdebatten des neuen Deutschlands einzubringen, können nach der ‚kleinen' Verfassungsreform von 1994 als gescheitert gelten" schreibt Roth (1998, S. 22), für den die Zivilgesellschaft in dieser Zeit als Gegenüber der repräsentativen Demokratie gelten muss. Denn „das Unbehagen am repräsentativen Überhang und der parteipolitischen Monopolbildung" insbesondere „auf kommunaler Ebene" ist „groß", so Roth, „dass die zivilgesellschaftliche Herausforderung der kommunalen Demokratie eine Zukunft haben dürfte" (Roth 1998).

Als Zivilgesellschaft erscheint bei Roth in dieser Zeit die Welt der neuen sozialen Bewegungen. Allerdings muss er in den 1990er Jahren zunehmend feststellen, dass Protest auch von undemokratischen sozialen Bewegungen ausgeht. Es gibt „rechtspopulistische Mobilisierungen und rechtsradikale Anschläge, die nicht nur einen Gegenpol zu den demokratisch inspirierten Bewegungen bilden, die noch bis vor kurzem die Protestszene der Bundesrepublik dominierten" (Roth 1998, S. 22). „Wir kennen vordemokratische, gespaltene, ‚schlechte' Zivilgesellschaften mit geschlossenen Organisationen, betrieben von Leuten, die unter sich bleiben wollen und sich von anderen abgrenzen (religiöse Sekten, Eliteclubs, islamistische Vereinigungen mit Hasspredigern an der Spitze, rechtsextreme Kameradschaften etc.)" (Roth 2010, S. 53).

In diesem Sinne sind „kritische Nachfragen" stets notwendig (Roth 2009, S. 5). Sie reichen von „Vorbehalten gegenüber der vielfach beteuerten hohen Engagementbereitschaft in der Bevölkerung bis zu den Grenzen der realen Belastbarkeit von Engagierten, von den sozialstrukturellen Verwerfungen in der Verteilung von Fähigkeiten und Ressourcen zum Engagement über dessen Steuerbarkeit bis hin zu den demokratisch fragwürdigen Extraprofiten, die Engagierte auf Kosten engagementferner Bevölkerungsgruppen einstreichen können" (Roth 2009, S. 5). Roth ist wichtig, dass jeder, der auf bürgerschaftliches Engagement setzt, sich auch mit „dessen politischen und sozialen Gebrauchswert auseinandersetzt" (Roth 2009).

In seiner jahrelange Beschäftigung mit dem Kern der Zivilgesellschaft, dem bürgerschaftlichen bzw. zivilgesellschaftlichen Engagement kommt Roth zu dem Schluss, dass „Zivilität nicht die garantierte Substanz, sondern eine Daueraufgabe der Zivilgesellschaft ist" (Roth 2009, S. 3). „‚Reale' Zivilgesellschaften sind keine Idealwelt, in der Freiheit, Gleichheit und Geschwisterlichkeit den Ton angeben" (Roth 2010, S. 53).

Während in den 1990er Jahren das Wort Zivilgesellschaft bezogen auf den Bewegungssektor und die neuen sozialen Bewegungen noch neu war, unterscheidet Roth im Jahr 2010 dezidiert zwischen den Sektoren Staat, Wirtschaft und Zivilgesellschaft. In einem Gutachten zur Qualitätsentwicklung im Bereich der Demokratieförderung und der Rechtsextremismusbekämpfung nimmt Roth

Überlegungen von Evers auf (Roth 2010, S. 35)[5]. Für den Autor zeichnet sich die Zivilgesellschaft, von der er 2010 spricht, insbesondere durch freiwilliges „zivilgesellschaftliches Engagement in Vereinen, Initiativen, Nachbarschaften, Stiftungen und sozialen Bewegungen" aus (Roth 2010, S. 53).

Für Roth macht „die positive Rede von Zivilgesellschaft trotz Ambivalenzen Sinn, wenn gemeinsame Normen im Spiel gehalten werden: Es geht um Zivilität, d. h. Gewaltfreiheit, Toleranz, akzeptierenden Umgang mit anders Denkenden, Lebenden und Aussehenden" und um „gewaltfreie Formen des Konfliktaustrags" (Roth 2010, S. 53).

3.1.3   Der Staat bei Roland Roth

Der Autor hält viel von der kommunalen Selbstverwaltung. Er schreibt: „Im internationalen Vergleich gilt Deutschland als Nation mit einer traditionell starken lokalen Selbstverwaltung" (Roth 1998, S. 2). „Stärke (kann) nicht nur für die Stellung der Kommunen in der Staatsorganisation reklamiert" werden, „sondern auch für deren demokratische Substanz", so Roth (1998).

Allerdings werden viele partizipativ ausgerichtete gesetzliche Möglichkeiten nur „halbherzig" umgesetzt (Roth 1998, S. 5, Fußnote 16), direktdemokratische Verfahren sind häufig nur ein „direktdemokratisches Ornament an einem repräsentativen Gebäude", so Roth (1998).

Allerdings müssen „zentrale Beschränkungen kommunaler Demokratie … immer erneut jene Initiativen frustrieren…, die sich am politischen Prozess beteiligen" wollen (Roth 1998, S. 17). Es gibt ein „Übergewicht der Kommunalverwaltung und ihrer Spitze gegenüber den Repräsentativgremien und mehr noch gegenüber partizipationsorientierten Bürgerinnen und Bürgern" (Roth 1998, S. 17)[6].

In seiner jahrelangen Beschäftigung insbesondere mit kommunalpolitischem Handeln und dem Agieren von Kommunalverwaltungen hat er immer wieder deutlich gemacht, dass es ihm im Blick auf die landes-, bundes- und europapolitische sowie globale Rahmung stets „um eine echte Kommunalisierung öffentlicher

---

[5]Roth übernimmt zwar das bekannte Sektorenmodell, verweist jedoch darauf, dass es neben Staat, Wirtschaft und Zivilgesellschaft auch noch die Sphäre der Familien und Gemeinschaften sowie die Sphäre der Öffentlichkeit gibt, die in Bezug auf ihre Verantwortung für Demokratieförderung und Rechtsextremismusbekämpfung ebenso wichtig sind wie die anderen Sphären (Roth 2010, S. 35).

[6]Weil durch die EU noch eine weitere übergeordnete Verwaltungs-"Hierarchieebene" hinzukommt, „schnappt … für die Versuche, in der Kommune Sachentscheidungen durch direktdemokratische Verfahren zu erstreiten, … fast zwangsläufig die Politikverflechtungsfalle zu", so Roth (1998, S. 17).

Aufgaben geht, darum, die demokratischen Gestaltungsspielräume von kommunalen Räten, Verwaltungen und einer engagierten Bürgerschaft gleichermaßen zu erweitern bzw. zurückzugewinnen" (Roth 2009, S. 10).

Roth hat das Anliegen, Menschen als „Mitstreiterinnen und Mitstreiter einer Rekommunalisierung von Politik" zu gewinnen (Roth 2009), sind doch „die Gemeinden der eigentliche Ort der Wahrheit, weil sie der Ort der Wirklichkeit sind", so Roth in Anlehnung an Schmidt-Vockenhausen (Roth 2009, S. 10).

Allerdings spricht vieles dafür, dass dies nur selten gelingt: Politische Großreformen bürden Kommunen Lasten auf, Kommunalverfassungen sind zu zahnlos, Aufgaben werden ohne Ressourcenausstattung von oben her zugewiesen, Stadträte sehen sich eher als Kommunalverwalter denn als Politiker (Roth 2009, S. 6)[7]

---

[7]Anlässe, skeptisch zu sein, gibt es genug. Zu diesen negativen Faktoren gehören nur eingeschränkt zu beeinflussende Rahmenbedingungen kommunalen Handelns sowie auch kommunalpolitische Gegenbewegungen zu einer zivilgesellschaftlichen Erweiterung von Kommunalpolitik, so

- „große Reformwerke, wie z. B. die Agenda 2010 oder die aktuellen Konjunkturprogramme, die bürgerschaftliches Engagement konzeptionell ausklammern und ihre Folgen für das Engagement nicht abwägen. Teilweise sind dabei wichtige kommunale Handlungsfelder, wie z. B. die lokale Arbeitsmarktpolitik, sieht man einmal von den wenigen Optionskommunen ab, dezentralisiert worden;
- eine Föderalismusreform, die bislang nicht zu einer realen Dezentralisierung von Kompetenzen und Ressourcen in Richtung Kommunen geführt hat und damit lokales bürgerschaftliches Engagement vielfach leer laufen lässt" (Roth 2009, S. 5);
- „Kommunalverfassungen und Gemeindeordnungen der Länder, die bislang das politische Gewicht des bürgerschaftlichen Engagements nur sehr eingeschränkt würdigen und zur Geltung bringen;
- ein fehlender parteipolitischer Wettbewerb in Sachen engagementorientierter Kommunalpolitik, wie insgesamt die kommunalpolitische Programmdebatte im Meer des pragmatischen Wurstelns untergegangen zu sein scheint;
- manageriell und steuerungsorientierte kommunale Verwaltungsreformen, die erst sehr spät entdeckten, dass eine engagierte Bürgerschaft eine wichtige Ressource kommunalen Handelns sein kann, wenn sie entsprechende Gelegenheiten erhält;
- die bevorzugte Praxis von Bund und Ländern, Aufgaben an die Kommunen mit Vorliebe in Form von ‚Pflichtaufgaben zur Erfüllung nach Weisung' zu übertragen, die kaum lokale Handlungsspielräume übrig lassen. Solche Formen der Delegation von Aufgaben bedeuten lediglich eine Scheindezentralisierung. Dies gilt übrigens auch für den Umgang mit dem Konjunkturpaket II in einigen Bundesländern, wo den Kommunen bis hin zum Fabrikat vorgeschrieben wird, welches Feuerwehrfahrzeug sie anschaffen können.;
- kommunale Ratsmitglieder, die sich heute wieder verstärkt als Akteure der untersten Verwaltungsebene sehen, denen kein eigenständiges politisches Mandat zukomme, d. h. sie wollen nicht als parlamentarische Vertreter der lokalen Bevölkerung in Anspruch genommen werden" (Roth 2009, S. 6).

Zudem „werden die Entwicklungen, die noch um die Leitbilder ‚unternehmerische Stadt', die massive Privatisierung öffentlicher Dienste oder die Auswirkungen des Cross-Border-Leasings zu ergänzen wären, zugespitzt als ‚Ende der kommunalen Selbstverwaltung' analysiert", formuliert Roth (Roth 2009).

„Maßstab (seiner) Kritik ist eine gewichtige, selbstbewusste und handlungsfähige dritten Ebene im föderalen System, die freilich erst noch zu schaffen wäre", so Roth (2009, S. 6).

Aufgrund seiner Befassung mit Demokratieförderung und Rechtsextremismusbekämpfung beschäftigt sich Roth intensiv mit staatlichem Handeln, insbesondere mit staatlicher Repression. 2007 kritisiert er die Verlagerung zunächst nur an zivilgesellschaftliche Akteure adressierter Bundesprogramme in Richtung kommunaler Entscheidungsträger und kommunaler Verwaltungen als eine „Verstaatlichung der Zivilgesellschaft" (vgl. Roth 2006)[8].

Er hält repressive Maßnahmen insbesondere im Bereich der Rechtsextremismusbekämpfung und insbesondere im Sinne des Opferschutzes und der Prävention zwar für notwendig, sieht in der Bundesrepublik mit ihrem „staatlich geprägten Demokratieschutz durch strafbewehrte gesetzliche Einengungen und geheimdienstliche Überwachung des politischen Spektrums" aber einen skeptisch zu betrachtenden „Sonderfall … im Kreis der westlichen Demokratien" (Roth 2010, S. 38).

Allerdings darf auch das Gegenteil nicht sein: „Staatliche Duldsamkeit gegenüber menschenverachtenden Verhaltensweisen" kann selbst „eine Ursache für sich ausbreitende Gewalt" sein (Roth 2010, S. 39). Keinesfalls darf es in Bezug auf Opfer und Täter deshalb „polizeiliche Unterlassungen, Ignoranz der lokalen Politik, staatsanwaltschaftliche Untätigkeit und gerichtliche Verharmlosung" (Roth 2010) geben, Polizei und auch Staat haben verantwortlich in Bereitschaft zu sein und natürlich bei Verdacht bzw. Offenkundigwerden von Gewaltanwendung tätig zu werden.

Roth steht in diesem Sinne für freiheitsgewährendes und zurückhaltendes, an den Schwachen und Schutzbedürftigen orientiertes und couragiertes, kreatives und dadurch wirkungsvolles staatliches Handeln.

---

[8]Das laufende Bundesprogramm gegen Rechtsextremismus zeichnet sich durch eine „halbherzige Umsetzung und Abkehr von der zivilgesellschaftlichen Orientierung" aus, so Roth an anderer Stelle, sodass auch von „‚Verstaatlichung' bzw. ‚Kommunalisierung' „des vormals die Zivilgesellschaft betreffenden Anliegens gesprochen muss (Roth 2008, S. 116). „Zivilgesellschaftliche Akteure sind nur noch handverlesen und per Einladung dabei", so Roth (2008).

3.2 Vom Stiftungswesen, einem individualistisch geprägten dritten Sektor und privater Eigeninitiative her denkend: Zivilgesellschaft und Staat bei Rupert Graf Strachwitz

Rupert Graf Strachwitz ist Direktor des Maecenata Instituts für Philanthropie und Zivilgesellschaft an der Humboldt Universität Berlin. Gleichzeitig arbeitet er als Geschäftsführer der Maecenata Management GmbH, einer Dienstleistungs- und Beratungsgesellschaft für gemeinnützige Organisationen. Er hat Politikwissenschaft und Geschichte studiert. Sein Engagement für das Stiftungswesen in Deutschland drückt sich insbesondere in diversen werbenden Publikationen zur Thematik aus. Strachwitz ist Mitglied diverser Stiftungsräte und Vorstände und war sachverständiges Mitglied der Bundestagsenquetekommission zur Zukunft des bürgerschaftlichen Engagements[9].

Insbesondere in seinen 1992 herausgegebenen gesammelten Reden wird seine Grundhaltung deutlich: Stark an der Freiheit und Unabhängigkeit von Bürgern und ihrem Engagement interessiert, setzt er sich für private Initiative und die Werte Kreativität und Innovation ein und fordert Rahmenbedingungen, die für die freien Künste, für Kultur und die Wissenschaft notwendig sind (vgl. Strachwitz 1992a, b, c, d, e, f).

Immer wieder geht es Strachwitz um das Stiftungswesen. 1994 gibt er einen ersten Ratgeber zum Thema, 2005 ein „Handbuch für das moderne Stiftungswesen" heraus (Strachwitz 2005). Während Strachwitz in den 1990er Jahren stark wirtschaftsaffin argumentiert und gerade im Unternehmertum ein hohes Ideal sieht, welches für ihn besonders durch Stiftungswesen dem Gemeinwohl dient und für welches er aktiv wirbt, sind seine 2000er Äußerungen abgewogener, ja später sogar kritisch gegenüber dem eigenen Gegenstand Stiftungswesen: Im Jahr 2011 erscheint eine kritische Publikation zum Thema Stiftungen, die insbesondere die Gemeinwohlorientierung und die demokratischen Kontrollmöglichkeiten von Stiftungen sowie die – lange erkämpfte und mittlerweile errungene – steuerrechtliche Privilegierung von Stiftungen kritisch hinterfragt (Adloff und Strachwitz 2011).

---

[9]Vgl. http://www.strachwitz.org/index.html. Eingesehen am 10.08.2012.

3.2.1   Strachwitz' Konzepte

Auch wenn Strachwitz 2007 darauf verweist, dass es vier Arten von Stiftungen gibt: die reine Eigentumsträgerstiftung, die klassische „Anstalt", eine Einrichtungsträgerstiftung, die Förderstiftung sowie die mildtätige Stiftung, deren Privatinteresse-Gemeinwohl-Relationen sich erheblich voneinander unterscheiden (Strachwitz 2007a, S. 44–45). Bereits in seinem 1994 erschienenen Stiftungshandbuch macht er deutlich, „dass das Stiften dem Wesen nach eine bürgerliche Aktivität darstellt" und „dass die originäre Absicht, eine Tätigkeit zu privatisieren, am Anfang der Überlegungen steht", wenn es gilt, eine Stiftung zu errichten (obwohl auch immer wieder die öffentliche Hand als Stifterin agiert) (Strachwitz 1994, S. 76 ff.). Für ihn ist es wichtig, eine „Stiftung so einzurichten wie ein privates Unternehmen" (Strachwitz 1994, S. 78). Denn das Gegenteil kann nicht gelingen, so Strachwitz: Eine „ganz und gar dem öffentlichen Dienst nachempfundene Organisationsstruktur, die nicht zuletzt durch die Übernahme von Beamten in die Stiftungsverwaltung begründete Arbeitstradition, die Einführung von öffentlichen Haushalts- und Dienstrecht führen eindeutig dazu, dass eine Stiftung in ihrer Arbeitsweise nicht hinreichend von einer öffentlichen Verwaltung unterscheidbar ist" und als „falscher Ansatz" abzulehnen, so Strachwitz in Bezug auf Entscheidungen des Bundesverbands Deutscher Stiftungen (1994, S. 78–79). Eine Stiftung ist Ausdruck bürgerlicher Freiheit.

Ab 1995 widmet sich Strachwitz dem dritten Sektor, der sich für ihn „von der öffentlichen Verwaltung durch ein geringeres Maß an Amtlichkeit" und von der Wirtschaft durch Fehlen des ausschließlichen Strebens nach „Gewinnmaximierung" „unterscheidet" (Nährlich und Strachwitz 2005, S. 12). „Die Differenz zur Familie, in die man hineingeboren wird" liegt darüber hinaus „in der Freiwilligkeit von Mitgliedschaft und Mitarbeit. Selbstständigkeit und Solidarität sind dabei zentrale Elemente", schreibt er (Nährlich und Strachwitz 2005). Der dritte Sektor verfolgt eher „ideelle Ziele" (Nährlich und Strachwitz 2005). Und er ist eine Sphäre unternehmensähnlich agierender Organisationen. Für Strachwitz entsteht ein dritter Sektor, wenn „an die Stelle arroganter und inkompetenter Bürokratien dienstleistungsorientierte unternehmensähnliche Strukturen treten" (Strachwitz 1995, S. 30). Der wirtschaftliche und der gemeinnützige Sektor sind seines Erachtens „natürliche Partner in dem Bemühen, staatliches Handeln zurückzudrängen" (Strachwitz 1995). Seine Vorstellung eines dritten Sektors, den er auch Zivilgesellschaft nennt (Strachwitz 2003, S. 23), grenzt sich deutlich von Wirtschaftsskeptikern ab, wenn er schreibt: „Die Tatsache, dass auch der Staat, wenn er reformiert, sich die Reformmodelle in der Wirtschaft sucht, sollte denen zu denken geben, die den dritten Sektor für so grundsätzlich anders als

den zweiten halten, sodass keinerlei Erfahrungen übernommen werden können",
d. h. dass unternehmerische Logiken keinesfalls im dritten Sektor gelten dürften
(Strachwitz 1995, S. 30).

In den 1990er Jahren befasst sich Strachwitz auch mit bürgerschaftlichem
Engagement, das bei ihm den Charakter privaten Eigenengagements hat. „Mehr
und mehr erkennen wir", dass staatliches Handeln „nicht alles sein kann", schreibt
der Autor bereits 1992, „dass es Bereiche gibt, in denen wir selbst, jeder für sich
oder in Gruppen, Initiative entfalten wollen oder müssen. Bereiche, in denen
wir mit unserem Kopf, unserem Herz und wohl auch mal mit unseren finanziellen Möglichkeiten für unsere Mitbürger, für unsere Nächsten da sein müssen.
Der Unternehmer, das Unternehmen, der einzelne Bürger, der das erkennt und
danach handeln will, …der auf Dauer und mit Wirkung schenken will, der findet
in der Stiftung ein denkbares Modell" für die Umsetzung, formuliert der Autor
(Strachwitz 1992e, S. 55). Bürger müssen ihre „Sachen selbst in die Hand nehmen
und hierfür Institutionen schaffen", so Strachwitz (1992a, S. 18).

Bürgerschaftliches Engagement ist immer, so Strachwitz, ein Stück
„Mäzenatentum", „ein Stück Anarchie", denn „der Mäzen setzt sein Geld genau
dort ein, wo er will, und er steuert den Einsatz seiner Mittel. Er kontrolliert, er
überwacht, und, noch viel wichtiger, er ist kreativ" (Strachwitz 1992b, S. 35).
Auch sein Sondervotum zum Bericht der Bundestagsenquetekommission zur
Zukunft des bürgerschaftlichen Engagements weist deutlich darauf hin, „dass
persönliches Engagement überall ansetzen kann und vom Prinzip her autonom
ist" (Schüßler und Strachwitz 2002, S. 742). Das Gegenbild zu Strachwitz' Vorstellung von bürgerschaftlichem Engagement ist staatliches Handeln. Er formuliert: „Private Anstifter, die sich aus Steuergeldern finanzieren wollen, sind fast
immer zum Scheitern verurteilt. In dem langen Verfahren des Abwägens geht
die Kreativität und häufig die notwendige Radikalität eines neuen Ansatzes ver-
loren" (Strachwitz 1992b, S. 35). Kreativität ist wichtig für die Gesellschaft, denn
„rasch" und „flexibel" kann nur gehandelt werden, wenn „nicht darauf gewartet
werden muss, dass Gremien beschließen, dass politische Abstimmungsprozesse
durchlaufen werden, dass ein kleinster gemeinsamer Nenner gefunden werden
muss" (Strachwitz 1992e, S. 55).

3.2.2 Die Zivilgesellschaft bei Strachwitz

Strachwitz' Zivilgesellschaft ist eine Sphäre des Engagements von Privat-
personen, von Unternehmern und Mäzenen sowie von Künstlern, Kultur-
schaffenden und Wissenschaftlern. Trotzdem zählt er Anfang der 1990er Jahre

auch soziale Aufgaben zu den Tätigkeitsfeldern seiner Zivilgesellschaft: „Für Kultur, Sozialwesen, Ökologie muss viel getan werden" schreibt der Autor: „Hierzu ist die Staatsverwaltung weder allein geeignet, noch gerüstet, noch finanziell allein in der Lage, noch – und das halte ich für besonders wichtig – grundsätzlich berufen. Wir haben auch in diesen Bereichen, gottlob!, keine Planwirtschaft, kein Denken von oben nach unten, sondern das Prinzip der Subsidiarität und des freien Engagements der Bürger" (Strachwitz 1992c, S. 41 f.).

Am Beispiel des Sozialwesens führt Strachwitz an anderer Stelle aus: „Über lange Zeit war die Pflege von kranken und alten Menschen eine Aufgabe, die von der politischen Macht nicht wahrgenommen wurde. Die Kirche und die einzelnen Bürger durch ihre Stiftungen sorgten für Heime, für Krankenhäuser, für ambulante Pflege. Heute genießen wir ein gut ausgebautes Wohlfahrtssystem. Große Wohlfahrtsverbände und auch Staat und Kommunen nehmen sich der sozialen Aufgaben an… Und doch, wer unsere Krankenhäuser kennt, weiß, wie viel Defizite es dort gibt; welche Herausforderung es ist, einmal ein neues Modell, … alternative Heilverfahren… zu erproben" (Strachwitz 1992e, S. 53).

Für Strachwitz passiert das in der Zivilgesellschaft. „Zivilgesellschaft beschreibt eine durch Selbstermächtigung und Selbstorganisation definierte und insbesondere durch bürgerschaftliches Engagement geprägte gesellschaftliche Teilfunktion, die dem Staat und Markt gleichrangig ist", so Strachwitz (2003, S. 23).

Und er schreibt in seinem dezidiert zum Thema Bürger- und Zivilgesellschaft sowie Dritte-Sektor-Forschung verfassten Artikel 2003: „Zivilgesellschaft beschreibt das Ideal einer Gesellschaft, in der sich Bürgerinnen und Bürger aktiv einbringen und in den Teilfunktionen Staat, Markt und Zivilgesellschaft gestalten" (Strachwitz 2003).

Anders ausgedrückt: Der Terminus Zivilgesellschaft bezieht sich laut Strachwitz auf den „sich im Übrigen auch in den internationalen Debatten durchzusetzenden" Begriff eines Sektors, der durch die „selbst ermächtigten und selbst organisierten Beiträge (der Bürger) zum Gemeinwohl gestaltet wird" (Strachwitz 2003, S. 22).

In Bezug auf seinen Hauptgegenstand Stiftungen hält Strachwitz den Versuch, „Stiftungen aus dem zivilgesellschaftlichen Kontext möglichst herauszuhalten" für „übertrieben" (Strachwitz 2005, S. 35), sieht er doch insbesondere „private Initiative und Verantwortungsübernahme für das allgemeine Wohl als notwendig" an (Nährlich und Strachwitz 2005, S. 16), auch wenn er, seinen bisherigen Forderungen widersprechend, später gemeinsam mit Frank Adloff deutlich auf das Demokratiedefizit und so auch die Gefahr einer verminderten

Gemeinwohlorientierung der Stiftungen hinweist, die vorrangig durch privaten Willen bestimmt werden (vgl. Adloff und Strachwitz 2011, S. 61 f.)[10].

In Deutschland, so der Autor, lässt „ein Erblühen der Zivilgesellschaft … auf sich warten" (Strachwitz 2005, S. 35), gibt es allerdings auch die „historische Situation", dass „das Öffentliche zunehmend entstaatlicht wird" und besteht die Gefahr, dass – eine bei Strachwitz nur in als Ausnahme zu findende Ökonomiekritik – „die Gesellschaft nicht nur durch das Überhandnehmen des Marktes zur Wolfsgesellschaft zu werden droht" (Strachwitz 2003, S. 31).

„Reformimpulse", so Strachwitz im Blick auf den dritten Sektor bzw. die Zivilgesellschaft und insbesondere im Blick auf einen ausschließlich wohlhabenden am gemeinwohlinteressierte stiftungsbedachten unternehmerisch orientierte Bürger, „müssen von denen kommen, die das größte Interesse haben, die Steuerlast zu mindern, die zugleich – anders als die Menge der privaten Bürger – die Zusammenhänge durchschauen können und die Möglichkeit haben, sich entschieden zu artikulieren und die letztlich auch Modelle anzubieten haben, die eine moderne und effektive Organisationsführung ermöglichen" (Strachwitz 1995, S. 40).

3.2.3 Die Staatssicht Strachwitz'

Eine gewisse Staatsakzeptanz ist bei Strachwitz vorhanden: „Wir alle fühlen uns als verantwortliche Bürger unseres Staates. Wir glauben freilich daran, dass unser Staat im weiteren Sinne, dessen Entscheidungsträger wir wählen und den wir mit unseren Steuern finanzieren, etwas leisten muss. Ohne staatliche Verwaltung, ohne das Machtmonopol des Staates, ohne die Absicherung und Zusammenfassung

---

[10]Ist in Deutschland „die Gründung eines Vereins Ausdruck von Vereinigungsfreiheit und damit ein verfassungsmäßiges Grundrecht" – für die es durch „die Praxis der Eintragung faktisch" einen staatlichen „Genehmigungsvorbehalt" gibt – so ist „eine Stiftung zu gründen dagegen kein Grundrecht, sondern lässt sich allenfalls aus dem Recht auf freie Entfaltung der Persönlichkeit ableiten" (Adloff und Strachwitz 2011, S. 61). Während also Vereinsgründung geradezu gesellschaftlich gewollt ist, führt es doch zu – zivilgesellschaftlicher – Solidarbildung, gibt es für Stiftungen, in denen Individuen wie auch z. B. Unternehmen auch ausschließlich ihre ureigenen Interessen durchsetzen können, keine entsprechende Regelung. Insofern ist gerade die steuerliche Privilegierung von Stiftungen fragwürdig, müssten sie doch „kontinuierlich nachweisen, wie der aus der Privilegierung erwachsene Nutzen tatsächlich der Zivilgesellschaft und nicht bspw. den Stiftern zugutekommt" (Adloff und Strachwitz 2011, S. 63).

politischer Willensbildung wäre unser Zusammenleben undenkbar" (Strachwitz 1992e, S. 55).

Aber: „Wesenselement unseres Demokratieverständnisses ist das Subsidiaritätsprinzip. Es besagt, dass der Bürger die absolute Priorität des Handelns auch für das allgemeine Wohl genießt. Die jeweils größere Einheit soll nur dann eingreifen, wenn die jeweils kleinere Einheit ihre Aufgabe nicht erfüllen kann oder will. Dies bedeutet in letzter Konsequenz, dass (bspw.) eine europäische Staatsverwaltung am äußersten Ende der Subsidiaritätskette steht und erst tätig wird, wenn die Möglichkeiten der Bürger, der Bürger in Gruppen, der Bürger in Vereinen, der privaten Organisationen ... ausgeschöpft sind. Nicht-Regierungs-Organisationen rangieren in diesem System vor den Regierungen, und dies völlig unabhängig davon, dass die Regierungen als Verwalter von Steuereinnahmen dennoch verpflichtet sind, freie Initiativen finanziell zu unterstützen, auch wenn sie nur subsidiär handeln dürfen. In einer freien Gesellschaft sind nach unserem Verständnis bürgerschaftliche Initiativen nicht Ergänzungen oder Zuarbeiter staatlichen Handelns, sondern staatliches Handeln ist Ergänzung nicht staatlichen Handelns. Das Machtmonopol, das wir seit einigen hundert Jahren unserem Staat zubilligen, ist kein Regelungs-, schon gar nicht ein Handlungs- und Finanzierungsmonopol" (Strachwitz 1992f., S. 59).

Suggestiv fragt Strachwitz bereits 1990 – kurz nach der Wende in der DDR – mit Blick auf die Situation in der Bundesrepublik: „Haben nicht auch wir zugelassen, dass unser Staat mehr als notwendig plant und regelt? Kommt es denn von ungefähr, dass gerade die Bereiche unserer Gesellschaft, in denen besonders viel zentral geplant wird oder wurde, am schlechtesten ihre Aufgabe erfüllen: denken wir nur an den Wohnungsbau, an die Landwirtschaft, an das Krankenhauswesen?" (Strachwitz 1992a, S. 10).

Gegen die von ihm stets diagnostizierte „Kontinuität etatistischer Traditionen" (Strachwitz 2000, S. 326) engagiert er sich, auch wenn ihm klar ist, dass diese Kontinuität „gestützt (ist) von einem deutlichen Ruf aus der Bevölkerung nach immer mehr ‚Staat'" sodass es „über viele Jahre hinweg eine unumkehrbare Entwicklung hin zu einer immer stärkeren Durchdringung aller Lebensbereiche durch den Gesetzgeber und die Verwaltung zu geben schien" (Strachwitz 1995, S. 28).

Gleichzeitig, so kritisiert er 1995 allerdings nur wie nebenbei das ökonomische Verhalten des Staates, „trat (doch) der Unternehmer Staat verdeckt oder offen in einen Wettbewerb zum privaten Unternehmer und sicherte sich durch eine unheilvolle Verbindung von hoheitlichen Befugnissen, einzigartigen Möglichkeiten der Eigenkapitalausstattung und günstigen Standortbedingungen Wettbewerbsvorteile" (Strachwitz 1995, S. 29). Darüber hinaus kennt für Strachwitz der Staat „keine Skrupel", in Felder, deren Zuordnung „nicht so eindeutig" ist wie „z. B. Sozialwesen, Kunst und Wissenschaft" „einzudringen" und nutzt dabei deren „Abhängigkeit von Subventionen aus Steuermitteln" (Strachwitz 1995).

„Altes zurücklassen und Neues entwickeln ... bei unserem Staat, seiner Verwaltung und seinen Parteien sehe ich diese Bereitschaft nicht", so Strachwitz Anfang der 1990er Jahre (Strachwitz 1992a, S. 12–13), denn dort geht es eigentlich nur um „Macht", „nur um Ordnung", „um mehr Gleichheit" (Strachwitz 1992a). „Ordnung und Gleichheit aber sind in die Krise geraten und nur die Freiheit wird uns aus ihr herausführen", so der Autor (Strachwitz 1992a, S. 13).

„Dieser Staat muss sich zurücknehmen oder zurückgedrängt werden", denn „Dezentralisation und Selbstorganisation sind die richtigen Voraussetzungen für die neue Ordnung, ja die Überlebensgemeinschaft" (Strachwitz 1992a, S. 14–15)[11].

3.3 Betriebswirtschaft für Wohlfahrtsverbände und Bürgerstiftungen, bürgerschaftliches Engagement, Corporate Citizenship von Unternehmen: Ausgangskonzepte von Zivilgesellschaftlichkeit und Staatlichkeit bei Stefan Nährlich

Stefan Nährlich ist Geschäftsführer des Vereins „Aktive Bürgerschaft" e. V., eines „Kompetenzzentrums für Bürgerengagement der Volksbanken und Raiffeisenbanken" mit Sitz in Münster und Berlin. Er studierte Wirtschaftswissenschaften[12]. Gemeinsam mit Annette Zimmer, bei der er in den 1990er Jahren über

---

[11]2005 sieht Strachwitz seine Ablehnung von umfänglicher staatlicher Verantwortung in Regulierung, Ausführung und Finanzierung als historisch bedingt an: „Misstrauen gegenüber jedem staatlichen Handeln breitete sich (in den 1990er Jahren) auch deswegen aus, weil offenkundiges Versagen staatlicher Maßnahmen ohne eine grundsätzliche Revision der Aufgabenverteilung nicht mehr korrigierbar erschien" schreibt er und bezieht erstaunlicherweise – was außer in seiner 1995er Publikation zum zweiten und dritten Sektor kaum zu lesen ist – die staatliche Ökonomisierung in seine Kritik ein: „Der Staat selbst leistete dieser Revision durch die geradezu massenweise Überantwortung ehemals hoheitlicher Aufgaben an gewinnorientierte Unternehmen Vorschub", auch in dem er „die spezifischen Möglichkeiten zivilgesellschaftlicher Organisation geflissentlich übersah" (Strachwitz 2005, S. 35).

[12]Vgl. https://www.aktive-buergerschaft.de/ueber-uns/#1505134174834-006cd054-8977. Eingesehen am 25.09.2018.

innerbetriebliche Reformen in Nonprofit-Organisationen (NPOs) promovierte und mit der er den Verein „Aktive Bürgerschaft" gründete, gab Stefan Nährlich beim Verlag Leske und Budrich die Reihe „Bürgerschaftliches Engagement und Nonprofit-Sektor" heraus. Heute engagiert er sich für die Schriftenreihe „Zivilgesellschaft und Demokratie" beim VS Verlag für Sozialwissenschaften. Nährlich hat seine wissenschaftliche Ausrichtung beim Studium der Wirtschaftswissenschaften an der Gesamthochschule Kassel erhalten.

3.3.1 Konzepte bei Stefan Nährlich

Ausgangspunkt Nährlichs wissenschaftlicher Arbeit sind Nonprofit-Organisationen. Er sieht insbesondere bei Wohlfahrtsverbänden viele „Strukturbesonderheiten", aber auch Strukturähnlichkeiten in Bezug auf Unternehmen, die diese Wohlfahrtsverbände geradezu dafür prädestinieren, von Unternehmen zu lernen (Nährlich und Zimmer 2000, S. 11–15). In seiner 1998er Untersuchung des Deutschen Roten Kreuzes stellt Nährlich grundsätzliche Überlegungen darüber an, wie betriebswirtschaftliche Elemente, also „die Bildung abgegrenzter organisatorischer Einheiten, die betonte Delegation, die Abflachung von Hierarchien, die Prozessoptimierung, die Lösung von Abstimmungsproblemen durch Schnittstellenmanager, die prozessorientierte Motivation der Mitarbeiter und die Etablierung neuer Führungskonzepte" auf Nonprofit-Organisationen übertragen werden können (Nährlich 1998, S. 40). Ging es Nährlich in seinen Studien zunächst um Wohlfahrtsverbände, so sind mittlerweile auch Bürgerstiftungen Gegenstand seines Interesses (Nährlich und Strachwitz 2005, Nährlich 2007b, c). Aufgrund des durch sie zur Geltung kommenden Stifterwillens haben Stiftungen „einen innovativen Kern", ja sind sie „eine institutionelle Innovation in der Organisationslandschaft der Zivilgesellschaft in Deutschland" (Nährlich 2007c, S. 48; vgl. hierzu auch Nährlich und Strachwitz 2005).

Zusammen mit Annette Zimmer veröffentlichte Stefan Nährlich mehrere Aufsätze „zur Standortbestimmung bürgerschaftlichen Engagements" (Zimmer und Nährlich 2000), in denen es sowohl um bürgerschaftliches Engagement als auch um Realität und „Idee der Zivilgesellschaft" geht (Nährlich 2007a).

Gegen Ende der 2000er Jahre interessiert er sich für gesellschaftliches Engagement von Unternehmen. Nährlichs neuere Forschungsinteressen gelten dem Corporate Citizenship, durch das sich für Unternehmen – „analog zu Public Private Partnerships" – durch die „Zusammenarbeit mit gemeinnützigen Organisationen (quasi als Civil Commercial Partnerships) ein vielversprechender Ansatz bietet, die Wirkung bürgerschaftlichen Unternehmensengagements zu erhöhen" (Nährlich 2008, S. 30).

3.3.2 Die Zivilgesellschaft bei Stefan Nährlich

Für Stefan Nährlich hat es „die Zivilgesellschaft noch nicht zum gesellschaftlichen Leitbild geschafft", weil Zivilgesellschaft im Kern bedeutet: „Privat vor Staat" (Nährlich 2007a, S. 151 f.). Die Zivilgesellschaft ist „orientierungslos", weil sie „eine Idee ohne Theorie" ist, sie ist „mutlos", weil sie empirisch oft als „nebulös" angesehen wird und sie ist „machtlos", weil in ihr Politiker immer „das letzte Wort haben" (ebenda).

„Mehr Selbstorganisation" ist für Nährlich „der einzige Weg, um sowohl komplexe (gesellschaftliche) Zusammenhänge zu bewältigen als auch individuelle Freiheit zu sichern" (Nährlich 2007a, S. 152), kommt doch auch „die Idee der sozialen Marktwirtschaft nicht über das Attribut einer neuen sozialen Marktwirtschaft hinaus" und heißt es in Deutschland doch häufig „Hauptsache Staat, auch wenn die Qualität immer geringer wird" (Nährlich 2007a, S. 151).

Eine Zivilgesellschaft entsteht dadurch, dass Unternehmen neben ihren Geschäftsinteressen auch einen Gemeinwohlbezug haben, ja, Kooperationen mit NonPOs eingehen, durch die ‚‚social case' und ‚business case' im Gleichgewicht sind" (Nährlich 2008, S. 30). Wenngleich Corporate Citizenship erst ein kleines Feld ist, zu dessen Entwicklung noch viele „kreative Suchbewegungen ... unerlässlich sind" und die sich als „unternehmerische Suchbewegungen direkten politischen Interventionsversuchen verschließen" (Nährlich et al. 2008, S. 205), so ist doch zu sagen: „Eine wirtschaftlich interessierte und informierte sowie souveräne Zivilgesellschaft (könnte) Unternehmen – in einem wohlverstandenen Eigeninteresse – gerade im Engagementbereich, in dem es im Kern um die Entwicklung von Human- und Sozialkapital geht, Chancen eröffnen, um ‚gesellschaftliche Investitionsbrachen' zu erkennen und zu erschließen" (Nährlich et al. 2008).

Vieles, was Nährlich unter dem Begriff Zivilgesellschaft versteht, ist begründet in seiner Sicht der freien Wohlfahrtspflege und seiner Befassung mit Wohlfahrtsverbänden, die er als zivilgesellschaftliche Akteure mit multiplen Bezügen versteht:

Er sieht diese Nonprofit-Organisationen „unter Reformdruck" (Nährlich 1998, S. 6 f.), weil sie immer mehr auf einem freien Markt agieren müssen, auf dem sie „bestehen oder untergehen" können (Nährlich 1998). Die Vermarktlichung und der damit verbundene Wettbewerb sind für Nährlich die Legitimation, betriebswirtschaftliche Modelle, die zunächst nur für Unternehmen entwickelt wurden, auch auf Nonprofit-Organisationen zu übertragen.

In „wirtschaftlichen Aktivitäten, die in erster Linie dazu dienen, die ver-
bandliche Strategiefähigkeit zu erhalten" sieht Nährlich kein Problem; die „ver-
meintliche Industrialisierung" von Verbänden ist für ihn eine unumgängliche
gesellschaftliche Entwicklung (Nährlich 1998, S. 204).

Für Nährlich sind Wohlfahrtsverbände Marktakteure in einem dritten Sektor
mit spezifischen Logiken, in dem Steuerbegünstigung, marktorientierte Dienstleistungserbringung und Weltanschaulichkeit gleichzeitig existieren: „Die Weltanschaulichkeit der Wohlfahrtsverbände reicht nicht mehr aus, um a priori als
Dienstleistungsanbieter bevorzugt zu werden", so Nährlich, allerdings „kann auch
die effiziente Dienstleistungserbringung als neues ‚Gütesiegel' der Wohlfahrtsverbände allein das verlorene Kriterium der Weltanschaulichkeit nicht ersetzen. Effi-
zient … sind auch andere Anbieter, die zudem keinen finanziellen Vorteil durch
öffentliche Zuwendungen und Steuerbegünstigungen haben" (Nährlich 1998,
S. 214).

Bei allem Einsatz von Nährlich für betriebswirtschaftlicheres Handeln ist
für ihn „das Bestehen der ökonomischen Herausforderung nur ein Teil der
zukünftigen Veränderungen, der sich die Wohlfahrtsverbände gegenübersehen"
(Nährlich 1998). Denn für ihn gilt ebenso: „Eine konsequente ‚Verbetrieblichung'
der freien Wohlfahrtspflege' wäre der Anfang vom Ende der verbandlichen Tätigkeit" dieser „mission based organizations" (Nährlich 1998, S. 215).

3.3.3   Der Staat bei Stefan Nährlich

Bereits 1998 sieht Nährlich im Staat eine sich im Rückzug in der Leistungserbringung und sich in einem Wandel in der Steuerung wie auch Finanzierung
befindlichen gesellschaftlichen Strukturgröße (Nährlich 1998, S. 24–32). In seiner
Untersuchung geht Nährlich auf den Staat ein, der Kostenträger vieler Tätigkeiten
von Wohlfahrtsverbänden ist und der zunehmend nicht mehr als einfacher Kosten-
erstatter agiert, sondern zunehmend Leistungen und Entgelte vereinbart und so
einen wohlfahrtsverbandlichen „Quasi-Markt" erzeugt (Nährlich 1998, S. 31).

Gleichzeitig kritisiert er die die Nonprofit-Organisationen berührende
Organisationsreform von staatlichen Verwaltungen (in den 1990er Jahren als
New Public Management bzw. Neues Steuerungsmodell eingeführt und in die
Umsetzung gegangen) (Nährlich 1998, S. 48–57).

Gemeinsam mit Annette Zimmer hat sich Stefan Nährlich immer wieder mit der
„obrigkeitsstaatlichen Tradition Deutschlands" auseinander gesetzt (Nährlich und
Zimmer 2000, S. 15). Die „Modernisierung von Staat und Verwaltung" in Form von
„Public-Private Partnerschaft" führt dazu, dass „die Gewährleistungsfunktion bei Staat

und Verwaltung verbleibt, ... die Vollzugs- und auch die Finanzierungsverantwortung ganz oder teilweise von privaten Akteuren (wie Wohlfahrtsverbänden) übernommen (wird)", so Nährlich (Nährlich und Zimmer 2000, S. 14).

Gerade die Befassung mit bürgerschaftlichem Engagement bringt den Autoren zu der Erkenntnis, „es scheint einiges darauf hinzudeuten, dass die Attraktivität bürgerschaftlichen Engagements in enger Verbindung mit der Erschöpfung der Potenziale von Staat und Markt zu sehen ist" (Nährlich und Zimmer 2000, S. 9).

Die in den 1990er und 2000er Jahren „boomende Debatte zum bürgerschaftlichen Engagement" deutet für Nährlich auf „ein ambitioniertes Projekt, das nicht nur den ‚Aktivbürger' und die ‚Aktivbürgerin' zur Voraussetzung hat, sondern gleichzeitig Staat und Verwaltung eine neue Bescheidenheit abverlangt" – in Sachen „Initiativ-, Steuerungs- und Kontrollkompetenz" (Nährlich und Zimmer 2000, S. 9).

Auch wenn sich Unternehmen im Rahmen von Corporate Citizenship immer stärker gemeinwohlorientiert engagieren, ist der Staat nicht „aus seiner Verantwortung zu entlassen" und dürfen Nonprofit-Organisationen wie auch Unternehmen nicht „funktional staatsentlastend instrumentalisiert werden" (Nährlich 2008, S. 30).

Folgende Staatstendenzen sowie entsprechende Unternehmenskonsequenzen sieht Nährlich gegeben: „Durch den schrittweisen Bedeutungswandel und Steuerungsverlust von Nationalstaaten stehen Unternehmen heute vor der Herausforderung, eigene Beiträge zur Human- und Sozialkapitalbildung sowie zur Gestaltung von Gesellschaft insgesamt leisten zu müssen" und „sukzessive Mitverantwortung für die Reproduktion seiner eigenen sozialkulturellen Grundlagen erfolgreichen wirtschaftlichen Handelns" zu übernehmen (Nährlich 2008, S. 28; vgl. auch Nährlich et al. 2008, S. 204).

Allzu einfach ist dies jedoch nicht: „Ein geringes öffentliches Vertrauen in die Selbstregelungskompetenz von Unternehmen, latente gesellschaftliche Erwartungen an die Regulierungskompetenz des Staates und eine unternehmensferne Zivilgesellschaft markieren das Spielfeld", in dem deutsche Unternehmen agieren (Nährlich et al. 2008, S. 205).

Corporate Citizenship ist für Nährlich nicht Ursache, sondern „vielmehr eine Reaktion auf einen tief greifenden sozialen und ökonomischen Wandel und der Versuch, diesen Wandel positiv zu gestalten und sich nicht damit zu begnügen, den Status quo der institutionellen Aufgabenteilung zwischen Staat, Wirtschaft und Gesellschaft auf niedrigerem Niveau zu bewahren" (Nährlich 2008, S. 31).

Veränderung kann nur gelingen – und hier schließt Nährlich den Kreis in Richtung Nonprofit-Organisationen und Zivilgesellschaft – wenn in einer Gesellschaft viele starke gemeinnützige Projekte initiiert werden. Allerdings „richtet sich in der ... Diskussion über Bürgerengagement die Erwartungshaltung vieler vornehmlich immer noch an den Staat. Die über Jahrzehnte hohe öffentliche

Finanzierung hat zu einer Staatsorientierung des Bürgerengagements geführt und die Entwicklung eines eigenen Selbstverständnisses und Selbstbewusstseins als Zivilgesellschaft weitgehend verhindert", so Nährlich (2005, S. 111).

3.4   Auf Basis der Befassung mit der Zukunft der Arbeit, Corporate Citizenship und bürgerschaftlichem Engagement: Zivilgesellschaft und Staat bei Gerd Mutz

Gerd Mutz ist Professor für Volkswirtschaft und Sozialpolitik mit dem Schwerpunkt Wirtschaftssoziologie an der Hochschule für angewandte Wissenschaften München. Er hat Volkswirtschaft, Politikwissenschaft und Soziologie studiert.

Die wissenschaftliche Karriere von Gerd Mutz ist insbesondere in den 1980er und 1990er Jahren durch zwei Stränge gekennzeichnet. Zum einen beschäftigt er sich – aus soziologischer Sicht – mit psychotherapeutischen, zum anderen mit arbeitswissenschaftlichen Themen. Während zu Beginn eine Dissertation zu psychosozialer Versorgung steht, geht es Mutz – häufig gemeinsam mit Irene Kühnlein – um biografische Konstruktionsmuster von ehemaligen Psychiatriepatienten, die Verwendung psychologischen Wissens und Psychotherapie. 1995 reicht er zum Thema „Biografische Kontinuität im Transformationsprozess" seine Habilitationsschrift an der Universität München ein. In arbeitswissenschaftlicher Perspektive beschäftigt sich Mutz mit Arbeitslosigkeit und diskontinuierlichen Erwerbsverläufen in der Dienstleistungsgesellschaft.

Seine theoretischen Grundlagen sind mit den genannten Begrifflichkeiten verbunden: Arbeit und Zukunft der Arbeit, Transformationsforschung, Soziologie der Zivilgesellschaft[13]. Als Leiter des Münchener Instituts für Sozialforschung (MISS) wird er im Jahr 2000 zum Sachverständigen in die Bundestagsenquetekommission zur Zukunft des bürgerschaftlichen Engagements berufen. Dem voraus ging eine Mitarbeit bei der Kommission für Zukunftsfragen der Freistaaten Bayern und Sachsen.

3.4.1   Konzepte des Autors

Mutz hat sich viele Jahre seiner Forschungstätigkeit mit der Zukunft der Arbeit befasst. Daraus entstanden unter anderem gemeinsam mit Wolfgang Bonß und vielen anderen verschiedene Analysen zur „Diskontinuierlichkeit" von Erwerbsverläufen

---

[13]Vgl. https://www.sw.hm.edu/die_fakultaet/personen/professoren/mutz/cv.de.html. Eingesehen am 01.07.2018.

und zur „postindustriellen Arbeitslosigkeit" (Mutz et al. 1995). Er hat Untersuchungen zur öffentlichen Eigenarbeit (Mutz et al. 1997) sowie zu europäischen Integration (Hornstein und Mutz 1993) vorgelegt.

Mutz hat sich insbesondere als Sprecher der Berichterstattergruppe „Bürgerschaftliches Engagement und Erwerbsarbeit" in der Bundestagsenquetekommission zur Zukunft des bürgerschaftlichen Engagements mit Corporate Citizenship befasst. Für ihn sind die Debatten darüber in Deutschland allerdings „einer ausschließlich wirtschaftlichen Sicht verhaftet; zivilgesellschaftliche Elemente spielen keine Rolle" (Mutz 2002, S. 1). Mutz hat erprobt, wie deutsche Firmenangehörige in soziale Einrichtungen „switchen" können (Mutz 2002, S. 4), musste aber feststellen, dass „der Geist von Corporate Citizenship in Deutschland noch nicht angekommen ist" (Mutz 2002, S. 6).

In seinen Ausführungen zum bürgerschaftlichen Engagement macht Mutz darauf aufmerksam, dass „der Staat auch Engagementformen garantieren (sollte), die nicht im jeweiligen politischen Interesse liegen" und eine „aktive Bürgerschaft vorhanden sein (muss), die willens ist, sich für gesellschaftliche Belange einzusetzen" (Mutz 2011, S. 41). Im bürgerschaftlichen Engagement befinden sich gestaltungsbereite Bürger „im Spannungsverhältnis" zu einem „ermöglichenden Staat" (Mutz 2011).

Mutz, der sehr viel zitiert und in dessen Ausführungen manchmal schwer eigene Konzepte zu erkennen sind, vertritt u. a. ein Konzept von Entgrenzung, die entsteht, wenn es z. B. durch Individualisierung zu einer solchen Vielfalt von Arbeitsformen kommt, dass ehemals geltende Begrenzungslinien, die die alten Konzepte und Praxisformen definierten, rahmten und sicherten, nicht mehr halten (vgl. Mutz 2003, S. 43).

3.4.2 Die Zivilgesellschaft bei Gerd Mutz

Bereits 1993 findet sich bei Mutz eine erste Rezeptionen einer „Idee der Civil Society", die für ihn damals mit der „Konzeption einer ‚Sozialpolitik von unten'" verbunden ist (Hornstein und Mutz 1993, S. 241 ff.). Die Zivilgesellschaft ist ein Bereich, der dem Staat „gegenübertritt", um insbesondere „defizitär empfundene Demokratieverhältnisse" zu kritisieren (Hornstein und Mutz 1993, S. 242–243). Damals formulierte er im Blick auf die fehlende sozialstaatliche Rahmung Europas: „Es fehlt ganz offensichtlich an einer europäischen Öffentlichkeit und einer Diskussionskultur, die eine politische Auseinandersetzung über wesentliche soziale Fragen erst einmal ermöglichen würde; auf dieser Ebene müssten sich die verschiedenen politischen National-Kulturen in Richtung einer zivilen, partizipativen

europäischen Kultur entwickeln, um sich … von der bloßen ‚Output-Orientierung'
staatlicher Politik zu emanzipieren" (Hornstein und Mutz 1993, S. 224).

Zehn Jahre später vertritt Mutz eine andere, eher komparativ-analytische
Sicht: Er sieht die Zivilgesellschaft insbesondere in arbeitswissenschaftlichem
Licht, im Lichte des Wandels der Arbeitsgesellschaft (vgl. Mutz 2003). Für ihn ist
„Bürgerengagement gemeinwohlorientiert … und deshalb dem zivilgesellschaftlichen Bereich zugeordnet" und „die Arbeitsgesellschaft … in dominanter Weise
von der Erwerbsarbeit bestimmt, die nach Marktprinzipien organisiert wird"
(Mutz 2003, S. 36). Bürgerengagement ist freiwillig, während die Erwerbsarbeit
„dem Reich der Notwendigkeit entspringt" und „durch eine finanzielle Gegen-
leistung in Form der Entlohnung abgegolten wird" (Mutz 2003, S. 36). Beide
Sphären sind für Mutz aufeinander bezogen und angewiesen. Sie „zählen zu der
übergeordneten Kategorie der Tätigkeiten" (Mutz 2003, S. 37).

Es gibt „jenseits des Marktes (und des Staates, der diese Tätigkeiten auch
als Erwerbsarbeit bereitstellen kann) den zivilgesellschaftlichen Bereich" (Mutz
2003, S. 37). Die „Logiken" der Markt und Zivilgesellschaft bestimmenden
Tätigkeitsformen sind „immer weniger eindeutig, und die Organisationsformen –
wirtschaftlich oder zivilgesellschaftlich – schließen einander nicht unbedingt
aus", schreibt Mutz (2003).

Im hier zitierten Grundsatzartikel beschreibt er den Wandel der Arbeitsgesellschaft und diagnostiziert sowohl „Entgrenzungen" als auch „Individualisierungs-
prozesse, die in der Arbeits- und Zivilgesellschaft gleichermaßen stattgefunden
haben" (Mutz 2003, S. 38). „Individualisierung im Arbeitsbereich, insbesondere
die Pluralisierung der Erwerbsformen, hat zu Entgrenzungen geführt", worunter
die Auflösung bisheriger industriegesellschaftlicher Begrenzungen (zum Beispiel
Arbeitszeiten und – orte) und „die Herausbildung neuer Strukturen und Institutionen, deren Ordnung oft noch nicht erkennbar ist" verstanden wird (Mutz 2003,
S. 43). Solche individuell begründeten Entgrenzungsprozesse sieht Mutz – sich
in dieser Hinsicht ganz an Ulrich Beck anlehnend – auch im Bereich des bürgerschaftlichen Engagements.

Seine Diagnose ist von der Risikogesellschaftstheorie Becks durch-
drungen. Trotzdem benennt er deutlich, dass es „aufgrund der eingeschränkten
Resonanzfähigkeit der Wirtschafts- und Sozialpolitik" noch an neuen arbeits-
gesellschaftlichen Strukturen fehlt, die in der „Etablierung neuer Rechts- und
Organisationsformen für Betriebe (z. B. Stärkung des Genossenschaftsprinzips)
bis hin zu neuen Grundsicherungsformen für alle Bürger (etwa die Bürgerversicherung)" liegen könnten (Mutz 2003, S. 43).

Eine Ökonomisierung von Familien- und Versorgungsarbeit oder des freiwilligen Engagements lehnt Mutz im Rückgriff auf Gorz' Kritik der ökonomischen Vernunft ab (vgl. Mutz 2003, S. 44). Vor dem Hintergrund der Krisen

und Unzulänglichkeiten der Arbeitswelt entgrenzt Bürgerengagement aus Sicht von Mutz die Erwerbsarbeit. Es sollte deshalb möglicherweise auch nicht als Bürgerarbeit gefasst werden.

Mutz bekennt sich demgegenüber dazu, dass Bürgerengagement eine „Brückenfunktion" haben könnte, wenn Erwerbslose durch Engagement „Kompetenz- und Qualifikationserhalt" betreiben sowie im Sinne des sozialen Kapitals in soziale Netzwerke integriert bleiben und beides durch Engagement verstärken können (Mutz 2003, S. 52 f.).

Trotzdem ist und bleibt die Entgrenzung von Erwerbsarbeit wie auch Bürgerengagement für Mutz ambivalent: Arbeits- und Zivilgesellschaft stehen für ihn in einem „Spannungsverhältnis", gerade weil Bürgerengagement genau „immer dann in die Arbeitsdebatte eingebracht wird, wenn die Grenzen der Erwerbsarbeit deutlich in Erscheinung treten" (Mutz 2003, S. 55).

Seines Erachtens ist es zwar so „dass alle gesellschaftlichen Tätigkeiten produktiv sind und zur Wertschöpfung beitragen" (Mutz 2003, S. 56). Sie deshalb jedoch in bezahlte Arbeitsplätze umzuwandeln, unterstützt Mutz nicht. Wichtig ist im Gegenteil, individuelle Eigenarbeit, haushaltsbezogene Versorgungsarbeit und gemeinschaftsbezogenes Bürgerengagement von der Erwerbsarbeit abzugrenzen, beide Tätigkeitsformen allerdings in ihrem Verhältnis „präziser zu bestimmen" (Mutz 2003).

Nur so können, und damit schließt sich der Kreis, arbeitsgesellschaftliche Debatten „zivilgesellschaftliche Dimensionen ... mit einbeziehen" (Mutz 2003, S. 57). Erste analytische Überlegungen dazu sind vorhanden, allerdings muss insgesamt werden: Wenngleich es zur „Wirkungsweise und den Potenzialen dieser zweiten Ökonomie überwiegend Vermutungen gibt", inwieweit „die zivilgesellschaftlichen Sinndimensionen, Institutionen und Handlungsmuster in wirtschafts- und arbeitsgesellschaftliche Zusammenhänge hineinwirken ... ist noch nicht entschieden" (Mutz 2003, S. 58).

3.4.3 Der Staat bei Gerd Mutz

Während Mutz im Verlauf seiner Arbeit in und für die Bundestagsenquetekommission insbesondere aus der Tätigkeitsperspektive verschiedene Seiten von Zivilgesellschaft beleuchtet, die im oben stark zitierten Artikel gut zum Ausdruck kommt, findet sich seine Staatssicht bereits in verschiedenen älteren Publikationen.

1993 referiert er in einem Buch zum Stand und zu den Perspektiven des europäischen Einigungsprozesses, dass in Deutschland insbesondere der Bereich der Sozialpolitik und sozialen Arbeit als „intermediäres Hilfesystem zwischen Staat und Markt" angesehen wird, in dem Wohlfahrtsverbände „nicht-staatlich und nicht gewinnorientiert, sondern am Prinzip des Gemeinwohl orientiert" arbeiten und „gemeinnützig", dem „Prinzip der Freiwilligkeit verpflichtet und schließlich weltanschaulich-ideologisch begründet" arbeiten (Hornstein und Mutz 1993, S. 230). Allerdings ist dieser Bereich in Deutschland „durch eine starke etatistische Orientierung gekennzeichnet" (während in den Niederlande das Bürgertum eine starke Rolle spielt) (Hornstein und Mutz 1993, S. 231). Es sei nicht gut, so Mutz ebenfalls in Anlehnung an andere Autoren, sich „nur auf den Sozialstaat Europa oder auf die zentralstaatliche Ebene zu fixieren" (Hornstein und Mutz 1993, S. 233).

Weil im demokratischen Staat auch Despoten die Macht erringen können und weil darüber hinaus „spezifische, zwar nicht mit äußerer Brutalität, aber dafür mit umso problematischeren schleichenden Wirkungen auftretende Formen des Despotismus für Demokratien kennzeichnend sind", insbesondere der „Despotismus im Bereich der Verwaltung" bzw. der „Bürokratie" (Hornstein und Mutz 1993, S. 242), bedarf es eines Korrektivs – der Zivilgesellschaft.

Innerhalb dieser Sichtweise geht es deshalb für Mutz um „Zurückdrängen der Staatsmacht auf ein Minimum", was allerdings nicht dadurch geheilt wird, dass „national unabhängige und friedvoll miteinander agierende Zivilgesellschaften" in Kooperation und insbesondere Konkurrenz einen „aufgeblähten bürokratischen Apparat" installieren müssten, um ihre Dinge zu regulieren (Hornstein und Mutz 1993, S. 244).

Weil sich nun „die Sicht und Praxis der europäischen Sozialpolitik fast ausschließlich an das bürokratische Sozialstaatsmodell anlehnt" (Hornstein und Mutz 1993, S. 247), ist es notwendig, dass es eine Gegenkultur der „autonomen Initiativen, lokalen Netzwerke und Basisprojekte" gibt, die „eine realistische Alternative zu bürokratischer Fürsorge" darstellen, referiert Mutz im Rückgriff Argumente von Roedel u. a. (Hornstein und Mutz 1993, S. 247f). Er weist auch darauf hin, dass eine so angelegte und gelebte zivilgesellschaftliche Praxis die „politische Administration kaum leisten kann", da sie dann „gegen sich selbst zu mobilisieren und für Alternativen zu sorgen" hätte (Hornstein und Mutz 1993, S. 246).

Die „Krise des Wohlfahrtsstaates, der Arbeitsgesellschaft und der bürokratischen Planung", also die „Vorherrschaft einer bürokratischen Form sozialstaatlicher Wohlfahrtspflege" wie auch die „Vorherrschaft des Ökonomischen" gilt es für Mutz durch Konzeptionierung und Praxis „alternativer Konzepte" einer „Sozialpolitik von unten" anzugehen (Hornstein und Mutz 1993, S. 246–247), die sich für ihn 1993 am plausibelsten ins Konzept der Zivilgesellschaft eingehängt finden (Hornstein und Mutz 1993, S. 247 f.).

3.5 Wohlfahrtsverbandliche „Selbstenthauptung", inszenierter sozialwirtschaftlicher Wettbewerb, Dezentralisierung und Kommunalisierung: Was für Heinz-Jürgen Dahme und Norbert Wohlfahrt Zivilgesellschaft und Staat prägt

Heinz-Jürgen Dahme ist emeritierter Professor für Verwaltungswissenschaft an der Hochschule Magdeburg-Stendal. Erste normative Grundannahmen, sodass „die Soziologie vermeint, sich jenseits aller Flügelkämpfe in einer Krisis zu befinden" (vgl. Dahme und Rammstedt 1983, S. 33) und dass die soziale Wirklichkeit durch „die Auflösung traditioneller Sozialverbände" und durch „Konkurrenz der Mitglieder untereinander" geprägt ist (Dahme und Rammstedt 1983, S. 18), finden sich bereits in seinen Ausführungen zur Simmelschen Soziologie. Eine der ersten veröffentlichten empirischen Untersuchungen bezieht sich auf „gesundheitsbezogene Selbsthilfeerfahrungen und -potenziale" (Dahme et al. 1983)[14]. In Einbeziehung seiner Praxiserfahrungen als Leiter der Abteilung Prävention und Gesundheitsförderung eines kommunalen Gesundheitsamtes kommt es in den 1990er Jahren gemeinsam mit Norbert Wohlfahrt zu diversen Forschungsarbeiten.

Norbert Wohlfahrt ist seit 2001 Professor für Sozialmanagement, Verwaltung und Organisation an der Evangelischen Fachhochschule Rheinland-Westfalen-Lippe, einer Hochschule für Soziale Arbeit, Heilpädagogik, Pflege, Gemeindepädagogik und anderen sozialen Berufen. Erste normative Grundzüge nimmt man in seinem Band zur „Bürgernähe der Verwaltung", erschienen 1988 beim Campusverlag, wahr (Grunow et al. 1988).

Dahme und Wohlfahrt haben sich mit gesundheitlicher Selbsthilfe, mit Gesundheitsförderung, mit Jugendhilfe, Arbeitsmarktpolitik, Wohlfahrtsverbänden und insbesondere sozialstaatlichen Entwicklungen befasst. Die beiden Autoren setzen sich in der 1. Hälfte der 1990er Jahre mit den WHO-Leitbildern zur Gesundheitsförderung und ihrer Umsetzung auseinander. Schon in der Überschrift der darauf bezogenen Veröffentlichung zeigt sich ihr kritischer Geist, der

---

[14]In dieser Arbeit kritisiert Dahme bereits, dass staatliche Programme gesellschaftliche Probleme „individualisieren" und „Ursachen auf die Ebene individuellen Verhaltens verlagern" sowie eine „wachsende staatliche Interventionsbereitschaft" zugunsten „des Wirtschafts- und Verteidigungspotenzials" der (west-) deutschen Gesellschaft (Dahme et al. 1983, S. 283). Gleichzeitig benennt er das Ideal, dass sich aus kritischen gesellschaftlichen Gruppen im medizinischen Bereich und in der Selbsthilfe „mittelfristig" eine neue „gesellschaftliche Kraft entwickeln könnten" (Dahme et al. 1983, S. 299 f.).

vor dem Hintergrund der positiv bewerteten WHO-Gesundheitsziele und prä-
ventiven gesundheitsförderlichen Konzeptionen (z. B. Setting-Ansatz) danach
fragt, ob in Deutschland wirklich eine Umsetzung von Gesundheitsförderung
erfolgt oder nicht gerade unter diesem Leitbild vom „Ende" dieses – normativ
richtigen aber empirisch erst jungen – Pflänzchens zu sprechen wäre (Dahme
und Wohlfahrt 1998). Ihren kritischen Standpunkt und ihre Perspektiven bei-
behaltend, wenden sich Dahme und Wohlfahrt in den Folgejahren stärker Wohlfahrtsverbänden und ihrem Wirken im Sozial- und Gesundheitssektor zu
(vgl. Dahme und Wohlfahrt 2000). Die durch die Schröder-Regierung auf die
Agenda gehobene Staatstheorie vom aktivierenden Staat veranlasst Dahme und
Wohlfahrt zu vielen kritischen Werken, in denen sie sich aus Sicht der Sozialen Arbeit mit wohlfahrtsstaatlichem Handeln befassen (Dahme et al. 2003) und
insbesondere Verschlechterungen für Wohlfahrtsverbände und ihre Mitarbeiter
diagnostizieren (Dahme et al. 2005a). Gleichzeitig kritisieren sie die bürger-
schaftlich-zivilgesellschaftlichen Diskurse (Dahme und Wohlfahrt 2007). Ihr
2010er Sammelband nimmt die von ihnen festgestellten gesellschaftlichen Veränderungen auf und setzt diese ins Verhältnis zu zivilgesellschaftlichen wie
auch sozialraumorientierten Diskursen, um ihre Konzepte von Dezentralisierung
und Kommunalisierung schärfer zu zeichnen (vgl. hierzu Dahme und Wohlfahrt
2010a). 2011 veröffentlichen die beiden Autoren, wie schon einmal im Jahr 2008,
eine intensive empirisch fundierte Auseinandersetzung mit Gerechtigkeitstheorien
(vgl. Dahme 2008; Dahme und Wohlfahrt 2011b).

3.5.1 Konzepte der Autoren

Wohlfahrtsverbände tragen für Dahme und Wohlfahrt als korporative Partner
des Sozialstaats (Dahme und Wohlfahrt 2008, S. 60 ff.) das Risiko, sich bei ihrer
„Transformation" in „‚moderne' sozialwirtschaftlich leistungsfähige Organisationen" auch „auflösen" zu können und sich insofern gerade im Prozess einer
Art „reformorientierter Selbstenthauptung" zu befinden (Dahme und Wohlfahrt
2008, S. 15). Wohlfahrtsverbände werden auf ihrem Weg in die Sozialwirtschaft
zu marktförmigen Dienstleistungsunternehmen, die miteinander in Konkurrenz
gehen und die innerorganisatorischen Anpassungen vorrangig auf dem Rücken
ihrer Angestellten und deren Bezahlung austragen – eine „Gratwanderung zwischen Kostendruck und Qualitätsansprüchen", so Dahme und Wohlfahrt (2008,
S. 199 ff.). Durch die „abnehmende staatliche Gewährleistung" kommt es für
Dahme und Wohlfahrt innerhalb der Verbände zu folgenden Entwicklungen:
„abnehmende soziale Rechte, Qualitätsabbau, Dequalifizierung des Personals,

Taylorisierung sozialer Arbeit mit großer Lohnspreizung, subsidiäre Mobilisierung der Zivilbevölkerung" (Dahme und Wohlfahrt 2008, S. 246). Mit Blick auf den Arbeitsmarkt – die Zunahme des Niedriglohnsektors der Leiharbeiter und die hohe Anzahl der Grundsicherungsempfänger – formulieren Dahme und Wohlfahrt (2008): „Die Spaltung der Gesellschaft in Insider und Outsider ist weiter fortgeschritten" (Dahme und Wohlfahrt 2008, S. 15). Man muss die ausschließlich ökonomische Modernisierung der Wohlfahrtsverbände im Blick auf zivilgesellschaftliche Zielgestellungen eine „halbierte Modernisierung" voller „Widersprüche" nennen, so die Autoren (2011, S. 124). Die „parallel zu den sozialwirtschaftlichen Transformationen (laufende) Diskussion", wie die wohlfahrtsverbandliche Funktion „Katalysator für freiwilliges Engagement" (Dahme und Wohlfahrt 2011c, S. 117) „erhalten" werden kann, würde einen „Spagat zwischen betriebswirtschaftlicher und zivilgesellschaftlicher Orientierung" erfordern, der aus Sicht der Autoren nirgends zu sehen ist (Dahme und Wohlfahrt 2011c, S. 116). Wohlfahrtsverbände sind laut Dahme und Wohlfahrt bedroht: „Die Zerreißprobe für die Verbände findet auf verschiedenen Ebenen statt und ist schon verschiedentlich beschrieben worden, so z. B. als Konflikt zwischen Idealverein und Betrieb, als Konflikt zwischen Vereins- und Verbandslogik, als Konflikt zwischen Managerialismus des Kostenträgers und der Leitungsebene einerseits und dem Professionalismus des Personals in der Leistungserbringung andererseits" (so Dahme 2006, S. 45).

„Das Subsidiaritätsprinzip ist, wenn auch nicht formell, so doch faktisch, auf dem Altar des Wettbewerbs geopfert worden", schreiben Dahme und Wohlfahrt (2008, S. 122), da Verwaltungen mittlerweile „auf dem Wege öffentlicher Ausschreibungen ‚Geschäftspartner' suchen, die Leistungen für den Eigenverbrauch der Verwaltung oder für deren Kunden (z. B. anspruchsberechtigte Bürger) erstellen" (Dahme und Wohlfahrt 2008, S. 127). Wohlfahrtsverbände bewerben sich auf die Ausschreibungen, bieten sich und ihre Leistungen an, um den Zuschlag zu bekommen. Dieser Wettbewerb untereinander stellt für Dahme und Wohlfahrt einen „Systemwechsel dar und signalisiert endgültig das Ende des lokalen Korporatismus" (Dahme und Wohlfahrt 2008), in dem die Wohlfahrtsverbände und staatliche Instanzen bislang verbunden waren. Die Autoren nennen die neue Art der Beziehung Verbände-Staat an verschiedenen Stellen „inszenierter Wettbewerb" (so z. B. bei Dahme und Wohlfahrt 2000, S. 9 ff.).

Am Ende der 2000er Jahre beschäftigen sich die Autoren mit Dezentralisierung und Kommunalisierung: „Durch die Neuordnung und Verschiebung von staatlicher Verantwortung nach unten wird ... die Zuständigkeit für das Soziale neu geordnet. In internationalen Diskursen wird dieser Vorgang als Devolution thematisiert, also als ‚Tieferzonung' staatlicher Verantwortung und Richtlinienkompetenz durch Stärkung der Autonomie lokaler Settings. Devolution findet statt durch Dezentralisierung, das ist die politisch gewollte Aufgabenübertragung an eigenständige subnationale Selbstverwaltungsebenen, bei uns auch manchmal als Kommunalisierung bezeichnet" (Dahme und Wohlfahrt 2010a, S. 28).

3.5.2 Die Zivilgesellschaft bei Dahme und Wohlfahrt

Für Dahme und Wohlfahrt ist Zivilgesellschaft zunächst ein „prosperierendes, geselligkeitsorientiertes Vereinswesen" und als solches eine „außer Frage stehende", nur in „Diskursnischen sozialer Bewegungen zu verortende … Tatsache" (Dahme und Wohlfahrt 2007, S. 29). Ihres Erachtens hat der Reiz des Konzepts Zivilgesellschaft „abgenommen, weil man seit den 1990er Jahren Zivilgesellschaft vor allem als Nonprofit-Sektor betrachtete und anfing, Leistungsumfang, Leistungstiefe, wirtschaftliche und arbeitsmarktpolitische Bedeutung … zu vermessen" (Dahme und Wohlfahrt 2007) und dabei so tat, „als ließe sich die Aufgabe der Zivilgesellschaft genauso eindeutig bestimmen wie die von Staat und Markt" (Dahme und Wohlfahrt 2007, S. 31). Diese Vermessung hat „den Boden bereitet, in der Zivilgesellschaft jenseits ihrer demokratie- und vereinsförderlichen Bedeutung auch eine wirtschaftlich nützliche Funktion zu sehen", sodass bestimmte Wissenschaftler, Politiker und Verwaltungsmitarbeiter aus Sicht der Autoren begannen, sie „zu einer Hoffnungsgröße erster Ordnung hochzujubeln" (Dahme und Wohlfahrt 2007, S. 30).

Problematisch ist für Dahme und Wohlfahrt, dass die Zivilgesellschaft in den laufenden Diskursen als eine für den „Sozialstaatsumbau unverzichtbare Kraft in Beschlag genommen wird" (Dahme und Wohlfahrt 2007, S. 30). Kritisch sehen sie, dass die in diesem Sinne erfolgende staatliche Instrumentalisierung dazu führt, „die Zivilgesellschaft nicht mehr als vernetztes Beziehungsgeflecht organisierter Interessen (zu verstehen)" (Dahme und Wohlfahrt 2007), sondern zivilgesellschaftliche Akteure durch eine „ihnen aufgezwungene Effizienzpolitik" gerade zur Aufgabe „vor allem ihres zivilgesellschaftlichen Charakters" zu nötigen (Dahme und Wohlfahrt 2007, S. 37).

Insofern existiert eine tiefe Kluft zwischen der Wirklichkeit und den normativen Ansprüche von Zivilgesellschaft im Sinne Dahmes und Wohlfahrts, die mit dem Konzept den Wunsch verbinden, „Wohlfahrt in der Gesellschaft zukünftig insgesamt effizienter, bürger- und gemeinschaftsorientierter herzustellen (und) eine Beteiligungskultur zu entwickeln", „durch Bürgerengagement Versorgungslücken zu schließen" sowie die „Demokratie als Partizipationsgemeinschaft" zu stärken (Dahme und Wohlfahrt 2007).

Eine Zivilgesellschaft bzw. zivilgesellschaftliche Akteure, die sich auf die
staatliche Instrumentalisierung einlassen, werden durch forcierte staatliche
Konsolidierungspolitik bedroht, wie es mit Wohlfahrtsverbänden geschieht, so
Dahme und Wohlfahrt. Gerade den Wohlfahrtsverbänden, so die Autoren, „fällt"
es „zunehmend schwerer, in einem ökonomisierten, d. h. effizienzfokussierten
Erbringungskontext ihre ursprünglichen und originären sozialethischen, advoka-
torischen und zivilgesellschaftlichen Ziele zur Geltung zu bringen" (Dahme und
Wohlfahrt 2007, S. 35 f.).

Diese ursprünglichen und originären Ziele der Zivilgesellschaft werden
allerdings von Dahme und Wohlfahrt lange Zeit kaum benannt, scheinen sie
ihnen doch überlagert zu sein von den ökonomischen Tatsachen: Indem zivilgesellschaftliche Akteure „ökonomisiert ... und Teil des Wirtschaftssystems
werden, zerstört die ... Politik eher das, was sie vorgibt zu fördern: die Zivilgesellschaft" (Dahme und Wohlfahrt 2007, S. 37). In Deutschland ist für
die Autoren eine „sozialwirtschaftliche Revolution" im Gange (Dahme und
Wohlfahrt 2007, S. 27).

Kritisch setzen sich Dahme und Wohlfahrt in diesem Sinne stets mit den Protagonisten der Zivilgesellschaft auseinander, von denen sich viele ihres Erachtens
als Architekten der staatlich unterstützten Engagementpolitik betätigen: Diese
nennen sie „neoliberal gestimmte Intellektuelle", die „ein Gegengewicht zur
sozialkonservativen Ausrichtung der freien Wohlfahrtspflege" und damit diesem „großen Tanker" wie auch dem Sozialstaat „einen Stoß versetzen wollen"
(Dahme und Wohlfahrt 2011a, S. 59)[15].

---

[15]Umso erstaunlicher die Wende, die Dahme und Wohlfahrt in ihrer Kritik der – aus
ihrer Sicht nicht angemessenen – Engagementpolitik des Bundesnetzwerk bürgerschaftliches Engagement (BBE) und der nationalen Engagementstrategie in den Jahren 2010
und 2011 vollziehen: Hatten sie zuvor ihren Schwerpunkt insbesondere auf die soziale
Dienstleistungserbringung der Wohlfahrtsverbände gelegt und die öffentliche und staats-
nah geführte Engagementdebatte als neoliberale bzw. neoetatistische Strategie gebrand-
markt, der die Wohlfahrtsverbände gerade nicht aufsitzen sollten und über die es also nicht
zu reden lohnt, führten sie 2011 in Anbetracht des Austritts der Arbeiterwohlfahrt und des
Paritätischen Wohlfahrtsverbandes aus dem Bundesnetzwerk Bürgerschaftliches Engagement aus (vgl. Dahme und Wohlfahrt 2010c, 2011a, S. 123): Der Sektor der gemeinwohlorientierten Vereinigungen „beugte sich" in den zivilgesellschaftlichen Debatten seit der
„etatistischen Wende, der Politisierung des Engagements durch den Staat" (Dahme und
Wohlfahrt 2010c, S. 15), die mit der Arbeit der Bundestagsenquetekommission begann,
einer „Vision der neuen Sozialstaatsarchitekten, durch Markt, Zivilgesellschaft und bürgerschaftliches Engagement den Sozialstaat zu retten (bzw.) zu ersetzen", der es zu wehren
gilt (Dahme und Wohlfahrt 2010c, S. 17).

2010 schließen sich die Autoren Greiffenhagens allgemeiner Definition (Greiffenhagen 1999, S. 151) an, wenn sie definieren, dass Zivilgesellschaft meint, „verschiedene Kräfte aus Staat, Markt, bürgerlicher Öffentlichkeit und bürgerlicher Privatheit agieren in einem ausgewogenen Verhältnis zueinander" und diese „Balance der idealen Vorstellung einer demokratischen, diskutierenden und partizipierenden Zivilgesellschaft" entspricht (Dahme und Wohlfahrt 2010a, S. 31). Für Dahme und Wohlfahrt ist Zivilgesellschaft in diesem Sinne „die Sphäre der Gesellschaft, in welcher der Bürger jenseits seiner wirtschaftlichen Interessen agiert, sich als staatsbildendes Subjekt begreift und an der Konstituierung und Verwirklichung eines Gemeinwohls mitwirkt" (Dahme und Wohlfahrt 2010a, S. 31).

3.5.3   Die Staatssicht von Dahme und Wohlfahrt

Für Dahme und Wohlfahrt versucht der Staat insbesondere im sozialen Bereich, „eine Renaissance zentraler Steuerung" durchzusetzen. Unter anderem die im Prozess der Einführung des sogenannten Kontraktmanagements „gewollte Trennung von Gewährleistungs- und Durchführungsverantwortung führt angesichts eines pluralistisch organisierten sozialen Dienstleistungsbetriebs ... zur Re-Konzentration der Definitionsmacht über Fälle und Kosten beim Kostenträger, der Sozialverwaltung", die nun „ihre steuernde Funktion weiter ausbauen und nutzen (kann) wie nie zuvor" (Dahme et al. 2005, S. 121 f.).

Hintergrund dieser insbesondere für die Kommunalverwaltung diagnostizierten Entwicklung sind europäische Politiken (Dahme et al. 2005, S. 43 ff.), aber auch „das Versagen von Kommunalpolitik" (Dahme et al. 2005, S. 111 f.). Denn „steuerungstheoretisch gehen die Empfehlungen zur Einführung des Kontraktmanagements davon aus, dass die lokale Politik in Gestalt des Stadtrates mit der Verwaltungsspitze einen politischen Kontrakt über die politisch angestrebten Ziele in der Kommunalpolitik schließt, die Verwaltung mit einem entsprechenden Budget zur Umsetzung der Ziele ausstattet und der Verwaltung die Umsetzung überlässt. Die Verwaltungsspitze selbst muss mit Ämtern bzw. Fachbereichen Umsetzungskontrakte schließen, die sich ihrerseits wiederum mit externen Akteuren (wie z. B. frei-gemeinnützigen oder privat-gewerblichen Trägern) über Kontrakte arrangieren, da aufgrund des Subsidiaritätsprinzips deren Mitwirkung vorgeschrieben ist" (Dahme et al. 2005). Aber dieser Anspruch wird, so Dahme, Kühnlein und Wohlfahrt, nur halb umgesetzt, denn ihre Untersuchung von 2005 zeigt, dass man „in keinem Fall eine vom politischen Gestaltungswillen getragene Konstellation identifizieren konnte" und „in keinem der Fälle ... die lokale Politik als Gestalter und Vorreiter des lokalen sozialpolitischen Geschehens auszumachen (war)", weil die Verwaltung steuert und auch die Kommunalpolitik dominiert (Dahme et al. 2005, S. 111).

2010 haben Dahme und Wohlfahrt ihre 2005er Überlegungen noch einmal aufgenommen, indem sie danach fragen, inwieweit „Dezentralisierungstendenzen in der nationalen Politik notwendigerweise zum Aufbau kommunaler politischer Steuerungssysteme führen" (Dahme und Wohlfahrt 2010a, S. 29). Tatsächlich sind diese Prozesse, durch die es auch zu mehr Zentralisierung kommt (Dahme und Wohlfahrt 2010a, S. 38), „nicht mit einer Stärkung der kommunalen Selbstverwaltung zu verwechseln. Sie folgt vielmehr dem zentralstaatlichen Willen, sich aus der aktiven Gestaltung der Daseinsvorsorge zurückzuziehen, das damit verbundene Ideal der ‚Herstellung gleichwertiger Lebensverhältnisse' schrittweise aufzugeben und dezentrale und damit heterogene ‚Lösungen' sozialer Probleme bei nachhaltig knappen Kassen staatlich zu akzeptieren und durchzusetzen". Staatliche „Vernetzung, lokale Governance, Sozialraumorientierung und bürgerschaftliche Aktivierung etc. sind Ansätze einer Rationalisierung" eines sich „zunehmend zurückziehenden" Staates (Dahme und Wohlfahrt 2010a, S. 39).

Auf Landes- und Bundesebene gibt sich der Staat aktivierend, es entsteht ein „Workfare-Staat", der auch „Zwang und Repression denen gegenüber (einsetzt), die sich nicht anpassen wollen und die dominanten Werte bzw. den ... Mainstream ... infrage stellen, insbesondere aber das Arbeitsethos des aktivierenden Staates nicht teilen", so Dahme und Wohlfahrt (2003, S. 92). „Die kontrollierenden und punitiven Elemente in der Aktivierungspolitik" lassen „den Modernisierungsdiskurs der Politik des Dritten Weges als letztlich ‚regressive Modernisierung' erscheinen, da das institutionelle Arrangement aus Staat, Wirtschaft, Politik, Gesellschaft und ihre etablierten Wechselwirkungen nicht ernsthaft infrage gestellt und einer grundlegenden Änderung ausgesetzt werden" (Dahme und Wohlfahrt 2003, ebenda).

Solche grundlegenden Änderungen sind Dahme und Wohlfahrt wichtig. Sie kritisieren, dass sich „moderne Gerechtigkeitstheorien *nicht* mit den Gründen von Armut und gesellschaftlicher Ungleichheit beschäftigen" (Dahme und Wohlfahrt 2011b, S. 386, Kursivsetzung bei den Autoren), kommt es ihres Erachtens doch besonders darauf an, „darüber aufzuklären, worin der Versuch, mit den Verhältnissen zurechtzukommen und sich auf sie einzulassen, seine Schranken hat. Mehr Aufklärung, d. h. Analyse der politischen und ökonomischen Verhältnisse und sozialstaatlichen Zielsetzungen, mit denen Soziale Arbeit konfrontiert ist und nicht mehr Normativität ist gefordert" (Dahme und Wohlfahrt 2011b, S. 400). In der Gesellschaft ist aus Sicht der Autoren Letzteres angesagt, werden Möglichkeiten einer selbstständigen Lebensführung ausgelotet und „gleichgültig" Individuen, Unternehmen und Nationalstaaten „subsumiert" bzw. an diese „appelliert", ohne die gesellschaftlichen Verhältnisse wirklich zu hinterfragen (Dahme und Wohlfahrt 2011b, S. 399).

So gewinnt eine neue Staatlichkeit Konturen (Dahme und Wohlfahrt 2003, S. 80), die als „Enabling state" bezeichnet werden muss (Dahme und Wohlfahrt 2003, S. 88). Staaten haben sich in diesem Sinne „nicht nur nach ihren wirtschaftlichen Leistungen, sondern auch nach ihrem vorhandenen, zunehmenden oder abnehmenden Sozialkapital ‚benchmarken'" zu lassen (Dahme und Wohlfahrt 2007, S. 30). Allerdings ist das Leitbild des „ermöglichenden Staates" der Bundestagsenquetekommission kaum umgesetzt worden, so Dahme und Wohlfahrt (2007, S. 32).

Insgesamt gilt für die Autoren: „Die Ökonomisierung von Staat und Verwaltung muss man als Imitation betriebswirtschaftlicher Neupositionierungsprozesse begreifen" (Dahme und Wohlfahrt 2007, S. 36).

2008 zieht Dahme ein staatsbezogenes Zwischenresümee: Trotz des herrschenden Konzepts vom „aktivierenden Staat" scheint „der wirtschaftsliberale Traum von der Rückkehr eines Minimalstaates" zwar in Bezug auf die „Sozialpolitik in nicht allzu weiter Ferne" zu liegen; in der „zunehmend komplexer werdenden Risikogesellschaft" muss er jedoch als „insgesamt illusionär" eingeschätzt werden (Dahme 2008, S. 16). Denn das Gegenteil des Minimalstaates entsteht: „Durch die aktivierende Fürsorge- und Arbeitsmarktpolitik bekommt die Gesellschaft (sogar) zunehmend autoritative Züge", sodass man „sogar von der Wiederkehr des Leviathan, eines autoritären Staates des 21. Jahrhunderts" sprechen kann (Dahme 2008, ebenda). Seit Ende der 1970er Jahre registriert Dahme „das Entstehen einer Sicherheits- und Kontrollgesellschaft in Folge prekär werdender Lebens- und Arbeitsverhältnisse" (Dahme 2008, S. 16). „Insbesondere im Bereich der öffentlichen Sicherheit und Ordnung" sind die Staatsausgaben „stark gestiegenen", sodass es, wie bei vielen anderen Autoren der Fall, keinesfalls angeht, nur den „überbordende Sozialstaat und das Anspruchsdenken der Bürger zu kritisieren" (Dahme 2008, ebenda).

3.6   Mit einem Verständnis vom Welfare Mix, einem intermediären Sektor und hybriden Organisationsformen: Zivilgesellschaft und Staat bei Adalbert Evers

Adalbert Evers ist emeritierter Professor für Vergleichende Gesundheits- und Sozialpolitik an der Universität Gießen mit den Schwerpunkten Theorien des Sozialstaats und der Sozialpolitik, dritter Sektor und Zivilgesellschaft, persönliche soziale Dienstleistungen (Altenpflege, Kindertagesbetreuung, Dienstleistungen zur

Arbeitsmarktintegration) im internationalen Vergleich, Governance-Konzepte, Partizipation und bürgerschaftliches Engagement.

Evers war zu Anfang seiner wissenschaftlichen Karriere ehrenamtlicher Mitarbeiter des Offenbacher sozialistischen Büros und der Zeitschrift Arch. Er evaluierte die „Praxis der Gemeinden bei der Beteiligung der Bürger an der Bauleitplanung" (1982) und untersuchte „Arbeit und Engagement im intermediären Bereich (bzw.) zum Verhältnis von Beschäftigung und Selbstorganisation in der lokalen Sozialpolitik" (1987). 1987 erschienen auch seine Gedanken zu Unsicherheit in der Moderne (Evers und Nowotny 1987)[16]. In den Folgejahren wandte er sich der Konstitution von Wohlfahrtsstaaten zu, die er stärker als „Wohlfahrtsgesellschaften" mit einem „Wohlfahrtspluralismus" betrachtete und weniger als sozialstaatlich geformte Wohlfahrtsstaaten (Evers und Olk 1996). Außerdem interessierte ihn die Frage, wie Sozialpolitik im Zeitalter von Ökonomisierung und Entgrenzung eigentlich auszusehen hat (Evers und Heinze 2008). Dafür, dass Adalbert Evers stets Menschen-, Bürger- und soziale Grundrechte im Blick hatte, sprechen seine Studien zu den internationalen Modellen für mehr Demokratie in Altenhilfe und Altenpolitik (Evers et al. 1993) wie auch zu den arbeitsmarkt- und beschäftigungspolitischen Innovationen in Europa (Evers 2002). Gleichzeitig dachte Evers immer verbandlich, kommunal- und bundespolitisch. Er forschte bspw. zu Wohlfahrtsverbänden (vgl. Evers 2005) und zum Programm Soziale Stadt (Evers und Wiesner 2006). Als zivilgesellschaftliches Grundwerk kann sein Sammelband zur Zivilgesellschaft (2009) und als sein vorläufiges organisationssoziologisches Resümee sein Handbuch Soziale Dienste (Evers et al. 2011) angesehen werden. Seine Vorstellung von Zivilgesellschaft findet sich sehr gut zusammengefasst in den Aufsätzen zum „Bezugsrahmen Zivilgesellschaft" (Evers 2011) und zu „Hybriden Organisationen im Bereich sozialer Dienste – ein Konzept, sein Hintergrund und seine Implikationen" (Evers und Ewert 2010).

Adalbert Evers war berufenes wissenschaftliches Mitglied der Bundestagsenquetekommission zur Zukunft des bürgerschaftlichen Engagements in den Jahren 2000 bis 2002.

---

[16]Die ersten Evers'schen Überlegungen waren sozialistischer, mehr noch „radikaldemokratischer" Natur; Konzepte, nach denen „staatliche Politik als Faktor der Gestaltung der Lebensbedingungen in der Gesellschaft; die Kommune, die lokale Ebene öffentlicher Gewalt, als die Arena für die Umsetzung dieser Politik" und „die Betroffenen als Einflussgröße für die Gestaltung dieser Politik" relevant sind (so Evers' wissenschaftlicher Biograph Sachße 2008, S. 19 f.).

3.6.1   Evers' Konzepte

Gemeinsam mit Thomas Olk hat Adalbert Evers das Konzept des Wohlfahrtspluralismus bzw. Welfare Mix erarbeitet. Dieses Modell der Wohlfahrtsproduktion ist aus der Kritik und Ablehnung der Dichotomie der klassischen
Wohlfahrtsstaatsforschung von Esping-Andersen (1990) entstanden, die stark
auf staatliches wie auch marktwirtschaftliches Handeln blickte und die Leistung
intermediärer Organisationen und primärer sozialer Netzwerke vernachlässigte
(Evers und Olk 1996). Während die Familie als dominanter südeuropäischer
Wohlfahrtsproduzent bei Esping-Andersen noch erwähnt wird, ist die Analyse der
Wohlfahrtsstaaten bei diesem Autor stark an nationale wirtschaftliche Konzepte
(angloamerikanischer Kapitalismus vs. soziale Marktwirtschaft) sowie nationale
politische Präferenzen (liberal-konservativ-sozialdemokratisch) geknüpft. Evers
sieht Wohlfahrtsproduktion demgegenüber als eine arbeitsteilige wie auch ver-
schränkte Angelegenheit von Familien und Gemeinschaften, intermediären Wohl-
fahrtsorganisationen, Markt und Staat und bezeichnet sie als Welfare Mix (Evers
und Olk 1996).

Für Evers ist der dritte Sektor eine „intermediäre Sphäre", die „nicht jenseits"
von Familien und Gemeinschaften, Staat und Markt verortet werden kann und
insofern klar als nicht-privat, nongovernemental sowie nonprofit zu charakterisieren ist, sondern ein öffentlicher Bereich mit sehr unterschiedlichen Werten. In
ihm koexistieren dem modernen demokratischen Staat ähnliche Werte und Prinzipien wie Gleichheit, Repräsentativität und Hierarchie, Werte und Prinzipien
ähnlich denen der Marktwirtschaft wie Wettbewerb und Profitorientierung sowie
der Gemeinschaft ähnliche Werte und Prinzipien wie (reziproke) Solidarität, Verpflichtung und persönliche Zuneigung (vgl. Evers und Ewert 2010, S. 105). Evers
sieht sich mit seinem Verständnis vom dritten Sektor als intermediäre Sphäre im
Widerspruch zum Johns-Hopkins-Forschungsprojekt, das in seinen international
vergleichenden Studien insbesondere mit einer Klassifikation gearbeitet hat,
nach der Dritte-Sektor-Organisationen formal konstituiert, staatsunabhängig,
nicht-gewinnorientiert, selbstverwaltet, durch die Arbeit von freiwillig Engagierten und demokratisch geprägt sind (vgl. Anheier 1997). Evers schätzt die
empirische Leistung des Projekts, lehnt aber die induktive Theoriebildung, die
aus dem Projekt heraus praktiziert wurde, sowie deren normative Implikationen
ab[17]. Er kritisiert insbesondere die eigenwillige Ablehnung von Wirtschaftlichkeit

---

[17]Siehe hierzu die deutschen Vertreter Zimmer und Priller.

dieser Tradition, nach der „das Erwirtschaften von Gewinnen dazu führt, die entsprechenden Organisationen aus dem dritten Sektor hinaus zu definieren" (Evers und Ewert 2010, S. 107) und die empirische Unterschätzung der „mäßigenden und gegenläufigen Einflüsse von Staat und Gemeinschaften" (Evers und Ewert 2010, ebenda). Darüber hinaus findet Evers die Annahme, dass demokratische Regeln herrschen, für eine Vielzahl von Organisationen nicht zutreffend. Insbesondere die deutschen „Tendenzbetriebe" sind stärker an den Regeln ihrer Gemeinschaften ausgerichtet als an demokratischen Prinzipien. Für ihn ist „die soziale und politische Einbettung von unter anderem auch marktwirtschaftlich agierenden Dritte-Sektor-Organisationen … die eigentliche Kernfrage" in den Debatten um die Nonprofit-Organisationen (Evers und Ewert 2010, S. 107)[18]. Besonders kritisch sieht Evers die Gleichsetzung von drittem Sektor und Zivilgesellschaft. Dritte-Sektor-Organisationen sind für ihn keinesfalls „die Essenz der Zivilgesellschaft" und so etwas wie civil society organisations (Evers und Ewert 2010, S. 108), weil für ihn „Grundlagen einer zivilen Gesellschaft keinen exklusiven Ort haben" (Evers und Ewert 2010, ebenda).

Hybrid steht bei Evers für „die Beschreibung von Organisationen, die in unterschiedlicher Art und Weise Charaktermerkmale kombinieren, die normalerweise trennscharf dem Staat, dem Markt oder Organisationen des dritten Sektors zugeschrieben werden" (Evers und Ewert 2010, S. 103). Blickt man auf die Ressourcen von hybriden Organisationen, so sind sie auf „multiple Ressourcen" angewiesen: öffentliche, im staatlich inszenierten Wettbewerb errungene Zuwendungen, Mittel die durch Lieferung und Leistungen auf Märkten eingenommen werden, Mittel von Communitys wie den Kirchen (Evers und Ewert 2010, S. 112)[19]. Die Governance hybrider Organisationen kann als Mixed Governance bezeichnet werden, in ihr sind Elemente der Selbststeuerung (z. B. durch Trägervereine), der hierarchisch-staatlichen Kontrolle sowie der bürgerschaftlichen Mitbestimmung (z. B. durch Beiräte) zu finden. Die Corporate Identity hybrider Organisationen besteht aus Charaktermerkmalen „jenseits … der beschützenden und versorgenden öffentlichen Einrichtung", jenseits „des privaten Unternehmens" und jenseits von „helfenden gemeinnützigen oder caritativen

---

[18]Erstaunlicherweise äußert sich Evers in seinem 2010er Text nicht zum wettbewerblichen Handeln und der damit verbundenen Marktkonstitution durch Dritte-Sektor-Organisationen, die ebenfalls Kriterien für Wirtschaftlichkeit sind und für die es viele Belege gibt.

[19]In Anlehnung an das o. g. Konzept des Welfare Mix kann für hybride Organisationen dementsprechend vielleicht von einem Einnahme-*Mix* gesprochen werden, der unterschiedliche organisatorische Ziele und daraus abgeleitete Arbeitsformen hervorbringt.

Einrichtung" geprägt (Evers und Ewert 2010, S. 116). Evers' Kerngegenstand sind
öffentliche Einrichtungen, die er weniger als Nonprofit-Organisationen und schon
gar nicht als NGOs versteht. Schulen, Museen, Theater wie auch Krankenhäuser und
Altenhilfeeinrichtungen sind seine empirischen Gegenstände, aus deren Perspektive
heraus er Gesellschaft, Markt und Staat betrachtet und diese konzeptualisiert. Er hat
sich an den Konzepten Wohlfahrtsregime, dritter Sektor, civil society organisations
abgearbeitet und ist Kritiker einer enggeführten Engagementpolitik.

3.6.2　Die Zivilgesellschaft bei Adalbert Evers

Adalbert Evers steht für einen prozessualen Begriff von Zivilgesellschaft, in
dem die Zivilgesellschaft nicht als ein Sektor, sondern ein „Set an Merkmalen,
Praktiken und Prinzipien" definiert wird, „die im gesamten öffentlichen Bereich
Dienste und Einrichtungen mitzuprägen vermögen" (Evers 2003, S. 989). Für
ihn, dessen zivilgesellschaftliche Vorstellungen von dem von ihm entwickelten
soziologischen Konzept hybrider Organisationen geprägt sind, können Handlungsformen wie „soziale Kooperation", aber auch „Wettbewerb und hierarchische Steuerung" in Organisationen gleichermaßen und gleichzeitig existieren.
In einer solchen Konzeptualisierung ist „die Grenzlinie zwischen drittem und
staatlichem Sektor zweitrangig" und „ein nachgeordnetes Problem" und ist die
Zivilgesellschaft das ganze öffentliche Gemeinwesen mit seinen teils freigemeinnützigen, teils wirtschaftlich orientierten und teils staatlich getragenen Diensten
(Evers 2003; vgl. hierzu auch Albrecht 2009, S. 137).
　　Öffentliche Organisationen können „unterschiedliche Logiken aufnehmen und
miteinander ausbalancieren", sodass „zivile Orientierungen in administrative und
marktwirtschaftliche Bereiche ,einwandern'" (Evers 2011, S. 216). Prozessual
kommt es dadurch zur „stärkeren wechselseitigen Durchdringung von Bereichen
und Wertsphären" und zur „Verflüssigung der Grenzen einer traditionell sektoral geordnet gedachten Gesellschaft" (Evers 2011). Weil aus Sicht von Evers
die gesamten gesellschaftlichen Debatten um bürgerschaftliches Engagement zu
stark von der Vorstellung einer Zivilgesellschaft als dritter Sektor geprägt wird,
empfiehlt er eine Ergänzung des sektoralen Denkens um diejenigen Konzepte, die
unter Zivilgesellschaft die Sphäre der Öffentlichkeit verstehen, in der Konflikte
ausgetragen und gesellschaftlich tragfähige Entscheidungen herbeigeführt werden
(Evers 2011, S. 211 ff.). Gesamtgesellschaftlich findet er unter zivilgesellschaftlichen Gesichtspunkten wichtig, die „Frage nach der Geltungskraft ziviler Orientierungen in verschiedenen Sektoren" zu stellen (Evers 2011, S. 215 f.).

Evers ist sich der Nachteile einer solcher Sichtweise bewusst: „Die Kehrseite einer Auflösung des Begriffs von Zivilgesellschaft als Sektor und dementsprechender fester Zuschreibungen bei der Frage nach den Orten und Mechanismen der Entstehung von Engagement ist, dass Zivilität und Engagement damit sehr viel schwerer abgrenzbar und in diesem Sinne auch erfassbar werden" (Evers 2011, S. 217). Er weiß, dass sich aus empirischer Sicht insbesondere bürgerschaftliches Engagement gerade durch die Konzeptualisierung eines dritten Sektor darstellen lässt und sich deshalb der dritte Sektor auch zukünftig als Bezugspunkt für entsprechende Forschung empfiehlt (Evers 2011, ebenda).

Für Evers ist die Zivilgesellschaft eher eine Norm als ein in der Gesellschaft vorhandener Raum. Das Konzept bietet einen „Bezugsrahmen" (so Evers 2011), der sich anhand der Bedeutung des Wortes „zivil" gut umreißen lässt: „Mit dem Begriff ‚zivil' lässt sich auf Werte, Orientierungen und wünschenswerte Effekte von Engagement wie die Stärkung der Demokratie und die Fähigkeit zu friedlicher Bewältigung innergesellschaftlicher Konflikte verweisen" (Evers 2011, S. 207)[20]. Der Begriff Zivilgesellschaft kann laut Evers also auf die Organisationen und Handlungsmuster im dritten Sektor, auf die Konflikt- und Konsensbildung in der Öffentlichkeit, vielmehr aber noch auf den Gehalt von Entwicklungen in der Gesamtgesellschaft angewendet werden (Evers 2011, S. 214).

3.6.3 Evers' Staatsbegriff

Evers hat sich im Jahr 2010 mit dem Krankenhaussektor befasst und sieht eine Ökonomisierung. Er schreibt: „Ehemals hundertprozentig staatlich-medizinische Einrichtungen öffnen sich Ökonomie- und Marktkriterien" (Evers und Ewert 2010, S. 122). „Legitimität wird primär anhand ökonomischer Prinzipien erzeugt und eine positive Synthese von ökonomischen Kriterien und sozial-staatlichen Gerechtigkeitserfordernissen ist kaum zu beobachten" (Evers und Ewert 2010). Aus bürgerschaftlicher Perspektive fehlt ihm die „Einbettung und gezielte Vernetzung von Krankenhäusern in lokale Gemeinwesen" (Evers und Ewert 2010, S. 123).

---

[20]Evers hat bereits zu Beginn seiner wissenschaftlichen Karriere Visionen entwickelt, wie eine Gesellschaft ziviler wird. Ziviler wird eine Gesellschaft, wenn sie – demokratisch – „nicht nur auf Möglichkeiten kollektiver Partizipation und Mitbestimmung abstellt, sondern auch Fragen der Unterstützung von Individualität, Selbstbestimmung und Eigenverantwortung einbezieht", so Evers Anfang der 1990er Jahre (vgl. Evers et al. 1993, S. 7). Dies gilt es anzustreben, auch wenn es auf diesem Weg immer wieder Rückschläge geben wird.

Evers hält Staatlichkeit (in Form staatlicher Kontrolle und Steuerung) in diesem Bereich für schwach ausgeprägt, wenn er schreibt, dass eine Integration von Krankenhäusern in lokale Gemeinwesen „auch langfristig von einer Partnerschaft allein zwischen staatlichen Gremien und Kapitalgesellschaften nicht zu erwarten ist" (Evers und Ewert 2010, ebenda).

Gleiches lässt sich zum Bereich der stationären Altenpflege lesen: Auch wenn zu sehen ist, „dass die Pflege von Menschen mittlerweile mehr Optionen und Logiken kennt, als es die ursprüngliche Institution des staatlichen Heimes vorsah" (Evers und Ewert 2010, S. 124); auch wenn ein verrechtlichter Sektor entstanden ist, der Menschen über die Mitbestimmungsformen in den Heimen, Wunsch-, Wahl- und Kundenrechte ermächtigt, ist doch vorrangig eine Ökonomisierung im Gange. Die Etablierung „bürgernaher Hilfesysteme und dritter Sozialräume" (vgl. Dörner 2007) ist zwar konzeptionell vorgesehen, wird aber nicht betrieben.

Der staatliche Vollzug, auf den Evers in diesem Text nicht eingeht, hat sich allerdings auf Regulierung des einzelnen Angebotes sowie Kontrolle desgleichen zurückgezogen, staatliche Altenhilfeplanung und -steuerung ist weitgehend kommunalisiert, in die Freiwilligkeit abgerutscht, europarechtlich nicht wirklich durchsetzbar und insofern zahnlos geworden.

Insgesamt macht Evers – der neben der Beschäftigung mit Gesundheits- und Sozialdienstleistungen auch sehr viel zu öffentlichen (in Deutschland: staatlichen) Institutionen wie Schulen, Museen und Theatern geforscht hat (vgl. Evers et al. 2001) – deutlich, dass für ihn Staatlichkeit insbesondere in „staatlicher und kommunaler Regulation und Governance" sowie „regulären finanziellen Beiträgen und speziellen Förderprogrammen" besteht (vgl. Evers und Ewert 2010, S. 113).

Für Evers „kennzeichnen den modernen demokratischen Staat Werte und Prinzipien wie Gleichheit, Repräsentativität und Hierarchie" (Evers und Ewert 2010, S. 105).

„Governance", so formuliert Evers, hat sich zukünftig „weg vom klassischen Regieren (government) stärker auf aushandlungs- und netzwerkorientierte Formen (governance) zu orientieren" (Evers und Wiesner 2006, S. 5), weil vielen gesellschaftlichen „Missständen mit traditionellen Arbeitsformen der Politik und Verwaltung nicht beizukommen ist" (Evers und Wiesner 2006, S. 4).

Jenseits seiner Befassung mit öffentlichen Einrichtungen stellt Staatlichkeit für Evers ein noch wenig bearbeitetes Forschungsfeld dar. Er schreibt: „Es lohnt sich, neue Formen der good governance, ministeriell inszenierte zivilgesellschaftliche Veranstaltungen auch unter dem Gesichtspunkt zu analysieren, inwieweit damit nicht staatliche Vormundschaft reorganisiert oder gar gestärkt statt zivilisiert wird" (Evers 2008, S. 242).

Im Sinne seines pluralen und prozessualen sowie normativ perspektivischen Verständnisses werden im Eversschen Sammelband zu „Sozialpolitik" (Evers und Heinze 2008) wohl deshalb eher sozialpolitische Prozesse beleuchtet, als dass konkrete strukturelle, förderungsbezogene wie auch regulative Staatlichkeiten beleuchtet werden. Am Beispiel von „Sozialpolitiken" (Mehrzahl!) macht er deutlich, wie staatliche Politiken anders als in der eher stillen sozialpolitischen Vergangenheit (vgl. Evers 2008, S. 230) heute „in hohem Maße zu bestimmten Lebens-, Arbeits- und Konsumformen anzuleiten versuchen, Leistungen von erwünschtem Verhaltensweisen abhängig machen und damit so etwas wie Erziehungsgewalt beanspruchen" – „nicht nur bei der Arbeitsmarkt- und Familien-, sondern auch bei der Gesundheits- und Rentenpolitik" (Evers 2008, S. 241).

3.7 Von der Position der Dritte-Sektor- und Nonprofit-Organisationen-Forschung und dem Konzept der aktiven Bürgerschaft aus: Zivilgesellschaft und Staat bei Annette Zimmer

Annette Zimmer ist Professorin für europäische Sozialpolitik und Vergleichende Politikwissenschaft an der Universität Münster. Sie hat sich in ihrer wissenschaftlichen Karriere vor allem auf die Analyse von freigemeinnützigen Vereinen und Verbänden konzentriert und die Bedeutung einer aktiven und engagierten Bürgerschaft gewürdigt[21].

Nachdem ihre ersten wissenschaftlichen Arbeiten insbesondere Themen der neueren Geschichte gewidmet sind (deutsch-russische Beziehungen zum Ende der deutschen Monarchie und in der Weimarer Zeit, Verfassungsgesetzgebung in den deutschen Ländern nach dem zweiten Weltkrieg), thematisiert sie in ihrer Habilitation die Positionierung des Vereinswesens „zwischen Markt und Staat" aus einer „Dritte-Sektor-Perspektive" (Zimmer 1996). Vorausgegangen waren Untersuchungen zu Vereinen in Münster, Kassel und Zürich (Zimmer 1992); ihm folgte die Leitung der deutschen Teilstudie der ländervergleichenden Untersuchung der Johns-Hopkins-Universität (USA) zum Nonprofit-Sektor. Einige Jahre später kam mit der Einrichtung einer Arbeitsstelle „Aktive Bürgerschaft" an der Universität Münster sowie der Gründung des gleichnamigen Vereines eine intensive Lobbyarbeit für das freigemeinnützige Vereinswesen hinzu.

Gutachten für die Bundestagsenquetekommission zur Zukunft des bürgerschaftlichen Engagements (vgl. Bundestagsenquetekommission 2002, S. 757) sowie eine aktive und empirisch fundierte Einmischung in die zivilgesellschaftlichen Debatten

---

[21]Vgl. https://www.uni-muenster.de/IfPol/personen/zimmer.html. Eingesehen am 01.07.2018.

folgten. Erwähnenswert sind darüber hinaus ihre Publikationen „Verbände und Demokratie in Deutschland" (2001), „Dritter Sektor international" (2001), „Zivilgesellschaft international" (2002) sowie „Engagierte Bürgerschaft" (2000), in denen sie ihre Konzepte ausgearbeitet hat. Viele der späteren Publikationen von Annette Zimmer bauen auf diesen Veröffentlichungen auf.

3.7.1 Konzepte der Autorin

Der dritte Sektor, an dessen konzeptioneller Ausarbeitung Zimmer durch ihre Einbindung in das internationale „Johns Hopkins Comparative Nonprofit Sector Project" beteiligt ist, wird als Sektor angesehen, der neben bzw. zwischen den sich – dichotom gegenüberstehend gedachten – gesellschaftlichen Sphären Markt und Staat zu lokalisieren ist. Er wird geprägt und konstituiert durch bürgerschaftliches Engagement und den Aktivitäten nichtwirtschaftlich orientierter und nicht staatlicher freigemeinnütziger Vereine und Verbände (vgl. Zimmer 2002, S. 11).

In Aufnahme der älteren Bezeichnung Nongovernmental-Organisationen (NGOs) und ihrer Distanz zu staatlichem Handeln ist die Konzeptionierung von Nonprofit-Organisationen (NPOs), wie sie Zimmer vorantreibt, stark von der Auseinandersetzung mit der volkswirtschaftlichen Seite von Vereinen und Verbänden geprägt – und geht dabei von einer besonderen inneren Konstitution dieser Organisationen aus. Zimmer formuliert es so: „Im Unterschied zu Unternehmen und staatlichen Einrichtungen sind Dritte-Sektor-Organisationen nachhaltig auf die Ressource Solidarität als Motiv zur Mitgliedschaft und Motivation zum Engagement sowie als Medium der Handlungskoordination von Mitgliedern, Mitarbeitern und Förderern angewiesen" (Zimmer und Priller 2005, S. 129). Während marktbezogene Organisationen also als im Wettbewerb miteinander stehend und gewinnorientiert angesehen werden und unter staatlichen Einrichtungen das hoheitliche und steuerfinanzierte Handeln der Gebietskörperschaften Europa, Bund, Länder und Kommunen verstanden wird, sind „Integrationskraft und Bindung" (Zimmer und Priller 2005, S. 129) Charakteristikum wie auch Zielstellung von Nonprofit-Organisationen. Das heißt: Nonprofit-Organisationen sind im Kern nicht nur eigenständig verwaltet sowie organisatorisch unabhängig vom Staat, sondern auch „nicht gewinnorientiert" und darüber hinaus „zu einem gewissen Grad von freiwilligen Beiträgen getragen" (Zimmer und Priller 2001, S. 13). In dieser Funktion werden sie von Zimmer als bedeutender Teil der Zivilgesellschaft angesehen, ja verkörpern diese sogar (Zimmer und Priller 2005, S. 129). Dritte-Sektor-Organisationen tragen „als Infrastruktur von Zivilgesellschaft jenseits von repräsentativer Parteiendemokratie dazu bei, dass Bürgerinnen und Bürger

ihre Ansprüche auf politische Teilhabe und Mitgestaltung geltend machen können" (Zimmer und Priller 2005, S. 131)[22].
    Zimmer setzt sich für die Verwirklichung des Ideals von frei und gemeinnützig
aktiven Bürgern ein. Insbesondere der von Zimmer gegründete Verein „Aktive
Bürgerschaft", das „Kompetenzzentrum für Bürgerengagement der genossen-
schaftlichen Finanzgruppe Volksbanken Raiffeisenbanken", macht in seinen Zielen deutlich, was Zimmer unter aktiver Bürgerschaft versteht[23]: Es geht ihr um
eine Gesellschaft, in der Menschen autonom und eigenmächtig handeln können, um eine „Gesellschaft aktiver Bürger", die nur entsteht, wenn Bürger auch
wirtschaftliche Souveränität erreichen können – und entsprechender ordnungs-
politischer Rahmen vorhanden ist[24].
    Bei der stark empirisch arbeitenden Politikwissenschaftlerin sind zunächst
keine vorprägenden normativen Konzepte wahrzunehmen. Obgleich sie ihren
späteren Gegenstand – das Vereinswesen – stets in Abgrenzung zur Ökonomie
behandelt, wird von ihr seine volkswirtschaftliche Bedeutung hervorgehoben
(während die betriebswirtschaftliche Seite kaum Thema ist).

---

[22]Anders ausgedrückt: Nonprofit-Organisationen sind zivilgesellschaftliche Organisationen, weil sie – neben ihrer Staats- und Marktunabhängigkeit – eigenständig verwaltet, von
freiwilligen Beiträgen von Bürgern getragen werden und insofern „keine Zwangsverbände
darstellen" (Zimmer und Priller 2001, S. 13 f.), wodurch, so die ursprüngliche Definition
in den 1990er Jahren, „Produktions- und Verbrauchergenossenschaften, Organisationsformen auf Gegenseitigkeit (Versicherungen u. ä.), politische Parteien und reine Kirchen-
verwaltungen, Glaubensgemeinschaften, Kultgruppen" *nicht* dazu gezählt wurden; obwohl
gerade die Letztgenannten später dann doch miterfasst wurden (Zimmer und Priller 2001,
vgl. gleichlautend hierzu Zimmer und Anheier 1997, S. 16 f.).
[23]Vgl. https://www.aktive-buergerschaft.de/. Eingesehen am 01.07.2018.
[24]Für Zimmer liegt die Zukunft des bürgerschaftlichen Engagements und einer „Gesellschaft aktiver Bürger" darin, für eine nachhaltige Stärkung bürgerschaftlichen Engagements
vor Ort „durch Bürgerstiftungen (Community Foundations), die Gewinnung der mittel-
ständischen Wirtschaft und Genossenschaftsbanken als engagierter Partner aktiver Bürger
und gemeinnütziger Organisationen (Corporate Citizenship) und die Integration von bürgerschaftlichem Engagement in den Schulalltag (Service Learning)" zu sorgen sowie „die
Verbesserung der ordnungspolitischen Rahmenbedingungen der Zivilgesellschaft" voranzu-
bringen (https://www.aktive-buergerschaft.de/). Eine aktive Bürgerschaft drückt sich darüber
hinaus auch in engagierten Unternehmen aus, so die Auffassung der Initiatoren von Aktive
Bürgerschaft e. V. (https://www.aktive-buergerschaft.de/). Eingesehen am 10.10.2012.

3.7.2   Die Zimmersche Zivilgesellschaft

Nonprofit-Organisationen können, wie es Rifkin (1995) tut, ökonomisch vermessen werden. Sie haben eine wohlfahrtsproduktive Dimension, von Evers und Olk (1996) in den Blick genommen. Und ihre politisch-demokratische Bedeutung ist nicht gering zu schätzen; Klein (2001) und die Bundestagsenquetekommission zur Zukunft des bürgerschaftlichen Engagements (2002) weisen darauf hin.

Zimmer versucht diese Analysestränge zu integrieren und in ein Sektoren-konzept einzufügen. Sie schreibt 2002, dass sie sich der von der Bundestags-enquetekommission vorgeschlagenen Begrifflichkeit anschließt, den unter anderem von ihr in den 1990er Jahren eingeführten Begriff dritter Sektor „durch den umfassenderen Terminus der Zivilgesellschaft zu ersetzen", um die „weit-gehend getrennt verlaufende Debatte und Diskurse zu den Potenzialen, Prob-lemen und Herausforderungen der Organisationen jenseits von Markt und Staat unter einer verbindenden Klammer, nämlich der der Zivilgesellschaft, zusammen-zuführen" (Zimmer 2002, S. 11)[25].

Sie setzt den dritten Sektor mit der Zivilgesellschaft gleich. Besonders deut-lich kommt dieses Gleichsetzung bei der – überaus lobenden – Beschreibung von Nonprofit-Organisationen zum Ausdruck: „Sie integrieren und sozialisieren. Sie bieten ihren Mitgliedern ein Betätigungsfeld und gleichzeitig eine Heimat. Gemeinnützige Organisationen sind Orte gelebter Demokratie, ‚das Salz in der Suppe' unseres Gemeinwesens. In den lokalen Vereinen und Ortsgruppen fühlen wir uns geborgen. Diese Gemeinschaften sind Orte der sozialen und gesellschaft-lichen Bindung und gleichzeitig Orte des sozialen Lernens. Insofern sind gemein-nützige Organisationen der viel beschworene ‚Kitt', der moderne Gesellschaften zusammenhält" (Zimmer 2005, S. 10).

Bei aller Abgrenzung von Wirtschaft und Staat findet Zimmer jedoch auch Anknüpfungspunkte: „Durch die Einführung des Begriffs soziales Kapital" kann

---

[25]Anders ausgedrückt: Für Zimmer hat der Begriff der „Zivilgesellschaft als verbindende Klammer … Charme: Zum einen umfasst Zivilgesellschaft als Konzeption und politisches Projekt die Dimension des normativ-utopischen Entwurfs einer Gesellschaft und Politik der Chancengleichheit und Gerechtigkeit und eröffnet damit eine demokratietheoretisch rele-vante Zieldimension. Zum anderen aber kann sie gleichzeitig als deskriptiv-analytischer Begriff der Sozialwissenschaften empirisch operationalisiert und in dieser Lesart konkret zur Analyse des Raums gesellschaftlicher Selbstorganisation jenseits von Staat, Ökonomie und Privatheit, also auf den dritten Sektor der zivilgesellschaftlichen Organisationen der Stiftungen, Vereine, Verbände, sozialen Bewegungs- und international tätigen Nicht-regierungsorganisationen herangezogen werden" (Zimmer 2002, S. 12).

in Anlehnung an die demokratietheoretischen und effizienzökonomischen Überlegungen von Robert Putnam (1999) „eine Verbindung zwischen der Input- und der
Output-Seite des politisch-administrativen Systems" und den Leistungen und Unter-
stützungsbedarfen des Vereinswesens hergestellt werden. Darüber hinaus ist das
Vereinswesen auch dadurch gekennzeichnet, dass sich ein Vereinsmitglied „nicht
nur zu einem guten Demokraten, sondern gleichzeitig auch zu einem vertrauens-
würdigen Wirtschaftspartner entwickelt" (Zimmer und Nährlich 2000, S. 12).

3.7.3 Der Staat bei Annette Zimmer

1992 erscheint Zimmers Studie zu „Vereinslandschaften im Vergleich", in der sie
Vereine in Kassel, München und Zürich vergleicht und „staatliche Fördermaßnah-
men" als „Umwelteinflüsse" von Vereinen charakterisiert (Zimmer et al. 1992,
S. 171)[26]. Obwohl es im Kern darum geht, Vereine zu untersuchen, ist ihre Haltung
schon zum damaligen Zeitpunkt zumindest in der Wortwahl sehr staatskritisch. So
sieht sie „unterschiedliche Rahmenbedingungen auf der Makro-Ebene, in diesem
Fall die Gestaltung der Sozialpolitik in der Schweiz und in der Bundesrepublik, im
Einzelnen auf die Meta-Ebene der Vereinslandschaft durchschlagen" – so eine ihrer
wertenden Umschreibung von Vereinswesen-Staats-Beziehungen (Zimmer et al.
1992, S. 197). Obwohl sie diese Beziehungen in der zitierten Untersuchung sehr
gut und sehr dezidiert beschreibt, sind für sie Fachämter „Nadelöhr" (Zimmer et al.
1992, S. 243) für Ideen und Aktivitäten von Vereine, weil Verwaltungseinheiten
ihre Gewährungsmöglichkeit und Kontrollpflicht häufig zu einer „Gatekeeper-
Position" (Zimmer et al. 1992, S. 244) ausbauen, was dazu führt, dass Vereine und
deren Ziele und Arbeit nicht nur gut, „sondern zugleich zum Profil oder aktuellen
Programm des jeweiligen Amtsleiters passen" (Zimmer et al. 1992, S. 245, 249)
müssen oder im negativen Fall „stiefmütterlich" behandelt werden (Zimmer et al.
1992, S. 251) – für Zimmer ein unakzeptabler Umstand[27].

---

[26]Zimmer klassifiziert die untersuchten Vereine in Anlehnung an das politische Modell
Esping-Andersens als konservativ, liberal bzw. „offen" (Zimmer et al. 1992, S. 195).

[27]„Unter den öffentlichen Förderern nimmt die Kommune eine ganz herausragende
Position ein", schreibt Zimmer im Blick auf die von ihr untersuchten Kassler Vereine
(Zimmer et al. 1992, S. 229), aber „von einer intensiven Zusammenarbeit oder einem
kontinuierlichen Erfahrungsaustausch kann allerdings nicht die Rede sein" (Zimmer et al.
1992, S. 231), sind die Verwaltungskontakte der Kassler Vereine doch „auf gelegent-
liche Besprechungen begrenzt" und hält „die Mehrheit der Vereine eine Verbesserung

In einer 1997er Analyse der Beziehung von Wohlfahrtsverbänden und Sozialstaat verschärft sich ihr Ton. Zimmer kritisiert den Korporatismus im Sozialbereich (Zimmer 1997, S. 77 ff.). Da ist von „Kartellmauschelpraxis" die Rede,
von nicht hinzunehmender „Konzertierung und hierarchische Strukturierung von
Gesellschaft und drittem Sektor" (Zimmer 1997, S. 86), aufgrund dessen sich ehemals freie Organisationen „zu Partnern der Sozialbürokratie entwickeln … und
sukzessive in die ‚duale Struktur' des öffentlich-privaten Planungsverbundes der
Sozialpolitik eingebunden" werden (Zimmer 1997, S. 78). Als Folge befürchtet
Zimmer freiheitseinschränkende Verrechtlichung, „engmaschige Regulierung",
„geringe Flexibilität und festgefahrene Strukturen sowie aus Sicht von einzelnen
Nonprofit-Organisationen eingeschränkte Handlungsfähigkeit bis hin zu Auto-
nomieverlusten" (Zimmer 1997, S. 76).

Das negative Staatsbild von Zimmer wird auch deutlich, wenn sie das Vereinswesen in zwei Gruppen unterteilt: Die Kulturvereine sind für die Autorin die
Guten, weil sie Autonomie wahren können, während Wohlfahrtsverbände aufgrund
ihrer Verbindung mit dem Staat die Bösen zu sein scheinen (Zimmer 1997).

Insbesondere die korporatistische Verbindung von Sozialstaat und Wohlfahrtsverbänden hat aus Sicht von Zimmer aufgrund von Globalisierung sowie
gewandelten Ansprüchen der Bürger keine Zukunft. Denn „war der Wohlfahrtsstaat gerade noch als Garant einer gerechten Gesellschaft gerühmt worden,
so wurde er jetzt als Problemerzeuger demaskiert", schreibt sie im Jahr 2000
(Zimmer und Nährlich 2000, S. 10). Und an anderer Stelle heißt es: Der Sozialstaat kommt „kaum noch als Solidaritätsgarantie infrage, da er heute gar nicht
mehr in der Lage ist, das zu leisten, was er leisten soll. Es sind primär die Folgen
der Globalisierung, die heute die Politik in die zweite Reihe verweisen. Infolge
der Globalisierung wird der Staat auch noch weiterhin an Steuerungsmöglichkeit
und -kompetenz einbüßen. Und schließlich darf nicht vergessen werden, dass der
Staat eine hierarchische Instanz darstellt. Als Solidaritätsressource ist er daher
denkbar ungeeignet" (Zimmer 2005, S. 6)[28].

---

der Kooperation für dringend angezeigt" (Zimmer et al. 1992). Bis auf die nach Bundes-
gesetzen subsidiär beauftragten Jugendhilfe- und Sozialhilfeverbände hat die Mehrheit der
Vereine „kein Anrecht auf kommunale Unterstützung" (Zimmer et al. 1992, S. 235), konstatiert Zimmer kritisch.

[28]und weiter heißt es im o. g. Text: „Nur über den Umweg eines Appells an nationale
Gefühle wird das abstrakte Gebilde Staat zu einem emotionsbeladenen Vaterland. Doch
der Appell an den so genannten Vater Staat ist in Deutschland zum Glück nicht mehr
öffentlichkeitswirksam" (Zimmer 2005, S. 6).

2004 nimmt Zimmer die 1992er Untersuchungen und 1997er Argumente wieder auf, wenn sie in einer Untersuchung zu Vereinen in Münster und Jena schreibt: „In Münster steht eine verhältnismäßig schwache Verwaltung einem vergleichsweise starken Nonprofit-Sektor gegenüber, während sich das Verhältnis in Jena genau umgekehrt gestaltet" (Zimmer und Priller 2004, S. 188), was auch die Verwaltungsmitarbeiter so sehen. In Jena herrscht anders als in Münster eine „Zurückhaltung der Verwaltung gegenüber einer weitergehenden Entstaatlichung" (Zimmer und Priller 2004, ebenda).

Die Verhältnisgleichung von „Stark versus schwach" sowie die Vision einer „Entstaatlichung" prägen Zimmer (vgl. Zimmer und Priller 2004, S. 188). Insgesamt geht es ihr „vor dem Hintergrund der obrigkeitsstaatlichen Tradition Deutschlands" darum, „die Ernsthaftigkeit von Politik und Verwaltung zu hinterfragen und einer aktiven Bürgerschaft eine echte Chance einzuräumen" (Zimmer und Nährlich 2000, S. 15).

Hierfür ist ihres Erachtens nicht nur der Korporatismus hinderlich, sondern auch die Individualisierung des in den 1990er und 2000er Jahren geforderten und geförderten bürgerschaftlichen Engagements: Mit dem Blick auf problematische soziale gesellschaftliche Entwicklungen wirken die engagementpolitischen Debatten eher wie „Begleitmusik", da es in dieser Zeit „zum Ersatz des klassisch neokorporatistischen Einbaus bürgerschaftlichen Engagements in den staatlichen Verwaltungsapparat durch einen individualistisch-funktionalen Einbau (kommt), der nicht mehr über korporative Akteure, sondern über Einzelpersonen erfolgt" (Zimmer und Nährlich 2000, ebenda). Zimmer bezweifelt, dass „Politik und Verwaltung auf angestammte Positionen und insbesondere ihre Definitionsmacht verzichten" und fürchtet, dass bürgerschaftliches Engagement nur „als Verschiebebahnhof für nicht zu lösende Probleme und damit als Terrain kostenneutraler symbolischer Politik" genutzt wird (Zimmer und Nährlich 2000, ebenda).

So kann der dritte Sektor „keineswegs als revolutionäre Avantgarde" agieren, schreibt Zimmer 2009. „Vielmehr sind die zivilgesellschaftlichen Organisationen hierzulande in einem beachtlichen Umfang eingebunden in die sozialstaatliche Dienstleistungserstellung. Mit anderen Worten: Die Zivilgesellschaft in Deutschland ist in einem hohen Maße geprägt durch den langen Schatten des Staates bzw. der Hierarchie" (Zimmer 2009, S. 29).

Sie bringt ihr vom unabhängigen bürgerschaftlichen Engagement ausgehendes Staatsverständnis mit den Begriffen von Vollzugsverantwortung und Deutungsmacht sowie Entstaatlichung auf den Punkt: „Ein derart funktionalisiertes bürgerschaftliches Engagement dient keineswegs der Entstaatlichung. Ganz im Gegenteil, Politik und Verwaltung gewinnen sogar an Steuerungskompetenz und Definitionsmacht hinzu, da ihnen in zentralen Politikfeldern nicht mehr mächtige korporative Akteure wie z. B. Wohlfahrtsverbände gegenüberstehen, sondern

Bürger direkt oder vermittelt über quasi-staatliche Stellen, wie etwa Landes- und Bundesnetzwerke oder Freiwilligenzentralen, mit der Verwaltung verhandeln" (Zimmer 2009). „Während die Gewährleistungsfunktion bei Staat und Verwaltung verbleibt, wird die Vollzugs- und auch die Finanzierungsverantwortung ganz oder teilweise von privaten Akteuren übernommen", sind public-private Partnerschaften entstanden (Zimmer und Nährlich 2000, S. 14)[29].

Wie aus der Sicht von bürgerschaftlichem Engagement, so sieht sie es auch aus der Sicht von Vereinen: In ihrem 2004er Vergleich der Vereinslandschaften von Jena und Münster konstatiert Zimmer eine „Reformunfähigkeit des Staates", der vor allem an der „Beibehaltung überholter Rahmenbedingungen" interessiert ist (Zimmer und Priller 2004, S. 215 ff.).

3.8 Sozialstaatliche Garantien und kommunale Sozialpolitik, bürgerschaftliches Engagement in der Kommune, Gemeinwohlpotenziale von Unternehmen: Wovon Holger Backhaus-Maul ausgeht, wenn er von Zivilgesellschaft und Staat spricht

Holger Backhaus-Maul ist wissenschaftlicher Mitarbeiter für das Fachgebiet „Recht, Verwaltung und Organisation" am Fachbereich Erziehungswissenschaften der Martin-Luther-Universität Halle-Wittenberg. Er studierte Soziologie und Verwaltungswissenschaften und war wissenschaftlicher Mitarbeiter am Zentrum für Sozialpolitik an der Universität Bremen und befasste sich dort mit Theorie und Verfassung des Wohlfahrtsstaates. Seine Forschungsschwerpunkte sind sozialstaatliche Garantien und kommunale Sozialpolitik, Organisationssoziologie von Nonprofit-Organisationen und Unternehmen sowie bürgerschaftliches Engagement.

Backhaus-Maul engagiert sich – wie auch Nährlich und Zimmer – im Verein Aktive Bürgerschaft e. V. sowie als Beirat des zweiten und dritten Freiwilligensurveys des Bundesministeriums für Familie, Senioren, Frauen und Jugend. Er arbeitete als sachverständiges Mitglied in der Kommission zur Erstellung des Ersten Engagementberichts der Bundesregierung[30].

---

[29]Diese Novität wird vor allem von den Debatten um das New Public Management bearbeitet, „hatten Staat und Verwaltung traditionelle sowohl die Gewährleistungs- als auch die Finanzierungs- und Vollzugsverantwortung inne" (Zimmer und Nährlich 2000, S. 14).

[30]Vgl. https://www.philfak3.uni-halle.de/paedagogik/rvo/personal/#anchor1007229. Eingesehen am 01.07.2018.

Seine Befassung mit amerikanischer Sozialpolitik (Backhaus-Maul 1999) ermöglicht ihm immer wieder eine international vergleichende Perspektive (so bspw. auch Backhaus-Maul und Bürsch 2005).

3.8.1 Konzepte des Autors

Holger Backhaus-Maul befasste sich in seinen Publikationen frühzeitig mit Sozialpolitik und den Korrespondenzen zwischen „sozialstaatlichen Garantien und den Angelegenheiten der örtlichen Gemeinschaft" (Backhaus-Maul 1998, S. 689 ff.). 1999 hat er eine Analyse amerikanischer und deutscher Welfare-Reform-Ansätze vorgelegt, in der er in vergleichender Perspektive die Gefahren der Rücknahme der sozialstaatlichen Garantie eines – unbefristeten – Rechtsanspruchs auf Grundsicherung deutlich macht (vgl. Backhaus-Maul 1999).

Bürgerschaftliches Engagement ist für Backhaus-Maul ein Kernthema von Kommunen. In seinen Ausführungen zu kommunaler Sozialpolitik macht er deutlich, dass es stets notwendig ist, über „die Verteilung von Rechten und Pflichten zwischen Staat, sozialen Organisationen und Bürgern" zu diskutieren und dass „angesichts sozialer Selektivität und ungerechter Verteilungseffekte" bürgerschaftliches Engagement ambivalent ist und keinesfalls den Sozialstaat als Ganzes ersetzen kann; auf lokaler Ebene demgegenüber jedoch „sehr wohl wohlfahrtssteigernd wirkt" (Backhaus-Maul 1998, S. 701).

Ende der 2000er Jahre beschäftigt sich Holger Backhaus-Maul gemeinsam mit Stefan Nährlich vor allem mit Corporate Social Responsibility (CSR) und Corporate Citizenship (CC). Er betrachtet „Unternehmen als gesellschaftliche Akteure" und nähert sich ihnen „soziologisch" (Backhaus-Maul und Kunze 2011). Backhaus-Maul sieht in „unternehmerischer Fürsorge" einen „Traditionspfad mit Entwicklungspotenzial" (Backhaus-Maul 2008, S. 14–15) und in „gesellschaftlicher Verantwortung von Unternehmen" ein anspruchsvolles Projekt (Backhaus-Maul 2006a, b), dessen „Renaissance" der Gesellschaft gut tun könnte (Backhaus-Maul et al. 2008). Dieses Projekt bedarf „verstärkter Auseinandersetzungen und Aushandlungen zwischen Wirtschaft, Zivilgesellschaft und Staat", so der Autor (Backhaus-Maul 2008, S. 20) – wobei er nur in diesem Text den dritten Sektor mit der Zivilgesellschaft in dieser Art und Weise gleichsetzt- und ist doch gerade der Staat und „die staatlich garantierte Freiheit zu wirtschaftlicher Betätigung … Ausgangspunkt" von Corporate Citizenship (Backhaus-Maul 2004, S. 23). Backhaus-Maul weiß um die begrenzten Chancen seines Anliegens: „Was in anderen Gesellschaften pragmatisch als ressourcenstarkes Potenzial wahrgenommen wird, trifft in Deutschland zunächst vielfach auf Unverständnis,

Skepsis und Kritik. Unternehmen übten ohnehin schon einen viel zu starken Einfluss auf Staat und Politik aus, seien am Eigennutz und nicht am Gemeinwohl interessiert", so Backhaus-Maul (2004, S. 23).

Die Befassung von Backhaus-Maul mit Sozialpolitik, bürgerschaftlichem Engagement, den Organisationen des sozialen Sektors sowie der Gemeinwohlorientierung von Unternehmen ist stets von einer abwägenden Haltung geprägt, die Grenzen und Möglichkeiten aller beteiligten Akteure aufzuzeigen sucht. Eigene Konzeptualisierungen verfolgt er weniger.

3.8.2   Die Zivilgesellschaft bei Backhaus-Maul

Holger Backhaus-Maul hat den Begriff der Zivilgesellschaft für das Fachlexikon der sozialen Arbeit des Deutschen Vereins definiert: Für ihn ist die Zivilgesellschaft zutiefst vom Bürger (und nicht von der Gesellschaft und schon gar nicht vom Staat oder der Wirtschaft) her zu denken: „Im Mittelpunkt der Idee einer Zivilgesellschaft steht die Vorstellung vom politischen – am Gemeinwohl orientierten – Citoyen, der gewaltfreie Formen der Konfliktaustragung und -schlichtung propagiert", so Backhaus-Maul (2007a, S. 1065).

Als Zivilgesellschaft wird „die Vielfalt und Vielzahl organisierter Formen bürgerschaftlichen Engagements bezeichnet. Der Grad der Entwicklung einer Zivilgesellschaft hat erheblichen Einfluss auf die wirtschaftliche Entwicklung und Innovationskraft sowie das soziale Integrationspotenzial westlicher Gesellschaften" und drückt sich im „Zusammenschluss freier Bürger mit geteilten Wertvorstellungen und einer expliziten Gemeinwohlorientierung" aus (Backhaus-Maul 2007a, ebenda).

Für Backhaus-Maul ist der Begriff der Zivilgesellschaft „nach wie vor relativ unbestimmt" (Backhaus-Maul 2007a, S. 1065). Da „die Teilnahmechancen in der Zivilgesellschaft ungleich verteilt sind" und Deutschland eine „staatszentrierte Politiktradition" hat (Backhaus-Maul 2007a, S. 1066), ist für den Erfolg einer Zivilgesellschaft in Deutschland „die Öffnung des politischen Institutionensystems für neue soziale Bewegungen und Bürgergruppen im Sinne einer assoziativen Demokratie von entscheidender Bedeutung" (so Backhaus-Maul 2007a, S. 1065).

Eigenschaften einer „von unten" her konstituierten Zivilgesellschaft sind „Pluralismus, Freiwilligkeit, Selbstorganisation und Transparenz von Entscheidungsprozessen" (Backhaus-Maul 2007a, ebenda).

Allerdings, so Backhaus-Maul, ist die Zivilgesellschaft staatlich und verband-
lich eingehegt, ja „erschwert" die deutsche „Verflechtung zwischen Staat und
Verbänden den ‚Markteintritt' für Dritte sowie die ‚Selbstermächtigung' und
‚Emanzipation' von Leistungsempfängern als Bürgern und Co-Produzenten"
(Backhaus-Maul 2009, S. 75), sodass „eine Selbstbegrenzung der staatlichen
Machtausübung vorzunehmen wäre" (Backhaus-Maul 2007a, S. 1066).

Der dritte Sektor ist für Backhaus-Maul keinesfalls *die* Zivilgesellschaft, wie
er auch kein eigenständiger Sektor „neben Staat und Markt" sein kann, ist doch,
„das konstitutiv Gemeinsame dieses Sektors ... nicht erkennbar" (Backhaus-Maul
2007b, S. 217). Der Begriff Zivilgesellschaft eignet sich laut Backhaus-Maul (in
expliziter Anlehnung an Evers) eher, den Blick auf ein Spektrum gesellschaftlicher Organisationen mit „besonderen Fähigkeiten, Ressourcenpotenzialen,
Dilemmata und strategischen Optionen" zu richten, ohne ihn als „Projektionsfläche für überhöhte Erwartungen an einen ‚Dritten Weg' oder unerschöpflich
erscheinende beschäftigungspolitische Potenziale jenseits der Erwerbsarbeit" zu
missbrauchen (Backhaus-Maul 2007b, ebenda).

Für Backhaus-Maul ist das Problem, dass „in den deutschen Debatten über das
sozialstaatlich präformierte sozialrechtliche Dreiecksverhältnis und den sozialstaatlich geregelten Sozialmarkt Bürger als Entscheider, Käufer und Produzenten
nach wie vor weitgehend ausgeblendet bleiben" (Backhaus-Maul 2009, S. 81).

„Mittlerweile ‚ergraute' Begriffe wie ‚Aktivierung' und ‚Kunden' markieren
in diesem Zusammenhang allenfalls ideologisch aufgeladene Leerstellen einer
trivialen Staats- und Marktrhetorik", kritisiert Backhaus-Maul sowohl die Staats-
als auch die Marktbefürworter und -gegner (Backhaus-Maul 2009, ebenda).

3.8.3   Staatlichkeit bei Holger Backhaus-Maul

Staatlichkeit wird von Backhaus-Maul vorrangig in Form von kommunaler
Sozialstaatlichkeit in den Blick genommen. Seine soziologisch und verwaltungswissenschaftlich geprägte Position führt ihn zu einer differenzierten Beurteilung
von Politik und Verwaltung einerseits sowie wohlfahrtsverbandlichem und unter-
nehmerischem Handeln und bürgerschaftlichem Engagement andererseits.

So formuliert Backhaus-Maul bereits 1998: „Der Ausbau der sozialen Sicherung und die Unzufriedenheit damit scheinen die beiden Seiten einer Medaille
zu sein", befindet sich die soziale Sicherung doch „auf einem hohen Niveau",
ist dieser Bereich doch ein Bereich „politischer Glaubensbekenntnisse" und
dadurch stets „zum Testgelände erklärt" (Backhaus-Maul 1998, S. 700). Der
Dauerstreit um die Richtung der Entwicklung in diesem Bereich führt dazu,

dass Modernisierungs- und Rationalisierungspotenziale in der (Sozial-) Verwaltung „brachliegen" (Backhaus-Maul 1998, ebenda), obwohl gerade „der Rückzug kommunaler Sozialverwaltungen aus der konkreten Leistungserbringung und die Übertragung öffentlicher Aufgaben auf geeignete freigemeinnützige Träger" durch gute „Leistungsverträge und geeignete Controllinginstrumente" zu einen zukunftsweisenden lokalen Wohlfahrtsmix führen würden, auch wenn der Sozialstaat „mithin auch zukünftig als Gewährleistungsträger unabdingbar ist" (Backhaus-Maul 1998, S. 701).

Gleichzeitig sieht Backhaus-Maul im gleichen Text deutlich, dass gerade das verwaltungsseitige eingeführte neue Steuerungsmodell trotz anderslautender Ankündigungen in der Praxis zu einer „betriebswirtschaftlichen und bisweilen technokratischen Verengung" und „ersatzlosen Streichung der Ziele Bürgerbeteiligung und politische Steuerung" geführt hat (Backhaus-Maul 1998, S. 698).

In einem 2009 erschienenen Grundsatzartikel zu den „Akteuren in der Sozialwirtschaft" wiederholt Backhaus-Maul viele der genannten Einschätzungen. Er weist darauf hin, dass „mit dem Übergang von einer Politik der Steuerung des Dienstleistungsangebots durch den Betrieb öffentlicher Sozialeinrichtungen zu einer regulativen Politik auf Grundlage von Wettbewerbselementen und betriebswirtschaftlichen Instrumenten" die Gefahr besteht, dass einerseits freigemeinnützige Verbände „zu staatlich Beauftragten oder gar Hoflieferanten herabgestuft werden können" und es andererseits zu einem „sukzessiven Bedeutungsverlust des Staates kommt" (Backhaus-Maul 2009, S. 74–75).

In Veröffentlichungen gegen Ende der 2000er Jahre plädiert Backhaus-Maul für die zivilgesellschaftliche Einbettung und „bürgerschaftliche Revitalisierung" der kommunalen Selbstverwaltung und fordert, dass die Kommunen an der „Stärkung der Position des Bürgers als Auftraggeber, Mitgestalter und Kunde" arbeiten und „die erforderlichen Ressourcen erhalten", sich solcherart auszurichten (Backhaus-Maul 2011, S. 48ff).

Gerade die „politische Errungenschaft" der kommunalen Selbstverwaltung „eröffnet … Bürgern einerseits weitreichende Möglichkeiten zur Entscheidung und Gestaltung in den sie betreffenden Angelegenheiten der örtlichen Daseinsvorsorge. Anderseits bildet die kommunale Selbstverwaltung den institutionellen Rahmen dafür, dass Bürger freiwillig eigene sachliche, zeitliche und monetäre Ressourcen in die Entwicklung des Gemeinwesens einbringen können" (Backhaus-Maul 2011, ebenda).

Backhaus-Maul vermutet jedoch, dass der Föderalismus zunehmend den „politisch engagierten, fachlich kompetenten und sich ihrer Souveränität bewussten Bürgern" entgegensteht und das deutsche „hierarchisch fein abgestufte Mehrebenensystem … parzelliert und zu behäbig … in einer globalisierten Welt" ist

(Backhaus-Maul 2011, S. 48). Für Backhaus-Maul ist es gerade die kommunale Selbstverwaltung, also das Zusammenspiel der lokalen Politik und Verwaltung, die immer wieder durch Europa-, Bundes- und Landesgesetze und entsprechende Verwaltungs- sowie ggf. auch Gerichtsentscheidungen, durch „staatliche Vorgaben und Aufgabenüberwälzungen im Gleichklang mit unzulänglichen föderalen Finanzzuweisungen … in allen Angelegenheiten der öffentlichen Daseinsvorsorge infrage gestellt" wird (Backhaus-Maul 2011, ebenda). „Das in einigen Landesverfassungen formulierte und überaus sinnvolle Konnexionsprinzip, das die staatliche Aufgabendelegation mit der Verpflichtung zu einer hinreichenden staatlichen Finanzierung verknüpft", wird dadurch seines Erachtens missachtet (Backhaus-Maul 2011, S. 49). Gerade auf der kommunalen Ebene hat die Einführung von Steuerungsmodellen zu einer Verbetriebswirtschaftlichung geführt, deren Ergebnis eine „einseitige wirtschaftliche Ausrichtung" bei gleichzeitiger Verstärkung bzw. gar Erzeugung eines lokalen „Demokratiedefizits" waren (Backhaus-Maul 2011, ebenda).

4

In der Verschränkung wird vieles deutlicher: Vergleichende Analysen

4.1 Die Zivilgesellschaft bei den untersuchten Autoren

Die Zivilgesellschaft hat bei Roland Roth den Charakter eines gesellschaftlichen Leitbildes. Ausgehend von den Orientierungen, die die zunächst als Gegenöffentlichkeit konzipierten Bürgerbewegungen Osteuropas und Ostdeutschlands mit nach Europa trugen, übernahm Roth – wie auch andere Autoren – den Begriff der Zivilgesellschaft für seinen Kerngegenstand, die neuen sozialen Bewegungen. Aufgrund der Erkenntnis, dass es auch „vordemokratische, gespaltene, schlechte" soziale Bewegungen, ja „schlechte Zivilgesellschaften" (Roth 2010, S. 53) gibt, kritisiert Roth eine naive Nutzung des Begriffes und empfiehlt die Fokussierung auf das Kriterium der „Zivilität", d. h. der „Toleranz, des akzeptierenden Umgang mit anders Denkenden, Lebenden und Aussehenden" und der „gewaltfreien Formen des Konfliktaustrags" (Roth 2010, ebenda).

Für Rupert Graf Strachwitz ist die Zivilgesellschaft die Sphäre der privaten Initiative, privaten Kreativität und des privaten Innovationswillens (Strachwitz 1992b, S. 35). In ihr leistet sich jeder „Mäzen" „ein Stück Anarchie", ein Stück Unabhängigkeit (Strachwitz 1992b, ebenda). Strachwitz denkt beim Stichwort Zivilgesellschaft zumeist an die freien Künste, Kultur und Wissenschaft, wenn er formuliert: Allein ist der Staat für viele gesellschaftliche Aufgaben nicht „geeignet", „gerüstet", „berufen" und „finanziell in der Lage" (Strachwitz 1992c, S. 41); deshalb braucht es die Zivilgesellschaft. Das Handeln in ihr ähnelt für ihn dem, was in der Marktwirtschaft notwendig ist; allerdings herrscht in Deutschland eine gewisse Geringschätzung von Privatinitiative. Die Zivilgesellschaft ist für Strachwitz durch „Selbstermächtigung, Selbstorganisation und bürgerschaftliches Engagement" definiert und „Staat und Markt gleichrangig" (Strachwitz

© Springer Fachmedien Wiesbaden GmbH, ein Teil von Springer Nature 2019   81
P.-G. Albrecht, *Staatlichkeit aus zivilgesellschaftlicher Perspektive*,
https://doi.org/10.1007/978-3-658-24505-4_4

2003, S. 23). Nur lässt ihr „Erblühen" – in Deutschland – „auf sich warten" (Strachwitz 2005, S. 35).

Für Stefan Nährlich ist die Zivilgesellschaft ein gesellschaftliches „Leitbild" (Nährlich 2007a, S. 151), dessen Verwirklichung die Gesellschaft harrt; sowie eine Sphäre der „Selbstorganisation" (Nährlich 2007a, S. 152), die in der Lage ist, „sowohl komplexe (gesellschaftliche) Zusammenhänge zu bewältigen als auch individuelle Freiheit zu sichern" (Nährlich 2007a, S. 152). Eine solche Herangehensweise erfordert mit dem Prinzip „Privat vor Staat" ernst zu machen (Nährlich 2007a, S. 151), denn sonst ist die Idee der Zivilgesellschaft schnell „orientierungs-, mut- und machtlos" (Nährlich 2007a, ebenda) – so wie die „Idee der sozialen Marktwirtschaft nicht über das Attribut einer neuen sozialen Marktwirtschaft hinaus (kommt)" und die Staatsfixierung bestehen bleibt, heißt es doch in Deutschland häufig: „Hauptsache Staat, auch wenn die Qualität immer geringer wird" (Nährlich 2007a, S. 151).

Für Gerd Mutz ist die Zivilgesellschaft zunächst eine „Idee" (Hornstein und Mutz 1993, S. 241). Als Sphäre des gemeinwohlorientierten freiwilligen Bürgerengagements (Mutz 2003, S. 36) ist sie ein Gegenüber von Staat und „defizitär empfundenen Demokratieverhältnissen" (Hornstein und Mutz 1993, S. 243), aber auch ein Gegenüber der Arbeitswelt, lässt sich jedoch auch als eine Art „zweiter Ökonomie" kennzeichnen (Mutz 2003, S. 58). Auch wenn die Zivilgesellschaft und das bürgerschaftliche Engagement über eine eigenständige Logik verfügen, können sie eine „Brückenfunktion" in Richtung Arbeitswelt wahrnehmen (Mutz 2003, S. 52). Kritisch sieht Mutz, dass Bürgerengagement und damit die Zivilgesellschaft stets dann auf den Plan gerufen werden, wenn die Grenzen der Erwerbsarbeit allzu deutlich hervortreten (Mutz 2003, S. 55).

Dahme und Wohlfahrt sehen in der Zivilgesellschaft zunächst das „geselligkeitsorientierte Vereinswesen", dessen „wirtschaftliche Vermessung" durch die Dritte-Sektor-Forschung sie kritisieren (Dahme und Wohlfahrt 2007, S. 29). Gleichzeitig sind sie der Meinung, dass die Zivilgesellschaft staatlicherseits zu stark für den „Sozialstaatsumbau ... in Beschlag genommen wird" (Dahme und Wohlfahrt 2007, S. 30). Durch Missachtung sozialstaatlicher Gerechtigkeits-, Gleichberechtigungs- und Gleichwertigkeitsprinzipien (vgl. hierzu Dahme und Wohlfahrt 2010a, S. 39) „zerstört die Politik das, was sie vorgibt zu fördern", nämlich die Zivilgesellschaft (Dahme und Wohlfahrt 2007, S. 37). Deren Vision besteht für die Autoren darin, „Wohlfahrt ... zukünftig bürger- und gemeinschaftsorientierter herzustellen und eine Beteiligungskultur zu entwickeln" (Dahme und Wohlfahrt 2007, ebenda). Sie halten die Protagonisten der staatlich forcierten Engagementpolitik für „neoliberal gestimmte Intellektuelle", die den – von ihnen beforschten – Wohlfahrtsverbänden wie auch dem deutschen Sozialstaat „einen Stoß versetzen wollen" (Dahme und Wohlfahrt 2011a, S. 59).

Adalbert Ebers versteht unter der Zivilgesellschaft einen normativen „Bezugs-rahmen" (Evers 2011) sowie ein „Set an Merkmalen, Praktiken und Prinzipien", die den „gesamten öffentlichen Bereich" prägen bzw. prägen sollen (Evers 2003, S. 989). Auch wenn er weiß, wie gut das Konzept des dritten Sektors bürger-schaftliches Engagement darstellen und würdigen hilft, ist für ihn die Zivil-gesellschaft nicht der dritte Sektor (Evers 2011, S. 217). Für Evers agieren im dritten Sektor „öffentliche Organisationen" mit „unterschiedlichen Logiken" (sog. „Hybride") (Evers 2011, S. 216), zu denen er auch administrativ-staat-liche und marktwirtschaftliche zählt. Die Zivilgesellschaft ist demgegenüber die Sphäre, in der Zivilität zur Geltung kommen soll, in welcher Konflikte aus-getragen und Entscheidungen gefällt werden (Evers 2011). Aufgrund einer sol-chen Sichtweise können für ihn die Wirtschaft und der Staat keinesfalls außerhalb der Zivilgesellschaft stehen (Evers 2011, S. 215).

Für Annette Zimmer hat der Begriff der „Zivilgesellschaft als verbindende Klammer … Charme: Zum einen umfasst Zivilgesellschaft als Konzeption und politisches Projekt die Dimension des normativ-utopischen Entwurfs einer Gesellschaft und Politik der Chancengleichheit und Gerechtigkeit und eröffnet damit eine demokratietheoretisch relevante Zieldimension. Zum anderen aber kann sie gleichzeitig als deskriptiv-analytischer Begriff der Sozialwissenschaften empirisch operationalisiert und in dieser Lesart konkret zur Analyse des Raums gesellschaftlicher Selbstorganisation jenseits von Staat, Ökonomie und Privat-heit, also auf den dritten Sektor der zivilgesellschaftlichen Organisationen der Stiftungen, Vereine, Verbände, sozialen Bewegungs- und international tätigen Nichtregierungsorganisationen herangezogen werden" (Zimmer 2002, S. 12). Kritisch ist, wenn diese Organisationen staatskorporatistisch gemaßregelt werden (Zimmer 1997, S. 74 f.) und das sie konstituierende Element des bürgerschaft-lichen Engagements staatlich „funktionalisiert" und „individualisiert" und mit ihm „symbolpolitisch" gespielt wird (vgl. Zimmer und Nährlich 2000, S. 14).

Für Holger Backhaus-Maul konstituiert gewaltfreie Konfliktaustragung eine zivile Gesellschaft, in der verschiedenste Zusammenschlüsse bürgerschaft-lichen Engagements existieren (Backhaus-Maul 2007a, S. 1065). Trotz der „Unbestimmtheit" des Begriffes geht er davon aus, dass die Zivilgesellschaft „von unten" her konstituiert ist und sich insbesondere in Form von neuen sozialen Bewegungen auch an den Staat richtet (Backhaus-Maul 2007a, ebenda). Damit diese wirksam werden können, bedarf es einer „Selbstbegrenzung der staatlichen Machtausübung" (Backhaus-Maul 2007a, S. 1066) und einer Autonomie inner-halb der Zivilgesellschaft, damit ihre Akteure nicht etwa als Mobilisierungs-masse des Staates oder Rekrutierungsfeld der Wirtschaft missbraucht wird (Backhaus-Maul 2009, S. 81) (Tab. 4.1).

Tab. 4.1 Zusammenfassung zur Zivilgesellschaft

	Konzept	Wirklichkeitsbeschreibung	Empfehlungen	Kritik der Zivilgesellschaft
1. Roth	Gesellschaftliches Leitbild	Sphäre der sozialen Bewegungen, wenn die Bewegungen zivil und demokratisch agieren	Zentral ist das Kriterium der Zivilität, der Gewaltfreiheit, Toleranz, Akzeptanz von Andersdenkenden	Wahrnehmung, dass es auch vordemokratische, gespaltene und schlechte Zivilgesellschaften gibt
2. Strachwitz	k. A.	Sphäre der freien Künste, Kultur und Wissenschaft und der privaten Initiative, privaten Kreativität und des privaten Innovationswillens	Engagierte und wirtschaftlich potente Personen sollen gemeinwohlorientiert als Förderer bzw. Stifter aktiv werden, Mäzenatentum	Aufgrund der deutschen Staatsfokussierung und Geringschätzung von Privatinitiative lässt das Erblühen der Zivilgesellschaft auf sich warten
3. Nährlich	Leitbild	Sphäre der Selbstorganisation zur Lösung gesellschaftlicher Probleme und zur Sicherung individueller Freiheit	die Gesellschaft muss mit „Privat vor Staat" ernst machen	Konzept ist zu orientierungs-, mut- und machtlos (da Staatsfixierung in Deutschland zu stark)
4. Mutz	Idee	Engagement-Sphäre jenseits von Politik, Staat und Arbeitswelt, aber auch zweite Ökonomie	Wichtig ist eine Brücke zur Arbeitswelt schlagen, da Arbeitswelt in der Krise	Zivilgesellschaft aufgrund gesellschaftliche Probleme beschworen

(Fortsetzung)

Tab. 4.1 (Fortsetzung)

	Konzept	Wirklichkeitsbeschreibung	Empfehlungen	Kritik der Zivilgesellschaft
5. Dahme und Wohlfahrt	die Vision, Wohlfahrt bürger- und gemeinschafts- orientierter herzu- stellen	Sphäre des geselligkeits- orientierten Vereinswesens wie auch der freigemeinnützigen Wohlfahrtspflege	Beachtung sozialstaatlicher Gerechtigkeits-, Gleichbe- rechtigungs- und Gleich- wertigkeitsprinzipien, um die etablierte Zivilgesellschaft der freigemeinnützigen Wohlfahrts- pflege (und ihrer Klientel) zu erhalten	Die Zivilgesellschaft wird zu stark für den Sozialstaatsabbau in Beschlag genommen, ja genutzt, um dem deutschen Sozialstaat einen Stoß (den Todesstoß?) zu versetzen, was wiederum die Zivilgesellschaft zerstört
6. Evers	Bezugsrahmen	Set an Merkmalen, Praktiken und Prinzipien für den gesam- ten öffentlichen Raum	Unterschiedliche Praktiken akzeptieren (Diversität), Konflikte austragen, Ent- scheidungen fällen (Empfeh- lungen für den öffentlichen Bereich)	Bezugsrahmen Zivil- gesellschaft nicht mit den Realitäten im öffentlichen Bereich und erst recht nicht im dritten Sektor verwechseln
7. Zimmer	Normativ-uto- pischer Gesell- schaftsentwurf	Dritter Sektor bzw. Raum gesellschaftlicher Selbst- organisation jenseits von Staat, Markt und Privatsphäre	Einsatz für Chancengleichheit und Gerechtigkeit	Zivilgesellschaft erträgt keinen maßregelnden Staat, keinen Korporatismus und keine Individualisierung von Engagement
8. Back- haus-Maul	Idee einer Konflikte zivil austragenden Gesellschaft	Sphäre von freien gesellschaft- lichen Zusammenschlüsse sowie Beschreibung für den Konstitutionspfad der Gesell- schaft von unten her (bis hin zur Staatlichkeit)	Gewährung von Autonomie für freie gesellschaftliche Zusammenschlüsse und Selbst- begrenzung staatlicher Einfluss- nahme	Zivilgesellschaft darf nicht als Ressourcenmobilisierungs- masse des Staates und der Wirtschaft missbraucht werden

4.2 Staatlichkeit aus der Perspektive dieser zivilgesellschaftlich geprägten Autoren

Roland Roth beurteilt Staatlichkeit vor allen Dingen aufgrund seiner Befassung mit neuen sozialen Bewegungen, bürgerschaftlichem sowie zivilgesellschaftlichem Engagement gegen Rechtsextremismus. Seine Anliegen sind aktiver politischer Protest, vitale demokratische soziale Bewegungen und bürgerschaftliche Mitbestimmung; er hat aber auch ein Grundsatzwerk zur Kommunalpolitik herausgegeben (vgl. Wollmann und Roth 1998). Auf Basis seines Interesses für neue soziale Bewegungen und seiner Beobachtung der Kommunalverfassungsgebung in den 1990er Jahren kommt Roth zu dem Schluss, dass mehr Bürgerschaftlichkeit von den Kommunen nur „halbherzig", „konservativ" und „beschränkend" gewährt wird und die Situation für die neuen sozialen Bewegungen insgesamt „frustrierend" ist. Direktdemokratische Bürgerbeteiligung ist immer noch nicht mehr als nur ein „Ornament an einem repräsentativen Gebäude" (Roth 1998, S. 5). Roth kritisiert kommunale Staatlichkeit auch aufgrund seiner Befassung mit bürgerschaftlichem Engagement, das seines Erachtens eingeschränkt ist durch bundesstaatliche Gesetze und Konjunkturprogramme, Föderalismusreform, Pflichtaufgabenübertragung durch Bund und Länder, manageriell orientierte Verwaltung, fehlenden parteipolitischen Wettbewerb in den Kommunen sowie sich eher als lokale Verwaltungspersonen ansehende Stadträte (vgl. zu dieser Aufzählung Roth 2009, S. 5 f.). Die Befassung mit Programmen gegen Rechtsextremismus bringt den Autor zu der Einschätzung, dass gerade repressive staatliche Ansätze stets problematisiert und sich gegen eine „Verstaatlichungstendenz" von zivilgesellschaftlichem Engagement zur Wehr gesetzt werden muss (Roth 2006). Ein Staat allerdings, der „unterlässt", „ignoriert", „untätig ist" und „verharmlost", ist auch nicht in seinem Sinne (Roth 2010, S. 39). Roth sieht aufgrund seines Fokus' der bürgerschaftlicher Mitbestimmung in der „unternehmerischen Stadt" das „Ende der kommunalen Selbstverwaltung" (Roth 2009, S. 6). Sein Ziel ist demgegenüber die echte und ressourcenuntersetzte „Kommunalisierung öffentlicher Aufgaben" und die „Erweiterung" der „Gestaltungsspielräume von kommunalen Räten, Verwaltungen und einer engagierten Bürgerschaft gleichermaßen" (Roth 2009, ebenda).

Rupert Graf Strachwitz beurteilt den Staat aus Sicht seines Engagements für das Stiftungswesen, aber auch für den dritten Sektor und das private Engagement. Insbesondere sein Einsatz für das Stiftungswesen in Deutschland ist hervorzuheben. Strachwitz setzt sich für bürgerliche Freiheit ein. Ihm scheint die staatliche

Ordnung diesbezüglich „in die Krise geraten" zu sein, denn dem Staat geht es seines Erachtens nur um „Macht", „nur um Ordnung", nur „um mehr Gleichheit" (Strachwitz 1992a, S. 13). Aber es kommt eben nicht darauf an, „mehr als notwendig zu planen und zu regeln" (Strachwitz 1992a, S. 10). Dem Staat könnte dies gelingen, so Strachwitz, würde er sich stärker an das „Subsidiaritätsprinzip" halten und nicht „immer stärker alle Lebensbereiche durchdringen" (Strachwitz 1995, S. 28) und sogar „ohne Skrupel" als „Unternehmer Staat verdeckt oder offen in einen Wettbewerb zum privaten Unternehmer" eintreten (Strachwitz 1995, S. 29). Der Staat, von dem Strachwitz spricht, unterstützt „bürgerschaftliche Initiativen" (Strachwitz 1992f, S. 59), hat aber trotz seiner Macht „kein Regelungs-, schon gar nicht ein Handlungs- und Finanzierungsmonopol", das er gegen bürgerschaftliche Initiativen einsetzen dürfte (Strachwitz 1992f, ebenda). Für Strachwitz muss sich der Staat „zurücknehmen" bzw. „zurückgedrängt werden" (Strachwitz 1992a, S. 14). Sein Ideal ist ein Staat, der einerseits „etwas leistet" und gut verwaltet, andererseits aber sein Machtmonopol nicht missbraucht und den politischen Willen der Bürger zusammenfassen hilft (vgl. Strachwitz 1992e, S. 55).

Stefan Nährlich beurteilt Staatlichkeit aus der Sicht seiner Untersuchungen zur betriebswirtschaftlichen Seite von Wohlfahrtsverbänden und Bürgerstiftungen, zum bürgerschaftlichen Engagement und Corporate Citizenship. Er engagiert sich insbesondere für eine gute Betriebswirtschaft von Nonprofit-Organisationen. Aus Sicht seiner Forschung zu Wohlfahrtsverbänden ist es notwendig, zu erkennen, dass der Staat sich in den 1990er und 2000er Jahren zunehmend auf seine „Gewährleistungsfunktion" zurückzieht (Zimmer und Nährlich 2000, S. 14), obwohl gerade in Deutschland hohe gesellschaftliche Erwartungen an ihn gerichtet sind (Nährlich et al. 2008, S. 205). Die Bedeutungszunahme von bürgerschaftlichem Engagement verweist für Nährlich darauf, dass „Staat und Verwaltung eine neue Bescheidenheit" in Sachen „Initiativ-, Steuerungs- und Kontrollkompetenz" „abverlangt" werden muss (Zimmer und Nährlich 2000, S. 9), insbesondere, wo der Staat selbst doch eine hohe „Erschöpfung" erkennen lässt (Zimmer und Nährlich 2000, ebenda). Seine Befassung mit Corporate Citizenship bringt ihn dazu, darauf hinzuweisen, welchen „Bedeutungswandel und Steuerungsverlust ... Nationalstaaten" in den der 1990er und 2000er Jahren erfahren (Nährlich 2008, S. 28), hat doch „die über Jahrzehnte hohe öffentliche Finanzierung ... zu einer Staatsorientierung ... geführt" (Nährlich 2005, S. 111), von deren Gegenteil die Menschen, die Nonprofit-Organisationen wie auch die Unternehmen nur schwer zu überzeugen sind. Nährlichs Ideal ist ein zurückhaltender – „bescheidener" – Staat, der eine unabhängige sowie zielstrebige, engagierte und machtvolle Zivilgesellschaft akzeptiert und fördert (Nährlich 2007a, S. 151), weil „mehr Selbstorganisation ... der einzige Weg (ist), um sowohl komplexe (gesellschaftliche) Zusammenhänge zu bewältigen als auch individuelle Freiheit zu sichern" (Nährlich 2007a, S. 152).

Gerd Mutz beurteilt Staatlichkeit aus Sicht seiner Befassung mit dem Stand und den Perspektiven des europäischen Einigungsprozesses, der Arbeitsgesellschaft, dem bürgerschaftlichen Engagement und dem Corporate Citizenship. Sein Engagement gilt insbesondere dem Umbau der Arbeitsgesellschaft. In seiner Untersuchung zur europäischen Integration und im Blick auf die europäische Verwaltung diagnostiziert Mutz eine allzu starke „etatistische" Stellung des Staates (Hornstein und Mutz 1993, S. 231), durch „Despotismus im Bereich der Verwaltung" verstärkt (Hornstein und Mutz 1993, S. 242). In der Studie geht Mutz auch auf Wohlfahrtsverbände ein, die für ihn für unabhängige, gemeinnützige weltanschaulich-ideologische Organisationen insgesamt stehen und aus seiner Sicht zu sehr auf den Staat fixiert sind (Hornstein und Mutz 1993, S. 233). Weil auch der demokratische Staat immer durch eine Art unsichtbarer „Brutalität" gekennzeichnet ist, gilt es, „die Staatsmacht" „auf ein Minimum zurückzudrängen" (Hornstein und Mutz 1993, S. 244). In den Mutzschen Untersuchungen zum Corporate Citizenship finden sich kaum Staatsbezüge; allerdings weist er darauf hin, dass „der Geist von Corporate Citizenship in Deutschland noch nicht angekommen ist" (Mutz 2002, S. 6). Auch die Ausführungen zu bürgerschaftlichem Engagement haben keine Staatsbezüge, allerdings erwähnt Mutz, dass bürgerschaftliches Engagement (ebenso wie die entgrenzte Erwerbsarbeit) neue staatliche Grundsicherungsformen wie „etwa die Bürgerversicherung" brauchen könnte (Mutz 2003, S. 43). Eine seiner Thesen lautet, dass bürgerschaftliches Engagement auf einen „ermöglichenden Staat" angewiesen ist (Mutz 2011, S. 41). Mutz' Ideal scheint ein schlanker Staat mit einem kleinen „Apparat" (Hornstein und Mutz 1993, S. 244) zu sein, der eine zivilgesellschaftliche Gegenkultur aus „autonomen Initiativen, lokalen Netzwerken und Basisprojekten" akzeptiert (Mutz 2003, S. 247), weil diese Initiativen „eine realistische Alternative zu bürokratischer Fürsorge" (Mutz 2003, ebenda) wie auch zu staatlichen Anstrengungen zur Förderung von Erwerbsarbeit sind.

Dahme und Wohlfahrt haben sich mit wohlfahrtsverbandlicher Modernisierung, staatlich inszeniertem Wettbewerb im sozialen Sektor und mit Dezentralisierung und Kommunalisierung befasst. Sie halten das deutsche Wohlfahrtsverbandswesen für bedroht und sehen den Staat auf dem Weg zum Minimalstaat bzw. Leviathan. Gerade aus Sicht der Wohlfahrtsverbände gebärdet sich der Staat als Kostenträger zunehmend als „Definitionsmacht über Fälle und Kosten" und – „wie nie zuvor" – als Steuerungsorgan (Dahme et al. 2005, S. 131 f.). Der Staat inszeniert einen Wettbewerb unter den sozialen Leistungserbringern, in

dem er sich selbst aus der Ausführungsverpflichtung nimmt und nur die Gewährleistungsfunktion und Steuerungshoheit für sich reklamiert, allerdings auch
grundlegende Prinzipien wie die „Herstellung gleichwertiger Lebensverhältnisse schrittweise aufgibt" und statt dessen „rationalisiert" und sich „zunehmend
zurückzieht" (Dahme und Wohlfahrt 2010a, S. 39). Es kommt zu einer „Verschiebung von staatlicher Verantwortung nach unten" – insbesondere „das
Soziale" soll „neu geordnet" werden (Dahme und Wohlfahrt 2010a, S. 28). Für
Dahme und Wohlfahrt ist der ideale Staat einer, in dem insbesondere die kommunale Selbstverwaltung „Gestalter" von Lebensverhältnissen wäre (Dahme
et al. 2005, S. 111) und die Dezentralisierungsstrategien von Europa-, Bundes-
und Landespolitiken diese „Vormachtstellung" nicht unterminieren (Dahme
et al. 2005). Der Idealstaat basiert auf grundlegenden und verlässlichen Gerech-
tigkeits- und Gleichberechtigungs- sowie Gleichwertigkeitsprinzipien, die nicht
einer Rationalisierungs- und Rückzugsstrategie einerseits (Dahme und Wohlfahrt
2010a, S. 39) und andererseits der Strategie zur Schaffung einer bevormundenden
„Sicherheits- und Kontrollgesellschaft" – einem „Leviathan" – geopfert werden
dürfen (vgl. Dahme 2008, S. 16).

Adalbert Evers' Bezug zu Staatlichkeit ist durch die wissenschaftliche Her-
kunft und Empathie für den Wohlfahrtsmix, den intermediären Sektor sowie
öffentliche, von ihm hybride genannte, Organisationen geprägt. Ihm geht es um
einen bürgerschaftlich ausgewogenen Wohlfahrtsmix. Aus Sicht des Welfare
Mix befürchtet Evers einerseits ein Zuviel an Staatlichkeit, und andererseits ein
Zuwenig. Staatlichkeit ist seines Erachtens zu „vormundschaftlich" (Evers 2008,
S. 241 ff.), wenn in die Lebensentwürfe, in die Lebenswelten und vor allem in das
Verhalten von Menschen sozialpolitisch zu stark eingegriffen wird. Staatlichkeit
ist zu gering ausgeprägt, wenn Unternehmen nicht mehr sozial zurückzubinden
sind (vgl. Evers und Ewert 2010). Aus Sicht seiner Befassung mit dem intermediären dritten Sektor droht eher eine „Ökonomisierung", also eine wirtschaftliche Übernahme bspw. vom Krankenhaus- und Altenpflegeheimbereich, als dass
sich ein dritter Sektor stabilisiert, bürgerschaftlicher ausrichtet, intermediärer wird
und staatliche Handlungslogiken integriert. Der Staat ist im Rückzug begriffen,
so Evers und Ewert (2010, S. 122 ff.). Gerade vormals staatliche und später freigemeinnützige hybride Organisationen stabilisieren sich nicht im intermediären
Bereich, sondern ökonomisieren (Evers und Ewert 2010, ebenda). Und gleichzeitig greift der Staat stärker bei seinen Bürgern durch: Evers fürchtet – wie auch
Dahme und Wohlfahrt – einen Staat, der gerade in seiner neuen Sozialpolitik zu
„erwünschten Verhaltensweisen anzuleiten" sucht und „so etwas wie Erziehungsgewalt beansprucht" (Evers 2008, S. 241). Seine Vision von Staatlichkeit hat er
besonders gut im Blick auf die Form und Ziele des Programms Soziale Stadt

beschrieben. „Governance", so formuliert Evers, hat sich „weg vom klassischen Regieren (government) stärker auf aushandlungs- und netzwerkorientierte Formen (governance) zu orientieren" (Evers und Heinze 2008, S. 5), weil vielen gesellschaftlichen „Missständen mit traditionellen Arbeitsformen der Politik und Verwaltung nicht beizukommen ist" (Evers und Heinze 2008, S. 4). Die Einbeziehung von bürgerschaftlichem Engagement einerseits wie auch die Zurückeroberung von Hoheitlichkeit im Bereich vieler ökonomisierter Sozialdienstleistungen andererseits sind staatliche Aufgaben.

Annette Zimmer betrachtet Staatlichkeit durch ‚die Brille' des dritten Sektors, der im dritten Sektor agierenden Nonprofit-Organisationen und aktiver Bürgerschaftlichkeit. Ihr besonderes Engagement gilt der Unterstützung und Förderung der aktiven Bürgerschaft und besonders gemeinwesenorientierter Nonprofit-Organisationen. Sie favorisiert eine Staatlichkeit, die die Rahmenbedingungen dafür schafft, dass freigemeinnützige Vereine und Verbände autonom und selbstbestimmt auf einem dritten Sektor „jenseits von Markt und Staat" agieren können. Das erfordert staatliche Zurückhaltung gegenüber bürgerschaftlich motivierten Zusammenschlüssen, wie es bspw. bei den Kulturvereine gegeben zu sein scheint (Zimmer 1997). Insbesondere im Sozialbereich zeigen sich negative Beispiele. Dieser Sektor ist korporatistisch geprägt, in ihm ist der Staat Auftraggeber und das freigemeinnützige Wohlfahrtsverbandswesen *nur* Auftragnehmer. Das führt zu einer „Definitionsmacht" des Staates, die ihm aus der Sicht von Zimmer und Nährlich nicht zusteht (2000, S. 15). Die deutsche Gesellschaft ist von allzu „langen Schatten der Hierarchie" geprägt (Zimmer 2009, S. 29). Auch aktive Bürgerschaft und bürgerschaftliches Engagement wird häufig vom Staat „funktionalisiert", so Zimmer und Nährlich (2000, S. 14). Klassische korporatistische Kooperationsbeziehungen werden durch individualistische ersetzt, durch die der Staat allenfalls „Symbolpolitik" betreibt (Zimmer und Nährlich 2000, ebenda). Ihr kommt es darauf an, dass „entstaatlicht" wird (Zimmer und Nährlich 2000, S. 14) und dass der Staat „verzichten" lernt (Zimmer und Nährlich 2000, S. 15). Zimmers idealer Staat ist einer, der einen ordnungspolitischen Rahmen setzt, die den Nonprofit-Organisationen im dritten Sektor weitgehende Autonomie und Selbstständigkeit ermöglicht und sie nicht korporatistisch maßregelt. Allerdings fürchtet sie, dass eine solche Staatlichkeit wegen „Reformunfähigkeit" des vorhandenen Staats weitgehend unmöglich ist (Zimmer und Priller 2004, S. 215).

Holger Backhaus-Maul hat einen durch die Befassung mit den Akteuren der Sozialwirtschaft, bürgerschaftlichem Engagement und gemeinwohlorientierte Unternehmen geschulten Blick auf Staatlichkeit. Er engagiert sich besonders für kommunale Sozialpolitik und die freie Wohlfahrtspflege. Gerade aus dem

Blickwinkel kommunaler Sozialpolitik hält er eine mit geeigneten Leistungsverträgen und Controllinginstrumenten ausgerüstete Gewährleistungsverwaltung für wichtig (Backhaus-Maul 1998, S. 701). Ärgerlich findet er, wenn es durch eine „betriebswirtschaftliche Verengung" im Bereich der staatlichen Verwaltung zur „ersatzlosen Streichung" von Bürgerbeteiligung und politischer Mitbestimmung kommt (Backhaus-Maul 1998, S. 698) und freigemeinnützige Organisationen zu „Hoflieferanten" herabgewürdigt werden (Backhaus-Maul 2009, S. 74). Das passiert unter anderem, weil Europa, der Bund und die Länder den Kommunen immer wieder Aufgaben „überwälzen", ohne entsprechende Finanzmittel bereitzustellen (Backhaus-Maul 2011, S. 48). Bei seiner Befassung mit Corporate Citizenship weist Backhaus-Maul darauf hin, dass die „staatlich garantierte Freiheit zu wirtschaftlicher Betätigung" letztlich der „Ausgangspunkt" von gesellschaftlicher Verantwortungsübernahme durch Unternehmen sein kann (Backhaus-Maul 2004, S. 23). Backhaus-Mauls Ideal ist eine Kommune, die als kommunale Selbstverwaltung in der Lage ist, ihre Anliegen selbst zu entscheiden, zu regulieren, zu finanzieren und zu steuern – und die als Gewährleistungsorgan über klare Leistungsverträge und Controllingvereinbarungen mit ihren ausführenden Partnern verfügt (Backhaus-Maul 1998, S. 701). Außerdem steht er für die zivilgesellschaftliche Einbettung und „bürgerschaftliche Revitalisierung" der kommunalen Selbstverwaltung (Backhaus-Maul 2011, S. 48) (Tab. 4.2).

4.3   Konturen einer zivilgesellschaftlichen Staatlichkeit

4.3.1   Ökonomisierung und Steuerungsaufschwung: Die Deutung der bisherigen Entwicklung von Staatlichkeit in Deutschland bis in die 1990er und 2000er Jahre

Die untersuchten Autoren nehmen die Entwicklung von Staatlichkeit sehr unterschiedlich wahr. Alle erkennen so etwas wie einen Wandel und damit einen Bedeutungswandel (vgl. Nährlich) von Staatlichkeit in Deutschland:

Mehrere der untersuchten Autoren diagnostizieren einen staatlichen Werteverlust. Für einige Autoren drückt sich dieser Werteverlust in einem Verlust bzw. sogar einer Aufgabe der Verantwortungsübernahme für grundlegende sozialstaatliche Gerechtigkeitswerte und damit für Umverteilungsprinzipien aus (Dahme und Wohlfahrt). Andere sehen demgegenüber eine staatliche Bedeutungsverringerung der Gewährung bürgerlicher Freiheiten und des Prinzips der Subsidiarität. Für sie hält

Tab. 4.2 Zusammenfassung zur Staatlichkeit

	Deutung der Entwicklung von Staatlichkeit in Deutschland	Empfehlungen für die weitere Entwicklung	Staatlichkeitsideal	Zusatzaspekte, die das Reden über Staatlichkeit berühren
1. Roth	Die kommunale Selbstverwaltung ist vielfach begrenzt bzw. am Ende. Heutige Staatlichkeit ist vorrangig unternehmerisch ausgerichtet, sie beteiligt nur symbolisch direktdemokratisch und wird von der – ungezähmten – Wirtschaft und der Globalisierung bedrängt	Es darf kein Zuviel an Staatlichkeit (z. B. Einmischung und Behinderung im Bereich des zivilgesellschaftlichen Engagements gegen Rechtsextremismus) sowie Zuwenig an Staatlichkeit (ein Staat, der z. B. Opfern gegenüber unterlässt, ignoriert, untätig ist und verharmlost) geben	Ideal ist eine echte und ressourcenuntersetzte Kommunalisierung öffentlicher Aufgaben und die Erweiterung von Gestaltungsspielräumen für Stadträte, Verwaltungen und die engagierte Bürgerschaft	Bürgerschaftliche Beteiligung in der Kommune wird u. a. behindert durch die unternehmerische Stadt, aber auch den Föderalismus, die Pflichtaufgabenübertragung von oben nach unten
2. Strachwitz	Deutschland kennzeichnet eine staatliche Durchdringung aller Lebensbereiche, eine staatliche Missachtung des Subsidiaritätsprinzips und staatliches Unternehmertum (und damit die staatliche Einmischung in den Sektor der Wirtschaft)	Immer sollte der Staat – im Sinne des Subsidiaritätsprinzips – nur so viel wie notwendig planen und regeln und auf ein wie auch immer geartetes Regelungs-, Handlungs- und Finanzierungsmonopol geben	Bürgerliche Freiheit muss in der Gesellschaft stets Vorrang vor Ordnung und Gleichheit haben. Ein Staat hält sich dementsprechend subsidiär stets zurück, er missbraucht sein Machtmonopol nicht	Bürgerliche Freiheit hat in Deutschland ein geringeres Ansehen als (staatliche) Ordnung und das Prinzip der Gleichheit, es gilt deshalb, Privatinitiative (wie z. B. das Mäzenatentum und das Stiften) zu forcieren

(Fortsetzung)

Tab. 4.2 (Fortsetzung)

	Deutung der Entwicklung von Staatlichkeit in Deutschland	Empfehlungen für die weitere Entwicklung	Staatlichkeitsideal	Zusatzaspekte, die das Reden über Staatlichkeit berühren
3. Nährlich	Der Staat steht im Bedeutungswandel, er ist erschöpft, wird zur Gewährleistungsinstanz, ist von Steuerungsverlust geprägt	Dem deutschen Staat stünde Bescheidenheit in Sachen Initiativ-, Steuerungs- und Kontrollkompetenz gut zu Gesicht	Zu favorisieren ist ein zurückhaltender und bescheidener Staat, der eine gut aufgestellte Zivilgesellschaft akzeptiert, um soziale Aufgabenstellungen zu bearbeiten als auch individuelle Freiheit zu sichern	Die deutsche Gesellschaft ist staatsorientiert, viele gesellschaftliche Organisationen und Einrichtungen sind finanziell zu staatsbezogen
4. Mutz	Es gibt so etwas wie einen grundsätzlichen Despotismus von Verwaltung, auch demokratische Staatlichkeit ist durch eine gewisse (unsichtbare) Brutalität gekennzeichnet	Staatsmacht ist – aus nebenstehenden Gründen – auf ein Minimum zurückzudrängen	Ein idealer Staat ist ein schlanker Staat mit kleinem Staatsapparat, der eine zivilgesellschaftliche Gegenkultur aus autonomen Initiativen akzeptiert	Es gibt in Deutschland eine etatistische Positionierung des Staates sowie eine Staatsfixierung der gesellschaftlichen Organisationen

(Fortsetzung)

Tab. 4.2 (Fortsetzung)

	Deutung der Entwicklung von Staatlichkeit in Deutschland	Empfehlungen für die weitere Entwicklung	Staatlichkeitsideal	Zusatzaspekte, die das Reden über Staatlichkeit berühren
5. Dahme und Wohlfahrt	Deutschlands Staatlichkeit ist gekennzeichnet durch die Aufgabe grundlegender Gleichheitsprinzipien, die Zunahme staatlicher Definitionsmacht und Steuerung in Bezug auf bestimmte Lebensverhältnisse (z. B. von Langzeitarbeitslosen), die Inszenierung von Wettbewerb unter Wohlfahrtsverbänden sowie die Verschiebung von Verantwortung	Es bedarf in Deutschland mehr zentralstaatlicher Verantwortungsübernahme, mehr korporatistischer Partnerschaftlichkeit mit der freigemeinnützigen Wohlfahrtspflege und staatlich-finanzieller Unterstützung derselben sowie einer Stärkung der Bedeutung von gesellschaftlichen Gerechtigkeits-, Gleichberechtigungs- und Lebensverhältnisgleichwertigkeitsnormen	Der Staat ist Gestalter von gesellschaftlichen Lebensverhältnissen mit verlässlichen Gerechtigkeits-, Gleichberechtigungs- und Gleichwertigkeitsprinzipien sowie einer ausgewogenen Verantwortungs- und Aufgabenverteilung zwischen oben und unten sowie Staat und nicht staatlichen Akteuren (ohne einseitige Kommunalisierung und Dezentralisierung)	Die gerechte Verteilung gesellschaftlicher Güter zwecks privater Wohlfahrt ist eine wichtige Aufgabe des Staates. Bürgerschaftliches Engagement ist Sache der Bürger selbst. Umso verwunderlicher, dass der Staat in den 1990er und 2000er Jahren eine instrumentalisierende Engagementpolitik betreibt, der eigentlich nur neoliberal gestimmte Intellektuelle zustimmen können

(Fortsetzung)

Tab. 4.2 (Fortsetzung)

	Deutung der Entwicklung von Staatlichkeit in Deutschland	Empfehlungen für die weitere Entwicklung	Staatlichkeitsideal	Zusatzaspekte, die das Reden über Staatlichkeit berühren
6. Evers	Es einen Rückzug des Staates im Sozialsektor einerseits und eine Art staatlicher Erziehungsgewaltbeanspruchung in anderen Bereichen (wie z. B. dem Umgang mit Langzeitarbeitslosen) andererseits. Beteiligung und Demokratisierung werden zurückgebaut	Es darf kein vormundschaftliches Zuviel an Staatlichkeit und kein die Wirtschaft nicht sozial zurückbindendes Zuwenig an Staatlichkeit geben. Gerade im sozialen Bereich muss der Staat verlässlich sein	Aushandlungs- und netzwerkorientierte Formen des Regierens (governance statt government), die einen ausgewogenen gesellschaftlichen und individuellen Wohlfahrtsmix ermöglichen, stellen das Hauptcharakteristikum idealer Staatlichkeit dar	Die Ökonomisierung von sozialen Dienstleistern und das Abwandern von Gesundheits- und Pflegeeinrichtungen aus dem dritten Sektor in den Sektor der Wirtschaft sind deutlich zu erkennen
7. Zimmer	Der Staat befasst sich zu sehr mit korporatistischer Steuerung des Wohlfahrtsverbandswesens und maßregelt diese, hat eine zu starke staatliche Definitionsmacht, er individualisiert und instrumentalisiert bürgerschaftliches Engagement und reguliert zu engmaschig. Grundsätzlich ist zu vermuten: Dieser Staat ist reformunfähig	Dem Staat ist Verzicht und Zurückhaltung zu empfehlen. Er ist vorrangig für Schaffung von Rahmenbedingungen, z. B. für den dritten Sektor und die in ihm agierenden Organisationen, zuständig	Zu favorisieren sind Entstaatlichung, Verzicht des Staates auf Hoheitlichkeit und ein Staat, der einen guten ordnungspolitischen Rahmen für den dritten Sektor setzt	Die deutsche Gesellschaft ist von etatistischen Vorstellungen und in der Praxis den vielen allzu langen Schatten der Hierarchie geprägt

(Fortsetzung)

Tab. 4.2 (Fortsetzung)

	Deutung der Entwicklung von Staatlichkeit in Deutschland	Empfehlungen für die weitere Entwicklung	Staatlichkeitsideal	Zusatzaspekte, die das Reden über Staatlichkeit berühren
8. Back-haus-Maul	Überall zeigt sich eine betriebswirtschaftliche Ver-engung der Verwaltung, eine Streichung von Beteiligung sowie Behandlung von gemeinnützigen Organisatio-nen als Hoflieferanten	Gute Staatlichkeit drückt sich darin aus, dass der Staat über eine Gewährleistungs-instanz mit klaren Leistungsverträgen mit ihren Partnern und angemessene Controllinginstrumente verfügt	Ideal sind ein leistungsfähiger Staat sowie eine zivil-gesellschaftlich eingebettete und bürgerschaftlich revitalisierte kommunale Selbstverwaltung	In Deutschland findet eine Aufgabenüberwälzung auf die Kommune durch die höheren föderalen Ebenen Länder, Bund und Europa statt

sich der Staat immer weniger zurück, er durchdringt mittlerweile zu viele menschliche Lebensbereiche (Strachwitz), er beansprucht so etwas wie Erziehungsgewalt gegenüber den Menschen (Evers) bzw. Definitionsmacht gegenüber dem Handeln von freien Organisationen (Zimmer).

Die untersuchten Autoren sehen so etwas wie einen Leistungsrückgang. Dieser zeigt sich zum einen im Rückzug aus sozialstaatlichen Aktivitäten (Dahme und Wohlfahrt, Evers), zum anderen in der Abnahme der Anstrengungen zur weiteren Demokratisierung der Gesellschaft (so Roth, aber auch Evers).

Es gibt einen ökonomisch konnotierten Wandel der staatlichen Verwaltungskultur. Nur für sehr wenige der zivilgesellschaftlich geprägten Autoren sind Verwaltungen ineffizient (so vielleicht Backhaus-Maul und Nährlich). Die allermeisten sind der Meinung, dass die Verwaltung mittlerweile viel zu ökonomisiert sowohl nach innen als auch in der Beziehung zu kollektiven Partnern und in der Beziehung zu Bürgern agiert. Die Autoren beschreiben diesen Umstand als betriebswirtschaftliche Verengung (Backhaus-Maul). Vielfach werden Wettbewerbe unter Akteuren des dritten Sektors, insbesondere im sozialen Bereich unter den Wohlfahrtsverbänden inszeniert und diese gesteuert und eng reguliert (Dahme und Wohlfahrt, Zimmer). Trotz anderslautender Bekenntnisse betätigt sich die Verwaltung selbst unverhältnismäßig stark unternehmerisch (so Strachwitz). Gleichzeitig ist sie dabei, die korporatistisch-sozialstaatliche Einbettung der sozialen Organisationen und Einrichtungen massiv zu verringern (so Evers, Dahme und Wohlfahrt), so wie sie auch die Rückbindung der sonstigen Wirtschaft in die demokratische Gesellschaft wohl schon längst aufgegeben hat (Roth).

Vielfach wird von einem Steuerungsverlust gesprochen. Der zu erkennende staatliche Rückzug auf die Gewährleistungsfunktion (Nährlich) deutet darauf hin. Tatsächlichen sehen viele der untersuchten Autoren staatliche Steuerung aber eher im Aufwind. Während für viele der wirtschaftlichen Sektor überhaupt nicht mehr gesteuert wird, überzieht der Staat den bisher in korporatistischer Gemeinschaftlichkeit bearbeiteten sozialen Bereich und dessen bisher relativ autonom agieren könnende sozialen Organisationen und Einrichtungen mit neuen Steuerungsformen (Dahme und Wohlfahrt, Backhaus-Maul). In den Wind dieser neuen Steuerungsansprüche geraten auch die bisher selbstständig agierenden Kulturvereine, ja sogar das individuelle bürgerschaftliche Engagement (Zimmer) und Gruppen benachteiligter Menschen (wie Langzeitarbeitslosen, so Evers, Dahme und Wohlfahrt), sodass das Reden von einer Zunahme bzw. einem Aufschwung von Steuerung gerade bezüglich des dritten Sektors gerechtfertigt scheint.

Noch einmal anders ausgedrückt: Der Staat regiert immer stärker in diesen bisher durch Unabhängigkeit geprägten Sektor hinein. Die alten Vertrauensbeziehungen lösen sich auf bzw. wandeln sich in Geschäftsbeziehungen. Vorreiter dieser Entwicklung ist der soziale Bereich, zunehmend wird aber auch der Kulturbereich davon vereinnahmt. Die Auswirkungen zeigen sich auch in den Beziehungen zu bürgerschaftlich Engagierten (Zimmer) sowie sozial Benachteiligten (Evers), sodass das staatliche Agieren als ökonomisches Steuern (Dahme und Wohlfahrt) wie auch demokratieabträgliche Symbolpolitik (vgl. Roth) bezeichnet werden kann.

All diese Entwicklungen von Staatlichkeit werden durch die Veränderungen im föderalen Mehrebenensystem verschärft (so Roth). Die Globalisierung und konkret zumeist die Europäisierung stellen neue Anforderungen. *Innerhalb* des deutschen föderalen Systems und insbesondere im sozialen Bereich ist eine Neuverteilung von Verantwortlichkeiten bei der Gewährleistung und Leistungserbringung zu erkennen, die als Dezentralisierung und Kommunalisierung beschrieben werden kann (vgl. Dahme und Wohlfahrt).

Der Bedeutungswandel von Staatlichkeit (Nährlich) zeigt sich für die untersuchten Autoren in einem Staatsrückbau bzw. -rückzug mit zunehmender Ökonomisierung und Steuerungstätigkeit. Mehrheitlich wird nicht davon gesprochen, dass der Staat grundsätzlich reformunfähig ist (wie Zimmer sagt); mehrheitlich sind die Untersuchten auch nicht der Meinung, dass bspw. die kommunale Selbstverwaltung am Ende ist (wie Roth fürchtet). Eher wird davon ausgegangen, dass Staatlichkeit immer durch eine gewisse Brutalität und Verwaltung durch einen gewissen Despotismus (Mutz) sowie höfisches Gehabe (vgl. Backhaus-Maul) gekennzeichnet ist. Insgesamt positionieren sich die Deutungen zwischen bestimmten gesellschaftlichen Grundwerten – konkret der Gerechtigkeit und der Freiheit.

4.3.2 Schlanker und angemessener: Empfehlungen für die weitere Entwicklung von Staatlichkeit in Deutschland

Die Empfehlungen der untersuchten Autoren sind häufig auf die Deutung der Entwicklung von Staatlichkeit bezogen, jedoch nicht nur:

Eine ganze Reihe von Autoren empfiehlt mehr Staatlichkeit. Roth fordert aus der Sicht von Opfern rechtsextremer Straftaten mehr Opferschutz. Dahme und Wohlfahrt setzen sich für mehr zentralstaatliche Verantwortungsübernahme im sozialen Bereich ein. Außerdem wollen sie an der bewährten partnerschaftlich-korporatistischen Beziehung zwischen Sozialstaatlichkeit und sozialen Organisationen und Einrichtungen festhalten. Evers wünscht einen verlässlichen Sozialstaat sowie eine Rückbindung des Engagements der Wirtschaft in den gesellschaftlichen Wohlfahrtsmix.

Demgegenüber wollen einige der Untersuchten weniger Staatlichkeit. Sie empfehlen, Staatlichkeit auf ein Minimum zu reduzieren (Mutz) sowie in Umsetzung des Subsidiaritätsprinzips nur so viel Staatlichkeit wie notwendig zuzulassen (Strachwitz). Der Staat soll verzichten und sich in den dritten Sektor sowie das Freiwilligenengagement weniger einmischen, meint Zimmer. Insbesondere das zivilgesellschaftliche Engagement gegen Rechtsextremismus darf nicht mehr so behindert werden, wie es in den 1990er und 2000er Jahren geschieht, so Roth.

Konkret geht es den Autoren um staatliche Zurückhaltung (Zimmer), d. h. um Bescheidenheit in Sachen Initiative, Steuerung und Kontrolle (Nährlich), ja um Verzicht auf ein Monopol in den Bereichen der Regelung, der Ausführung und der Finanzierung (Strachwitz).

Stattdessen soll der Staat sich eher um eine Betätigung als eine gute Gewährleistungsinstanz bemühen, die klare – realisierbare und vielleicht auch mitarbeiterfreundliche – Leistungsverträge mit sozialen Organisationen und Einrichtungen schließt und angemessene, auch Freiräume gewährende Controllinginstrumente einsetzt (so Backhaus-Maul).

In normativer Sicht empfehlen die Autoren eine Rückbesinnung auf die grundlegend gesellschaftlich geltende Gerechtigkeits- und Freiheitswerte, wenn sie mehr staatliche Verantwortungsübernahme zur Herstellung von Gleichheit (Dahme und Wohlfahrt) oder auch mehr staatliche Zurückhaltung im Sinne des Subsidiaritätsprinzips (so Strachwitz) einfordern.

Zentrale diskursive Konfliktlinie scheint die um das Mehr oder Weniger an Staatlichkeit und der Konkretisierung desselben zu sein, meinen doch verschiedene Autoren mit der Empfehlung von Staatsabbau bzw. Staatsaufbau jeweils verschiedene Bereiche staatlicher Betätigung. Deutlich wird wie bei der Durchsicht der Deutungen der Entwicklung von Staatlichkeit auch hier, wie verschieden sich die untersuchten Autoren den gesellschaftlichen Grundwerten der Gerechtigkeit und der Freiheit zuordnen und wie sie auch diesbezüglich zu sehr unterschiedlichen Empfehlungen kommen.

4.3.3 Leitbilder...

Auch wenn das jeweilige Ideal aus den Textes jedes einzelnen Autors herausgearbeitet wurde: Unter Einbeziehung der Deutung der Entwicklung von Staatlichkeit und den Empfehlungen für die weitere Entwicklung von Staatlichkeit zeigt sich bei den Untersuchten auch, was sie für die Weiterentwicklung des Leitbildes der Staatlichkeit empfehlen:

Zunächst favorisieren die Autoren Unterschiedliches: Während die einen ihr Ideal in einer guten kommunalen Selbstverwaltung sehen (Roh, Evers, Backhaus-Maul), finden die anderen ihre ideale Staatlichkeit in einer guten Zentralstaatlichkeit verwirklicht (so Dahme und Wohlfahrt, z. T. auch Backhaus-Maul).

Sie alle vertreten das Ideal vom schlanken Staat, wenngleich nur wenige (wie Strachwitz und Mutz) für einen schlanken Staat größter Zurückhaltung stehen (und nur Strachwitz diese Zurückhaltung mit seinem Grundwert der bürgerlichen Freiheit begründet). Die Mehrheit der anderen untersuchten Autoren favorisiert einen schlanken Staat, der gehaltvoll Einfluss auf die gesellschaftliche Entwicklung in der Wirtschaft und im dritten Sektor nehmen kann.

Bezogen auf das Leitbild eines ermöglichenden Staates soll diese Einflussnahme sich idealerweise zunächst auf den gesetzlichen Rahmen beziehen, durch den es ja bspw. schwer oder auch leicht gemacht werden kann, sich in jedweder eigener Sache zu versammeln und zusammenzuschließen (Zimmer). Sie kann aber auch durch konkrete bis zum einzelnen Bürger reichende staatliche Maßnahmen erfolgen und Lebensverhältnisse im Sinne von Gerechtigkeits-, Gleichberechtigungs- und Gleichwertigkeitsprinzipien mitzugestalten suchen – auch wenn das keinesfalls bedeutet, sich in die grundsätzliche Autonomie der Lebensgestaltungen der Einzelnen einzumischen, ja hineinzuregieren (Dahme und Wohlfahrt, Evers, Roth).

Und das ist die Leerstelle des Staatsbildes der zivilgesellschaftlich geprägten Autoren: Keiner der Untersuchten möchte einen starken bzw. breit aufgestellten und alle Lebensbereiche durchdringenden Staat. Niemand möchte außerdem einen die Bürger und die gesellschaftlichen Zusammenschlüsse bevormundenden Staat.

Wer als Protagonist einer starken Zivilgesellschaft argumentiert, scheint gleichermaßen auch für einen schlankeren Staat zu sein – allerdings nicht für einen schlanken Staat, wie er aus der Sicht vieler wirtschaftlich argumentierender Autoren gefordert wird, sondern für einen schlankeren Staat, der dem dritten Sektor ein gutes Gegenüber und ein guter Partner ist sowie auch die Wirtschaft entsprechend auszurichten vermag (d. h., in diesem Sinne nicht selber ökonomisch ausgerichtet, sondern steuerungsstark ist) – und der selbst nur so viel wie notwendig tut (und sich nicht selbst stetig legitimieren muss).

4.3.4   …und Zusatzaspekte

Jeder der untersuchten Autoren erwähnt Zusatzaspekte, die seine Deutung von Staatlichkeit ergänzen; jeder bringt Zusatzargumente, die sein Reden über Staatlichkeit komplettieren. Vielfach entspringen diese zusätzlichen Überlegungen und

Zusatzargumente der Hauptbefassung der untersuchten Autoren: dem dritten Sektor und dem bürgerschaftlichen Engagement:

Auf der Ebene der Werte wird – noch einmal – darauf hingewiesen, dass es in Deutschland eine etatistische Wertetradition gibt (für die z. B. Dahme und Wohlfahrt stehen, auch wenn sie verbal häufig das Gegenteil für sich reklamieren), aber auch eine Tradition der Betonung bürgerlicher Abwehrrechte gegenüber dem Staat (so bei Strachwitz, Roth, Zimmer). Während Strachwitz in der Tradition dieser Abwehrrechte einen radikal-liberalen Ansatz vertritt und dabei als Vertreter von wirtschaftlich potenten Mäzenen und Stiftern auftritt, verstehen sich Roth und Zimmer als Vertreter der neuen sozialen Bewegungen (Roth) und des klassischen Vereinswesens (Zimmer). Es ist verständlich, dass Privatinitiative, politischer Protest bzw. bürgerliche Vergemeinschaftung im Mittelpunkt ihres jeweiligen Interesses stehen.

Mehrere Autoren – und insbesondere die Kritiker dieser Tradition – betonen, dass sich die etatistische Wertetradition auch in einer starken Staatsbezogenheit, ja Staatsfixiertheit der deutschen Bevölkerung zeigt (so Strachwitz, Mutz, Nährlich und Zimmer). Sozial Bedürftige erwarten in Deutschland ebenso Unterstützung vom Staat wie die bürgerschaftlich Engagierten ihre Forderungen häufig an den Staat adressieren – was dieser engagementpolitisch aufnimmt (kritisch hierzu Dahme und Wohlfahrt, aber auch Nährlich).

Darüber hinaus ist der dritte Sektor in Deutschland stark staatsbezogen. Dies trifft nicht nur für die vielfach erwähnten Wohlfahrtsverbände zu, sondern auch auf die klassischen Kulturvereine, ja sogar die Wirtschaft, die sich in vielen, insbesondere auch finanziellen Anliegen, häufig zunächst an den Staat wendet.

Das Innenleben der sozialen Organisationen und Einrichtungen wird – durch die Ökonomisierungsanforderungen des Staates, die dieser über einen inszenierten Wettbewerb durchsetzt – immer ökonomisierter (vgl. Dahme und Wohlfahrt, Evers), sodass es so scheint, als wenn viele dieser Organisationen aus dem dritten Sektor in den Sektor der Wirtschaft abwandern, jedenfalls keinerlei zivilgesellschaftliche Prinzipien mehr einzulösen suchen (Evers).

Insbesondere die kommunale Selbstverwaltung steht in Deutschland unter Druck. Dieser ergibt sich unter anderem aus den föderalistischen Aufgabenüberwälzungen (so Backhaus-Maul und Roth).

Die starke Staatsbezogenheit der Bevölkerung wie auch der gesellschaftlichen Organisationen ist der Hauptkritikpunkt, den die untersuchten Autoren benennen, sprechen sie über Staatlichkeit. Sie selbst haben eine Auffassung vom Staat, mit der sich wohl nur wenige Bürger wie auch Organisationen in Deutschland identifizieren – die Auffassung, dass man mit dem Staat nur sparsam oder besser gar nicht in Beziehung treten sollte.

4.4 Zum beruflichen Hintergrund, der theoretischen Verankerung, der Hauptbefassung und den praktischen Anliegen der untersuchten Autoren

4.4.1 Schwerpunkt Sozialpolitik

Die Art der Professionalität der untersuchten neun Autoren lässt sich ihrer beruflichen Zuständigkeit und Verantwortlichkeit wie auch an ihrem Berufsabschluss ablesen:

Zwei der Autoren (Nährlich und Strachwitz) sind Geschäftsführer bzw. Direktoren von Vereinen bzw. Instituten zur Förderung von bürgerschaftlichem Engagement, engagierten Nonprofit-Organisationen, Stiftungen und gemeinwohlorientierten Unternehmen. Sie arbeiten als Protagonisten bzw. Lobbyisten für das Thema. Alle anderen befassen sich als Wissenschaftler an Hochschulen mit Zivilgesellschaft, wenngleich ihnen die Entwicklung derselben auch ein praktisches Anliegen ist.

Von den Professoren sind vier Politikwissenschaftler (Roth, Evers, Mutz, Zimmer), davon zwei mit einem Lehrstuhl für vergleichende Politikwissenschaft (Evers und Zimmer). Zwei Professoren (Dahme und Wohlfahrt) und ein weiterer Wissenschaftler (Backhaus-Maul) haben den Arbeitsschwerpunkt Verwaltungswissenschaft. Die beiden Geschäftsführer bzw. Direktoren absolvierten ein wirtschaftswissenschaftliches Studium (Nährlich) bzw. ein Politikwissenschaftsstudium (Strachwitz).

Drei der Professoren sind explizit für Sozialpolitik zuständig (Evers und Zimmer an einer Universität, Mutz an einer Fachhochschule), vier weitere arbeiten an Hochschulen, Fachbereichen bzw. Instituten, an denen Sozialarbeiter und Sozialpädagogen bzw. Pädagogen ausgebildet werden (Roth, Dahme und Wohlfahrt an einer Fachhochschule, Backhaus-Maul an einer Universität).

Deutlich ist, dass der Zugang zu Zivilgesellschaft (wie auch Staatlichkeit) bei den untersuchten Autoren aufgrund ihrer wissenschaftlichen Reputation professionell untersetzt ist. Die Hauptdisziplin – und damit das die Sichtweisen bestimmende Fach – ist die Politikwissenschaft, gefolgt von einer von den meisten Autoren (außer bei Nährlich) *nicht* einzelorganisationsbezogenen sondern eher gesellschaftswissenschaftlich verstandenen Verwaltungswissenschaft. Sehr deutlich ist darüber hinaus der Schwerpunkt Sozialpolitik, Soziale Arbeit und Sozialpädagogik, der ebenfalls die Konstrukte und Wirklichkeitsanalysen der untersuchten Autoren formt.

4.4.2 Wissenschaftliche Vielfalt

Die untersuchten Autoren sind in verschiedenen theoretischen Kontexten ‚groß geworden' und in verschiedenen theoretischen Kontexten verankert. Hierarchie-, Macht- und Herrschaftskritik aus der Perspektive der Benachteiligten, Untenstehenden, Machtlosen und Nichtherrschenden finden sich vor allem bei den von der kritischen Theorie her argumentieren Autoren wie Roth, Dahme und Wohlfahrt.

Die klassischen Volks- und Betriebswirtschaftler bzw. Verwaltungswissenschaftler (Zimmer und Nährlich, Backhaus-Maul) vertreten eher die Perspektive von Institutionen und Führungen, die – auch – zu regulieren und zu steuern haben. Sie argumentieren häufig von der Unternehmerseite her.

Diese Perspektive ist noch einmal stärker verallgemeinert bei den – missionarisch wirkenden – Freiheitlich-Liberalen zu finden (Strachwitz, z. T. auch Mutz), denen bürgerliche Freiheit als ein höherer Wert gilt als staatliche Ordnung und staatlicher Ausgleich und die insofern auch herrschaftskritisch sind und vom Leitbild des Individualisten ausgehen.

Demgegenüber steht Evers für eine eher systemisch-ökologische Theorietradition, nach der es auf eine gewisse Ausgewogenheit zwischen Individualinteressen und gesellschaftlichen Notwendigkeiten, zwischen individuellen Bedürfnissen und den Möglichkeiten einer Sphäre der Kooperationen und der Vergemeinschaftung, der Marktwirtschaft und des Staates z. B. im Bereich der Wohlfahrtsproduktion ankommt.

Es scheint so, als ergäbe die unterschiedliche theoretische Verankerung der untersuchten Autoren ein Dreifachfeld, auf dem Vertreter einer kritisch-emanzipativen Perspektive den Vertretern einer institutionen-affinen sowie einer wettbewerbswirtschaftlich-freiheitlichen Perspektive gegenüber stehen. Eine explizit staatswissenschaftliche Zugangsweise zur Thematik ist nicht auszumachen; eher scheint – weniger deutlich – noch eine vierte, eine zivilgesellschaftlich-koordinative Perspektive auf.

4.4.3 Akteurspolitische Interessen

Außerhalb wie auch innerhalb ihres Engagements für bürgerschaftliches Engagement und die Zivilgesellschaft verfolgen die Autoren eigene Interessen. Ihre Befassungsgegenstände und insbesondere ihre Anliegen unterscheiden sich deutlich:

Während Zimmer sich stark für das klassische Vereinswesen einsetzt, welches sie als eine Grundlage der bürgerlichen Vergemeinschaftung ansieht (und Wohlfahrtsverbände eher kritisch betrachtet), gilt Roths Empathie den neuen sozialen Bewegungen und ihrer Protestkultur (während eine spezifische Wohlfahrtsverbandskritik bei ihm nicht allzu deutlich ist).

Während Nährlich sich insbesondere für eine gute betriebswirtschaftliche Führung von Wohlfahrtsverbänden engagiert, vertreten Dahme und Wohlfahrt eher die Arbeitnehmer in diesen sozialen Organisationen.

Strachwitz protegiert das Stiftungswesen und das bürgerliche Mäzenatentum (das sich besonders in gemeinwohlorientierten Unternehmern verwirklicht). Eine ganze Reihe von Autoren beschäftigt sich angelehnt an diese individualtheoretische Logik des Gebenkönnens, Gebenwollens und Gebens mit der Gemeinwohlorientierung von Unternehmen (Corporate Citizenship), so Mutz, Nährlich und Backhaus-Maul. Demgegenüber vertritt – möglicherweise aufgrund ihrer sozialpädagogisch-sozialarbeiterischen und sozialpolitischen Verankerung in entsprechenden Lehrstühlen – eine andere Autorengruppe die gesellschaftlich Benachteiligten, Armen und Ausgegrenzten und lehnt sich damit an eine Art Logik der Hilfebedürftigkeit und des Nehmenmüssens an. Insbesondere bei Dahme und Wohlfahrt finden sich entsprechende Ausführungen sowie eine intensive Befassung mit den klassischen Organisationen der Unterstützung und Anwälten der Bedürftigen, den Wohlfahrtsverbänden. Roth verkörpert aufgrund seiner Befassung mit benachteiligten gesellschaftlichen Gruppen (z. B. Migranten und Jugendlichen) und seinem Interesse an Empowerment derselben und der politischen Einforderung ihrer Rechte (über Protest) ein Gegenüber von Strachwitz.

Strachwitz, Mutz, Nährlich und Backhaus-Maul sind wirtschafts-, unternehmens- und insbesondere unternehmerfreundlich eingestellt. Ihnen gegenüber vertreten Dahme und Wohlfahrt die Arbeitnehmer in den freigemeinnützigen Wohlfahrtsverbänden in einem spezifischen Sektor, der als sozialer Bereich spezifische nicht-wirtschaftliche Anforderungen stellt (und aus Sicht von Dahme und Wohlfahrt nicht mit den Begriffen dritter Sektor oder Zivilgesellschaft zu beschreiben ist). Zimmer, Evers und Roth positionieren sich anders: Während Zimmer volkswirtschaftliche Argumente nutzt, um den spezifischen Charakter des freigemeinnützigen dritten Sektor zu beschreiben, und ansonsten – in ihren Nebensätzen – die Wirtschaft eher ablehnt, fordern Evers und Roth eher eine soziale, demokratische und zivilgesellschaftliche Rückbindung der Wirtschaft in die Gesellschaft.

Wohlfahrtsverbände sind die von den untersuchten Autoren am intensivsten vermessenen Gegenstände. Alle zivilgesellschaftlich bedeutenden Maßstäbe werden dazu zurate gezogen: die – bereits eben erwähnte – sektorale Sicht,

die allgemeine organisationssoziologische Sicht, die Arbeitgeber- und Arbeit-
nehmer-Sicht, die Sicht der Klientel, die Sicht spezifischer gesellschaftlicher
Gruppen der Vereinswelt und der sozialen Bewegungen.

Auffällig ist, das sich aufgrund der Hauptbefassung wie auch der Positionierungen und praktischen Anliegen der untersuchten Autoren Gegensätze zeigen,
durch die eine Nähe und immer wieder erfolgende Zusammenarbeit bestimmter
Autoren ebenso markiert werden wie Abgrenzung, diskursive Gegnerschaft
sowie spezifische Konfliktlinien (Cleavages). Neben den in diesem Text untersuchten unterschiedlichen Positionierungen zu Zivilgesellschaft und Staatlichkeit sind es aus sektoraler Perspektive die Unterschiede zwischen Wirtschaft und
sozialem Bereich, aus organisatorischer Perspektive die Unterschiede zwischen
Wirtschaftsunternehmen und Wohlfahrtsverbänden, in betrieblich-hierarchischer
Perspektive die Unterschiede zwischen Unternehmern bzw. Unternehmens-
führung und Arbeitnehmern bzw. Ausführenden, aus gesellschaftlicher Perspektive die Unterschiede zwischen ressourcenreichen, leistungsstarken und
gebefreundlichen Personen und ressourcenarmen, leistungsschwachen und
bedürftigen Menschen andererseits und aus Vergemeinschaftungsperspektive
die Unterschiede zwischen klassischem Vereinswesen und neuen sozialen
Bewegungen, die die Autoren zur Auseinandersetzung anregen (Tab. 4.3).

Tab. 4.3 Zusammenfassung der Hintergründe, Verankerungen, Hauptbefassung und praktischen Anliegen

	Zum beruflichen Hintergrund der untersuchten Autoren	Theoretische Verankerung	Hauptbefassung	Praktische Anliegen
1. Roth	Emeritierter Professor für Politikwissenschaft am Fachbereich Sozial- und Gesundheitswesender Hochschule Magdeburg-Stendal	Kritische Theorie, Demokratietheorie, Regulationstheorie	Politischer Protest, benachteiligte gesellschaftliche Gruppen, neue soziale Bewegungen, bürgerschaftliches Engagement, zivilgesellschaftliches Engagement gegen Rechtsextremismus	Politischer Protest, gesellschaftliche Wirksamkeit neuer sozialer Bewegungen
2. Strachwitz	Dr., Direktor Maecenata Institut für Philanthropie und Zivilgesellschaft an der Humboldt Universität Berlin	Freiheitlicher Liberalismus	Stiftungen, Privatinitiative, dritter Sektor, bürgerschaftliches Engagement, Unternehmen mit Gemeinwohlorientierung (Corporate Citizenship)	Mäzenatentum und Stiften
3. Nährlich	Dr., Geschäftsführer des Vereins Aktive Bürgerschaft Münster und Berlin e. V.	Volkswirtschaftslehre, Betriebswirtschaftslehre	Wohlfahrtsverbände, Bürgerstiftungen, bürgerschaftliches Engagement, Corporate Citizenship von Unternehmen	gute betriebswirtschaftliche Führung von Wohlfahrtsverbänden (und Stiftungen)
4. Mutz	Professor für Volkswirtschaft und Sozialpolitik an der Hochschule für angewandte Wissenschaften München	Individualisierungs- und Entgrenzungskritik, Theorien der Arbeit, Volkswirtschaftslehre	Europäischer Einigungsprozess, Arbeitsgesellschaft, bürgerschaftliches Engagement, Corporate Citizenship von Unternehmen	Umbau der Arbeitsgesellschaft

(Fortsetzung)

Tab. 4.3 (Fortsetzung)

	Zum beruflichen Hintergrund der untersuchten Autoren	Theoretische Verankerung	Hauptbefassung	Praktische Anliegen
5. Dahme und Wohlfahrt	Heinz-Jürgen Dahme: Emeritierter Professor für Verwaltungswissenschaft am Fachbereich Sozial- und Gesundheitswesen der Hochschule Magdeburg-Stendal Norbert Wohlfahrt: Professor für Sozialmanagement, Verwaltung und Organisation an der Evangelischen Fachhochschule Rheinland-Westfalen-Lippe (für Sozial- und Gesundheitswesen und Religionspädagogik)	Kritische Theorie, Verwaltungswissenschaft aus gesellschaftlicher Perspektive	Wohlfahrtsverbände, staatlich inszenierter Wettbewerb, Dezentralisierung und Kommunalisierung	Verbesserung der Arbeitssituation von Mitarbeitern in Wohlfahrtsverbänden
6. Evers	Emeritierter Professor für vergleichende Sozialpolitik an der Universität Gießen	Systemisch-ökologische Theorietradition, Demokratietheorie, Vergleichende Politikwissenschaft	Wohlfahrtsmix, intermediärer dritter Sektor, bürgerschaftliches Engagement, hybride öffentliche Organisationen	Ein zwischen Individualbedürfnissen und gesellschaftlichen Möglichkeiten gut austarierter Wohlfahrtsmix
7. Zimmer	Professorin für europäische Sozialpolitik und vergleichende Politikwissenschaft an der Universität Münster	Vergleichende Politikwissenschaft, Volkswirtschaft, Geschichte	bürgerliche Vergemeinschaftung im klassischen Vereinswesen, Dritter Sektor, Nonprofit-Organisationen, aktive Bürgerschaftlichkeit	Unterstützung und Förderung von Nonprofit-Organisationen
8. Backhaus-Maul	Wissenschaftlicher Mitarbeiter Fachgebiet Recht, Verwaltung und Organisation am Institut für Pädagogik der Universität Halle-Wittenberg	Soziologie, Verwaltungswissenschaft	Sozialstaatliche Garantien und kommunale Sozialpolitik, bürgerschaftliches Engagement, Corporate Citizenship von Unternehmen	Eine aktive freie Wohlfahrtspflege

Anwendungsversuch: Zu einer zivilgesellschaftlichen Staatlichkeit lokaler Begegnungsmöglichkeiten, Kultur, Bildung sowie Ordnung und Sicherheit

Staatlichkeit wird von den untersuchten Autoren sehr unterschiedlich konzeptualisiert. In diesem öffentlichen Bereich wird die Geltung von gesellschaftlichen Werten wie bspw. Gerechtigkeit und Freiheit verhandelt. Die Untersuchten vertreten aus ihrer zivilgesellschaftlichen Perspektive ein Bild, nach dem sich Staatlichkeit vornehmlich in einem schlanken Staat verwirklicht, der den Sektor der Wirtschaft mit seinen Arbeitgebern, Arbeitnehmern und Unternehmen engagiert steuert und in die Gesellschaft einbettet, ein gutes Gegenüber und ein guter Partner der Engagierten und Bedürftigen als auch der kulturellen und sozialen Organisationen des sogenannten dritten Sektors ist. Verwaltung und Politik (von diesen beiden Seiten von Staatlichkeit soll im Folgenden gesprochen werden) haben ihren sehr spezifischen – als Sektor beschreibbaren – Platz in der Gesellschaft. Staatlichkeit kann sich – vielleicht wird das in der Wissenschaft nicht allzu häufig mitbedacht – darüber hinaus auch im individuellen Agieren als Verwaltungsmitarbeiter bzw. Politiker ausdrücken.

5.1 Staatlichkeit in der lokalen Praxis

Ob Staatlichkeit eher eine wahrnehmbare oder aber eine normative Realität ist, soll anhand der Ausrichtung von Organisationen, Einrichtungen, Gremien und Veranstaltungen untersucht werden. Dafür ist es naheliegend, die Frage nach dem individuellen Agieren im Sinne zivilgesellschaftlicher Staatlichkeit, die Frage nach der Staatlichkeit der Organisationsstruktur, die Frage nach Staatlichkeit im

Organisationshandeln sowie die Frage nach der Konstitution einer spezifischen Sphäre in der Gesellschaft zu stellen:

Das individuelle Agieren, welches – in zivilgesellschaftlichem Sinne – als staatlich bezeichnet werden kann, ist das sogenannte koordinative Engagement. Während das Leitbild der Zivilgesellschaft der aktive Bürger ist, der sich ehrenamtlich betätigt, steht der Staatlichkeit ein solch allumfassendes Tätigkeitsmuster und Leitbild nicht zur Verfügung. Ehrenamtliches Engagement wird häufig als unentgeltliches Gegenüber von bezahlter (Erwerbs-)Tätigkeit und insofern am stärksten unter dem Aspekt der Beziehungsreziprozität (zum Träger wie auch zu den Adressaten) gedeutet. Koordinatives Engagement kann bezahlt wie auch unentgeltlich erbracht werden (je nachdem z. B., ob eine koordinierende Person von Amts wegen oder aber als Politiker agiert); sie definiert sich vor allem über die Position und den Einfluss der koordinierenden Person in der jeweiligen Beziehung[1]. In Abgrenzung zu bürgerschaftlichem Engagement und wirtschaftlicher Betätigung kommt es dem koordinativen Engagement letztendlich nicht darauf an, Gemeinschaftlichkeit und Kooperation zu stiften und/oder eine Einnahme zu erzielen und einen Wettbewerb zu erzeugen (auch wenn weder auf das eine noch auf das andere verzichtet werden kann, soll überhaupt interagiert werden).

Staatlich ist eine Struktur dann zu nennen, wenn in ihr Aktive in der genannten Art und Weise tätig werden, vielmehr jedoch, wenn ihr satzungsgemäßer Zweck, ihre Finanzierung und ihre Form Staatlichkeit ermöglichen – und das Handeln als regulierend und steuernd zu beschreiben ist (was andere Praxisformen nicht ausschließt).

Genauer ausgeführt: Als staatliches Handeln wird eine Vielzahl an Praktiken angesehen, an deren erster Stelle Koordination stehen, zu der aber auch die Kooperations- und Gemeinschaftlichkeitsformen im Sinne des dritten Sektors sowie Betriebswirtschaftlichkeit und Wettbewerb, der stärker aus dem Sektor der Marktwirtschaft stammt, gehören.

Durch ihr Handeln konstituieren die untersuchten Organisationen, Einrichtungen, Gremien und Veranstaltungen gesellschaftliche Sphären, die als Staatlichkeit, aber

---

[1]Koordinatives Engagement kann, aufeinander aufbauend, die Stufen des Strukturierens, des Definierens, des Regulierens und des Steuerns, haben. Auf jeder dieser Stufe wird jeweils gefragt: Wer steht für was? (Strukturieren), Wer ist für welche Aufgabe verantwortlich? (Definieren), Wie soll gehandelt (und wie sanktioniert) werden? (Regulieren) Welche Rolle hat der Koordinator? (Steuern). Es beinhaltet damit die Logiken von Beteiligung (demokratische Partizipation) und der Einflussnahme (staatliche Machtausübung).

auch als Marktwirtschaft bzw. dritter Sektor gedeutet werden können. Auch danach ist zu fragen.

Untersuchungen von lokalen Handlungsfeldern müssen sowohl das individuelle Agieren als auch Organisationsstrukturen, Organisationshandeln und die – überorganisatorische – Konstituierung von Handlungssphären in den Blick nehmen, wollen sie aussagekräftig sein.

5.2 Staatlichkeit in den lokalen Handlungsfeldern der Begegnung, Kultur, Bildung sowie Sicherheit und Ordnung

Alle vier genannten Aspekte werden im Folgenden exemplarisch in vier lokalen Handlungsfeldern durchgespielt:

Wie schon im zweiten Kapitel einmal ausgeführt, ist das erste in den Blick zu nehmende Handlungsfeld das der Begegnung; der Interaktion, des Austauschs und der Beteiligung. Die Bereitstellung einer Infrastruktur, die die Interaktion und Kommunikation der Bürger ermöglicht, ist eine kommunale Grundaufgabe. Sie wird in Bürgerhäusern, kommunalen Medien und Gremien realisiert. Die spezifische Staatlichkeit dieser Handlungsfelder soll in den Blick genommen werden.

Das zweite exemplarisch ausgewählte Handlungsfeld ist das der Kultur, denn gerade dieser Bereich ist zentral für die Identitätsbildung einer Kommune. Kultur findet im Lokalen in kommunalen Kultureinrichtungen wie z. B. Stadttheatern statt. Kultur wird vorrangig von freigemeinnützigen Kulturveranstaltern angeboten. Viele kulturelle Events sind darüber hinaus Ergebnis des Engagements gewerblicher Akteure.

Ein drittes lokales Handlungsfeld ist das der Bildung. Es ähnelt dem der Kultur, gibt es doch auch in ihm kommunale Bildungseinrichtungen – die Volkshochschulen – sowie freigemeinnützige und gewerbliche Träger von Bildungsangeboten. Weiterhin werden Bildungsveranstaltungen in den Blick genommen, die nicht direkt Trägern zuzuordnen sind.

Das vierte exemplarisch untersuchte lokale Handlungsfeld ist das der Sicherheit. Als vorrangig hoheitlich geprägtes Handlungsfeld unterscheidet es sich deutlich von den anderen Handlungsfeldern. Polizeiliches Handeln und Agieren der kommunalen Ordnungsbehörden sowie die Sicherheitsdienste von gewerblichen Sicherheitsunternehmen machen deutlich, wie Staatlichkeit in diesem Bereich aussieht.

5.2.1 Staatlichkeit im lokalen Handlungsfeld der bürgerschaftlichen Begegnungs- und Beteiligungsmöglichkeiten

Begegnung im Sinne von Interaktion, Austausch und Beteiligung findet im lokalen Raum in Bürgerzentren, Medien sowie Gremien und Arbeitsgemeinschaften statt.

Bürgerzentren können in Form von Jugendklubs und Seniorenbegegnungsstätten bestimmten Zielgruppen gewidmet sein. Es gibt sie aber auch als zielgruppenunspezifische Einrichtungen für alle Bürger eines Stadtteiles. Vorrangig in kommunalen Jugendklubs finden sich kommunale Angestellte. Sie koordinieren die dortige Arbeit. Aber auch alle anderen benannten Bürgerzentren wollen koordiniert werden. Die sozialpolitisch beauftragten Jugendklubs und Seniorenbegegnungsstätten verfügen über entsprechende Satzungen, die auf das Kinder- und Jugendhilfegesetz (SGB VIII), aber auch seniorenbezogene Bundesnormen (Paragraph 71 im SGB XII) Bezug nehmen[2]. Insbesondere die Jugendklubs sind mit einer festen Finanzierung durch das örtliche Jugendamt ausgestattet. Die Finanzierung der Seniorenbegegnungsstätten und allgemeinen Bürgerhäuser ist demgegenüber prekärer: Mal handelt es sich bei den Zuwendungen um kommunale Zuschüsse, mal um Eigenmittel freigemeinnütziger Träger, mal um projektbezogene Drittmittel von Stiftungen, privaten und öffentlichen Geldgebern. Insbesondere Jugendklubs handeln dann koordinativ, regulierend und steuernd in ihrem Gemeinwesen, wenn ihre Kommune dies von ihnen verlangt. Sie verwirklichen das insbesondere durch die Einberufung von Gremien und Arbeitsgemeinschaften. In Seniorenbegegnungsstätten finden sich zumeist keine gemeinwesenbezogenen Koordinationstätigkeiten. Auch in Bürgerhäusern ist dies nur sehr selten der Fall. Der bürgerschaftliche Austausch und die kommunale Beteiligung in Jugendklubs hat also einen staatlichen Anteil, die Interaktion in Seniorenbegegnungsstätten weniger und in Bürgerhäusern noch weniger. Eine Sphäre der Staatlichkeit wird von Bürgerzentren nicht konstituiert, verstehen sich bspw. die Sozialarbeiter in den sozialen Einrichtungen als Gegenüber der Verwaltung und geben sich die untersuchten Einrichtungen insbesondere in Wahlkampfzeiten neutral – unabhängig davon, ob es sich um projektfinanzierte

---

[2]Informell wird von ihnen allerdings auch erwartet, eine gewisse ordnungspolitische Funktion in ihren entsprechenden Stadtgebieten wahrzunehmen, sodass von einer gewissen hoheitlichen Aufgabe gesprochen werden kann. Insbesondere über die – koordinative – Leitung von Gremien und die Mitarbeit in Gremien wird dies mit umzusetzen versucht.

Bürgerhäuser, bezuschusste Seniorenbegegnungsstätten oder verlässlich finanzierte Jugendklubs handelt.

Medien der Interaktion und des Austauschs im kommunalen Raum sind Lokalzeitungen, Jugendmagazine (häufig auf kulturelle Veranstaltungen bezogen) und Seniorenzeitschriften (die meist eher als Ratgeber aufgemacht sind). Es gibt freigemeinnützige und gewerblich betriebene Radio- und Fernsehkanäle sowie Internetforen in mannigfaltiger Trägerschaft. Die Arbeit der Medien erfordert ein umfängliches koordinatives Engagement. Kaum jemand handelt in diesem Interaktionsfeld jedoch koordinativ im Sinne von Verwaltung und Politik. Einzig die Pressesprecher von Kommunalverwaltungen, Parteien, großen Einrichtungen, Unternehmen, großen freigemeinnützigen Verbänden sowie gesellschaftlichen Großgruppierungen (wie Gewerkschaften) versuchen mit ihrer Arbeit so etwas wie Informationspolitik zu betreiben. Insgesamt wird der Austausch jedoch vom ‚Publikum' selbst bestimmt, verstehen sich Journalisten als doch unabhängige Berichterstatter (die ihre Arbeit entsprechend zu koordinieren haben). Das Selbstverständnis der Unabhängigkeit und der Pluralität ist häufig auch in den Satzungen vieler Medien festgeschrieben. Die Finanzierung erfolgt über Anzeigen und vor allem für die Erstellung von Webseiten über Zuschüsse und ist immer wieder schwierig. Dementsprechend fluide ist die Struktur vieler Redaktionen. Nur die großen Medien wie auch die Pressestellen weisen eine gewisse Stabilität auf. Mediales Agieren ist das Gegenteil dessen, was unter Regulation und Steuerung verstanden wird. Hin und wieder kommt es durch den Austausch von Akteuren des dritten Sektors zu Kooperationen und Gemeinschaftsbildungen. Im Kern ist das Handeln von Medien wettbewerblich ausgerichtet wie auch betriebswirtschaftlich motiviert. Medien der Interaktion koordinieren kaum. Sie konstituieren eher einen sich stetig verändernden Markt des Austauschs, dienen dem Wettbewerb der Meinungen; und sind dabei immer auf der Suche nach Markführerschaft und Einnahmen. Die Akteure des dritten Sektors bzw. Sphäre der Kooperationen und der Vergemeinschaftung tauschen sich über die Medien aus.

In vielen Kommunen gibt es themenspezifische Gremien und Arbeitsgemeinschaften. Sie dienen der Information, dem Nachfragen und dem Anbieten, dem Austausch und der Abstimmung. Gremien und Arbeitsgemeinschaften sind darauf angewiesen, dass in ihnen Menschen koordinativ tätig werden. Gremien brauchen Strukturierung, Definition, Regulation und Steuerung, vielfach werden sie – nicht nur aus verwaltungsseitiger bzw. politischer Perspektive – von Mitarbeitern aus Verwaltungen wie auch Politikern geprägt. Gremien sind, gerade wenn sie gut koordiniert werden, in der Lage, Menschen für spezifische Aufgaben zu mobilisieren. Die Möglichkeit, sich in ihnen auszutauschen, führt zu Qualitätsgewinnen bei den beteiligten Akteuren. Ihre innere Koordination ist die Voraussetzung, dass sich Gemeinschaftlichkeit und Kooperation in ihnen überhaupt entwickelt, was wiederum ihre äußere Koordinationstätigkeit erst ermöglicht. Gremien und Arbeitsgemeinschaften arbeiten auf der Basis unterschiedlichster Satzungen und Geschäftsordnungen. Ihre Teilnehmer werden zumeist von den entsendenden Organisationen finanziert, die dadurch die Gremienarbeit bzw. Arbeitsgemeinschaften finanzieren. Sie sind häufig demokratisch strukturiert, haben aber einen Vorstand bzw. eine Moderations- und Koordinationseinheit (die häufig als Geschäftsführung bezeichnet wird). Mit Hilfe von Gremien und Arbeitsgemeinschaften stimmen sich staatliche, gewerbliche und freigemeinnützige Akteure ab. Ihr Handeln koordiniert das örtliche Gemeinwesen. Sie agieren koordinativ und versuchen häufig das Nebeneinander von verschiedenen gewerblichen und freigemeinnützigen wie auch staatlichen Akteuren zu koordinieren. Gremien und Arbeitsgemeinschaften erzeugen Gemeinschaftlichkeit und Kooperation und somit eine Sphäre der gemeinschaftlichen und kooperativen Beziehungen, auch unter betriebswirtschaftlich und wettbewerblich ausgerichteten Akteuren. Gleichzeitig haben sie in ihrem Gemeinwesen – im Sinne von aushandlungsorientierter Governance – häufig eine regulierende und steuernde Funktion, sodass sie so etwas wie Staatlichkeit konstituieren. Das Agieren von Gremien und Arbeitsgemeinschaften kann als hybride (im Sinner Evers') bezeichnet werden.

5.2.2 Staatlichkeit im lokalen Handlungsfeld der Kultur

Träger von Kultur im kommunalen Raum sind kommunale Einrichtungen wie Theater und freigemeinnützige Kulturvereine. Daneben findet Kultur in Form von Kulturveranstaltungen statt, die freigemeinnützig wie auch gewerblich organisiert ist.

Das Handlungsfeld der Kultur wird in Deutschland deutlich von Theatern geprägt, die sich als Stadttheater vielfach in kommunaler Trägerschaft befinden. Koordinatives Engagement findet sich in ihnen auf allen Ebenen und reicht von der Intendanz bis hinein in jede einzelne Abteilung; von den großen aufführungsplanenden Meetings bis hin in die kleinste Einzelprobe im Zusatzchor oder im Theaterjugendklub[3]. Anders als vielleicht erwartet, handelt es sich gerade beim Theater um eine sehr von Hierarchien geprägte Einrichtung. Koordinatives Engagement ist insofern

---

[3]Dies ist notwendig, will bspw. die Arbeit des Chordirektors eines Opernhauses gelingen, den hauptamtlichen Opernchor, den Opernkinderchor, den Zusatz-Chor und eine – freigemeinnützig konstituierte – der Nachwuchsförderung dienende Singakademie zu leiten und von der ersten Registerprobe bis zur letzten Vorstellung zu koordinieren.

ein wichtiger Baustein für die Funktionsfähigkeit eines Theaters; allerdings nicht zur Durchsetzung von Verwaltungsanliegen und politischen Interessen. Stadttheater ordnen sich – satzungsgemäß – den freien Künsten zu, d. h., sie arbeiten auch als kommunale Einrichtung inhaltlich unabhängig von Stadtpolitik und Kommunalverwaltung. Ihr finanzielles Angewiesensein auf kommunale Zuschüsse zwingt zumindest die Theaterleitungen, sich in Politiker und Verwaltungsmitarbeiter einzufühlen und deren Wünsche – koordinativ – in die Theaterarbeit einfließen zu lassen. Ihre Unabhängigkeit steigt, wenn den Theatern hohe Einnahmen aus Kartenverkäufen und Zuwendungen der Bundesländer sowie anderer Dritter gelingen. Im Wesentlichen handeln Theater angebotsorientiert. Sie agieren auf einem Markt, auf dem sie ein Angebot platzieren und auf dem sie Einnahmen erzielen wollen. In ihrem Innenleben sind sie teilweise gemeinschaftlich ausgerichtet, bringen sie doch nicht nur ein Publikum und die Mitwirkenden, sondern auch Freunde, Unterstützer und Förderer zusammen; nach außen leisten Theater keinen aktiven Beitrag zu gesellschaftlicher Kooperation. Auch eine dezidierte Staatlichkeit ist ihnen – wie das zum Selbstverständnis der Einrichtungen Gesagte nahe legt – nicht eigen. Theater konstituieren mit ihrem Handeln weniger die Sphären von Politik und Verwaltung und somit so etwas wie Staatlichkeit. Ihr Handeln ist nur eingeschränkt zivilgesellschaftlich und konstitutiv für den dritten Sektor. Theater agieren vielmehr so wettbewerblich und betriebswirtschaftlich, dass davon gesprochen werden muss, dass sie marktkonstituierend sind und somit so etwas wie eine Sphäre der Wirtschaftlichkeit befördern.

Freigemeinnützige Kulturvereine sind – neben kommunalen Einrichtungen wie den Theatern – Träger vielfältiger kultureller Aktivitäten im kommunalen Raum. Freigemeinnützige Kulturvereine kommen nicht ohne koordinatives Engagement aus, wenn Veranstaltungen auf die Beine gestellt werden. Freigemeinnützige Kulturvereine und damit Kulturveranstaltungen werden nur zu einem sehr kleinen Teil durch Verwaltungsmitarbeiter oder Politiker geprägt, die sich solcherart im Gemeinwesen engagieren und öffentlich präsentieren. Kulturvereine sind satzungsgemäß selbstständige Organisationen, die kommunal wie auch durch Teilnehmerbeiträge und Drittmittel finanziert werden, wodurch – wie auch bei den Theatern – so etwas wie *Beteiligungen* dieser Mitfinanzierer zustande kommen und so etwas wie Mitspracherechte generiert werden. Kulturvereine offerieren in ihrem Gemeinwesen kulturelle Angebote. Um diese überhaupt anbieten zu können, müssen sie sich in einem von privaten Förderern wie auch kommunalen Zuwendungsgebern inszenierten Wettbewerb gegenüber anderen durchsetzen und darauf achten, dass sie durch unwirtschaftliches Verhalten ihre Betriebswirtschaftlichkeit nicht gefährden. Gleichzeitig bedürfen sie für die Durchführung der Angebote vielfältiger Kooperationen mit anderen Kulturvereinen. Und viele ihrer Angebote erzeugen Gemeinschaftlichkeit, stellen

Bezüge zu staatlichen Interessen her, ja ordnen sich in einen staatlichen Rahmen ein. Einige Kulturvereine übernehmen im Rahmen von Arbeitsgemeinschaften zur Veranstaltungserbringung auch koordinierende Aufgaben, z. T. im Auftrag des Hauptgeldgebers (der sein Geld nur über den koordinierenden Verein an die anderen verteilt), der wiederum hin und wieder auch die Kommune selbst ist. Insofern konstituieren freigemeinnützige Kulturvereine einen Markt, der den Märkten der Wirtschaft sehr ähnlich ist, ja – in wirtschaftswissenschaftlicher Sicht – als Wirtschaftsmarkt und somit Sektor bezeichnet werden kann. Aber sie konstituieren auch einen dritten Sektor. Staatlichkeit im Sinne von staatlicher Koordination bzw. Regulierung und Steuerung entsteht nur, wenn staatliche Geldgeber eine solche für die Aufgabenerfüllung einfordern[4].

Es lohnt, Kulturveranstaltungen auch unabhängig von Trägerschaften zu analysieren. Dies ist umso wichtiger, weil es neben kommunalen Einrichtungen wie Theatern und freigemeinnützigen Kulturvereinen in Kommunen auch viele gewerbliche Veranstalter von kulturellen Events gibt. Kulturveranstaltungen bedürfen des koordinativen Engagements, das allerdings kaum oder nur selten von Verwaltungsmitarbeitern bzw. Politikern ausgeübt wird, es sei denn, diese haben einen staatlichen Auftrag oder ein politisches Interesse, genau dieses zu tun. Kulturelle Events sind, je nach ihrem Selbstverständnis, das weniger in Satzungen als vielmehr in Veranstaltungskonzepten und Verträgen mit den Geldgebern fixiert ist, Veranstaltungen des Miteinanderhandelns und so der Wettbewerblichkeit und Betriebswirtschaftlichkeit, der Beziehungen im Sinne von Kooperation und Gemeinschaftlichkeit oder aber auch der Staatlichkeit. Zumeist geht es bei den Stadt-, Landes- und Bundesfesten um so etwas wie staatliche Identitätsentwicklung. Alle drei Handlungsmuster sind anzutreffen. Aus Sicht von Staatlichkeit sind also die Veranstaltungen interessant, die staatlicherseits organisiert werden bzw. an denen sich der Staat maßgeblich und damit koordinativ beteiligt, weil durch sie die Sphäre der Staatlichkeit konstituiert wird. Das Kulturveranstaltungen darüber hinaus einen Beitrag zur Sphäre der gemeinschaftlichen und kooperativen Beziehungen leisten, zumeist aber einfach nur Veranstaltungen des marktwirtschaftlichen Gebens und Nehmens und somit marktwirtschaftskonstitutiv sind, wird in der kommunalen Praxis vielfach deutlich.

---

[4]Dies bedeutet allerdings nicht, dass keine allgemeinen Koordinationen durchgeführt werden.

5.2.3 Staatlichkeit im lokalen Handlungsfeld der allgemeinen Erwachsenenbildung

Bildung – im Mittelpunkt soll hier die allgemeine Erwachsenenbildung stehen – ist das lokale Handlungsfeld von kommunalen Bildungseinrichtungen sowie freigemeinnützigen und gewerblichen Erwachsenenbildungsträgern. Bildung findet aber auch in Form von bestimmten einzelnen öffentlichen Bildungsveranstaltungen statt.

Als kommunale Bildungseinrichtungen zählen die Volkshochschulen. Ihr Bildungsangebot will ebenso koordiniert sein wie die bunte Mitarbeiterschaft aus hauptamtlichen Verwaltungsangestellten, Honorarkräften und Ehrenamtlichen. Deshalb ist das Innenleben von Volkshochschulen, insbesondere von seiner Leitung her, von sehr viel Koordination geprägt. Volkshochschulen sind satzungsgemäß der allgemeinen Erwachsenenbildung verpflichtet. Als kommunale Einrichtungen arbeiten sie in kommunalem Auftrag, orientieren sie sich an den Anliegen der Verwaltung und den Interessen der Kommunalpolitik. Das Grundverständnis der kommunalen Selbstverwaltung, zu deren Sphäre sie – meist als Verwaltungseinheiten oder aber Eigenbetriebe – gehören, sowie auch ihre kommunale Finanzierung legen das nahe, auch wenn die Finanzierung um Unterrichtsgebühren der Teilnehmer wie auch Landeszuschüssen zu den geleisteten Unterrichtsstunden ergänzt wird. Volkshochschulen verstehen ihre Bildungsveranstaltungen als Angebote, die an Bildungsnachfrager auf einem freien Markt gerichtet sind. Obwohl in ihren Bildungsveranstaltungen wie auch unter den Mitarbeitern Gemeinschaftlichkeit entsteht, und weil Volkshochschulen eher selten Kooperationen im Gemeinwesen fördern, handeln sie nicht allzu zivilgesellschaftlich. Sie haben keine Koordinationsfunktion im örtlichen Gemeinwesen, sie agieren nicht staatlich. Volkshochschulen konstituieren also stärker einen Markt und damit die Sphäre der Wirtschaftlichkeit, als dass sie allzu förderlich für den dritten Sektor wären. Auch Staatlichkeit wird von ihnen, sieht man einmal von der genau dies anstrebenden Sparte der politischen Bildung ab, nicht konstituiert.

Allgemeine Erwachsenenbildung findet bei einer Vielzahl an freigemeinnützigen und gewerblichen Erwachsenbildungsträgern statt. Diese Erwachsenenbildungsträger werden von ihren Vorständen bzw. Geschäftsführungen koordiniert. Die Koordination reicht von oben bis unten, von den Leitungen bis zur Organisation von Fachbereichen. Die nicht staatlichen Erwachsenenbildungsträger haben keinen Bildungsauftrag, sondern organisationsspezifische Ziele, die bei den gewerblichen – im Kern betriebswirtschaftlich ausgerichteten – Organisationen häufig frei an ein bestimmtes allgemeines Bildungsziel und ein bestimmtes Bildungskonzept angelehnt sind und bei den freigemeinnützigen, häufig weltanschaulich gebundenen Einrichtungen von Kirchen, Wohlfahrtsverbänden, Gewerkschaften, Parteien, kurz spezifischen gesellschaftlichen Milieus geprägt werden. Diese großen gesellschaftlichen Gruppierungen stellen für die freigemeinnützigen Erwachsenenbildungsträger eine Grundfinanzierung bereit, die sie durch Landesbildungsmittel und Teilnehmerbeiträge ergänzen können, die den gewerblichen Anbietern fehlt. Diese sind stärker auf zumeist bildungsziel- bzw. zielgruppenbezogene staatliche Programme angewiesen und müssen um deren Gelder in inszenierten Wettbewerben kämpfen, können jedoch weltanschaulich ungebundener agieren. Freigemeinnützige Bildungsanbieter handeln milieubildend[5] und in diesem Sinne zivilgesellschaftlich. Stärker als dieses fällt jedoch ihr wettbewerbliches Agieren auf dem Bildungsmarkt ins Gewicht, wobei freigemeinnützige als weltanschauliche Gegenüber angesehen werden, die ihre Angebote dementsprechend voneinander abgrenzen (ohne dabei die Kosten berücksichtigen zu müssen), während bei den gewerblichen der Wettbewerb vor allem über den Preis läuft. Hinzu kommt, dass die weltanschaulich gebundenen Träger über eine milieugebundene Grundklientel verfügen, welche von den gewerblichen ebenfalls auf einem freien Markt gewonnen werden muss. Während die einen Erwachsenenbildungsträger dementsprechend konstitutiv für den dritten Sektor sind, sind es die anderen in Bezug den Markt (und in diesem Sinne die Wirtschaft). Staatlichkeit wird von ihnen nur in den Fällen konstituiert, in denen sie Dachverbandsaufgaben übernehmen (was auf kommunaler Ebene allein jedoch nicht gelingt).

Neben der Volkshochschule und freigemeinnützigen wie auch gewerblichen Bildungsanbietern finden sich in den Kommunen immer wieder einzelne Bildungsveranstaltungen, zu denen ohne zunächst erkennbare Trägerschaft eingeladen wird. Solche frei angebotenen Veranstaltungen – die als Film- und Vortragsveranstaltungen sowie Workshops meist überdurchschnittlich beworben werden – bedürfen der Koordination. Hin und wieder werden sie auch von Verwaltungsmitarbeitern in spezifischen Verwaltungsanliegen wie auch Politikern mit parteilichen Interessen angeboten. Je nachdem, ob es sich bei diesen Veranstaltungen um einen gewerblichen Anbieter (dessen Film bspw. gezeigt, dessen Buch vorgestellt und dessen Thesen diskutiert werden) oder aber um eine große gesellschaftliche Gruppierung wie Kirchen, Gewerkschaften oder Parteien handelt, stehen mehr das Ziel der Einnahme oder der – unentgeltlichen – Werbung

---

[5]So fördert die Evangelische Erwachsenenbildung das evangelische und Arbeit und Leben das gewerkschaftliche Milieu.

für die Anliegen der gesellschaftlichen Gruppierung im Mittelpunkt. Unabhängig der Finanzierung ist das Ziel, mit der Bildungsveranstaltung eine bestimmte öffentliche Wirkung zu erzielen, zentral. Insbesondere Verwaltungs- und Partei-veranstaltungen haben genau diese Ziele. Einzelne Bildungsveranstaltungen können also betriebswirtschaftlicher Natur, gemeinschaftlicher Natur oder aber gesellschaftsgestaltender – regulierender! – Natur sein und sich insofern in einem Wettbewerb sehen, auf spezifische Kooperationen bezogen sein und das Anliegen haben, zu steuern (bzw. ‚das Steuer in die Hand zu bekommen‘). Einzelne Bildungsveranstaltungen sind auf einem Markt platziert, und konstituieren Markt-wirtschaftlichkeit wie auch die Sphäre der gemeinschaftlichen und kooperativen Beziehungen. Die Sphäre der Staatlichkeit wird von ihnen konstituiert, sind poli-tische Parteien Veranstalter und haben gar als zentrale Hintergrundanliegen das Erringen von politischer Macht. Staatlichkeit wird auch konstituiert, werden über solche Veranstaltungen zentrale Themen der Kommunalverwaltung – auch unabhängig von Stadträten – öffentlich gemacht.

5.2.4 Staatlichkeit in der Ordnung und Sicherheit

Die Sicherheit in der Kommune wird gewährt von der Polizei, kommunalen Ordnungsbehörden und privat-gewerblichen Sicherheitsdiensten. Freigemein-nützige Akteure[6] gibt es in diesem Handlungsfeld kaum.

Das zentrale Sicherheitsorgan auf kommunaler Ebene ist die Polizei, die allerdings vom Bundesland geführt wird. Das Innenleben der Polizei bedarf gerade aufgrund ihrer öffentlichen Kontrolle ein Höchstmaß an koordinativem Engagement. Vielleicht lässt es sich so ausdrücken: Die Polizei wacht über die öffentliche Ordnung, zwecks Erbringung dieser Wacht wachen in der Polizei Poli-zisten über Polizisten. Das hat damit zu tun, dass die – rechtsgebundene staat-liche Vollzugsbehörde – im Inneren sehr hierarchisch aufgebaut ist (wie auch die polizeilichen Interaktionen – die Intervention – mit Bürgern asymmetrisch und hierarchisch ist). Dies ist in der Verfassung der Polizei so festgelegt, zeigt sich aber auch in ihrer täglichen Arbeit. Finanziell sind der Polizeiarbeit – zumindest theoretisch – keine Grenzen gesetzt.

Das Handeln der Polizei kann somit als hoheitliches Handeln zur Durchsetzung des Rechts angesehen werden, als asymmetrische Intervention. Das staatliche

---

[6]...wie sie Wurtzbacher (2008) im Teilbereich der Prävention ausmacht.

Agieren von Polizisten in der Beziehung zu Bürgern kann, das muss an dieser Stelle deutlich gesagt werden, also *nicht* als koordinatives staatliches Engagement im Sinne von Zivilgesellschaftlichkeit angesehen werden. Koordinativ im hier verstandenen Sinne ist die Polizei nur tätig, wenn sie sich behördlich in polizeiübergreifenden Gremien einbringt. Hin und wieder übernehmen Polizisten auch Koordinationsaufgaben in diesen Gremien (wie bspw. einem lokalen Präventionsrat)[7]. Die Polizei konstituiert Staatlichkeit und einen starken und intervenierenden Staat[8]. Die Stärkung freigemeinnütziger Organisationen und gewerblicher Unternehmen ist nicht Auftrag und Anliegen der Polizei[9]. An einem rechtlich korrekten handelnden agilen dritten Sektor und einer funktionierenden Wirtschaft interessiert, konstituiert die Polizei diese Sphären aber nur indirekt.

Die Kerneinheit der kommunalen Ordnungsbehörden ist zumeist das Ordnungsamt einer Stadt. Innerhalb von kommunalen Ordnungsämtern sind Koordinationstätigkeiten unumgänglich. (Im Prinzip kann darüber hinaus auch gelten: Mithilfe der Ordnungsämter setzen Verwaltungsleitungen wie auch Politiker im Raum der Kommune öffentliches Recht durch, auch wenn sie selbst nicht innerhalb dieser Ämter agieren. Ordnungsämter werden von den Kommunen finanziert, ihre staatliche Interventionsaufgabe[10] ist von vielfältigen Verfassungs-, Bundes-, Landesvorgaben und kommunalen Verordnungen bestimmt. Die Abstimmung mit und die Koordination von anderen Sicherheitskräften gehört nur ab und an – situationsbezogen – zu diesen Aufgaben. Das – staatliche – Handeln von Ordnungsämtern in der Beziehung zu Bürgern, freigemeinnützigen und gewerblichen Organisationen ist als Intervention und weniger als Koordination zu charakterisieren. Ordnungsämter tragen durch ihre Interventionstätigkeit dazu bei, kommunale Staatlichkeit zu konstituieren. Kommunale Ordnungsbehörden greifen dabei in die Freiheit der Märkte, in die Beziehungsmuster der Menschen und ihrer Zusammenschlüsse ein und konstituieren Wirtschaft und dritten Sektor nur in dem Sinne, als sie mögliche Fehlentwicklungen – aus Staatssicht – zu verhindern suchen.

In jeder Kommune gibt es eine große Zahl privat-gewerblicher Sicherheitsdienste. Ihre Arbeit bedarf in der Außenperspektive eines guten Verhandlungsgeschicks und im Inneren guter Koordination. Das koordinative Engagement geht

---

[7] …wie es ihn in vielen Kommunen gibt.

[8] …der so als archetypischer Widerpart dessen gelten muss, was sich zivilgesellschaftlich geprägten Autoren als Staat wünschen.

[9] …können solche Akteure doch auch aufgelöst werden, gefährden sie die öffentliche Sicherheit.

[10] …die nur eine geringe präventive Ergänzung findet.

in der Regel von den – bezahlten – Geschäftsführern aus[11]. Gewerbliche Sicherheitsdienste werden von privaten, wirtschaftlich ausgerichteten, freigemeinnützigen wie auch staatlichen Auftraggebern engagiert und für die Leistung von Absicherung und Schutz entgolten. Ihrem Selbstverständnis nach Dienstleistungsunternehmen, orientiert sich ihre Arbeit an den Geboten der öffentlichen Ordnung und den Interessen der Auftraggeber (zu denen eben auch staatliche gehören). Das präventive wie auch intervenierende Handeln von privat-gewerblichen Sicherheitsdiensten ist in seiner Bezüglichkeit zur öffentlichen Ordnung quasi-staatlich, allerdings nicht koordinierend zu nennen. Im Verhältnis zu den Auftraggebern ist es eine – diesen Interessen untergeordnete – Dienstleistung, die nur hin und wieder in orts-, personen- und veranstaltungsbezogene sogenannte Sicherheitspartnerschaften eingebunden ist und in diesen eine koordinative Rolle erhält. Privat-gewerbliche Sicherheitsdienste konstituieren – weil sie betriebswirtschaftlich ausgerichtet sind und im Wettbewerb um Aufträge stehen – Märkte und in diesem Sinne die Marktwirtschaft mit. Eine Beziehungssphäre bzw. ein dritter Sektor wird von ihnen nicht konstituiert. Als rechtsnormbezogene präventive wie auch intervenierende Organisationen befördern sie allerdings die öffentliche Ordnung und somit auch Staatlichkeit.

5.3 Aspekte von Staatlichkeit in lokalen Organisationen

Unter dem Gesichtspunkt einer Suche nach Staatlichkeit muss für die untersuchten Organisationen, Einrichtungen, Gremien und Veranstaltungen aus organisationssoziologischer Sicht gesagt werden:

1. Koordinatives Engagement, das im Zentrum von staatlichem Handeln steht, ja als das zentrale Charakteristikum modernen staatlichen Handelns gelten kann, sowie staatliche Organisationsformen, staatlich-koordinatives Handeln und eine Sphäre der Staatlichkeit repräsentieren die untersuchten kommunalen Strukturen kaum.
2. Von koordinativen Organisationen, Einrichtungen, Gremien und Veranstaltungen kann im Prinzip nicht gesprochen werden. Zwar sind unter den untersuchten Strukturen kommunale Einrichtungen, allerdings koordinieren diese gerade nicht. Die staatlichen und viele der freigemeinnützigen sind

---

[11]…und nicht von inkorporierten staatlichen Personen.

so sehr mit ihrer an ihre Angebote (im Sinne von Produkten) gekoppelte Finanzierungssuche befasst, dass ihnen ein solches Handeln ferne liegt. Der Markt fordert seine Tribute.

3. Auch wenn viele der untersuchten Strukturen über ein Set von Praktiken verfügen. Da der Kern des Handelns wettbewerblich wie auch betriebs-wirtschaftlich ist, wird wenig gemeinschaftlich und kooperativ und sehr wenig regulierend und steuernd gehandelt. Die untersuchten Strukturen sind weit-gehend entstaatlicht.

4. Der Staat ist der Bereich, der nach dem Sektor der gemeinschaftlichen und kooperativen Beziehungen wie auch nach der Marktwirtschaft von den unter-suchten Strukturen konstituiert wird.

5. Gewerbliche Organisationen sind – natürlich – die Reinformen des wirtschaft-lichen und an Märkten ausgerichteten und Märkte und die Marktwirtschaft konstituierenden Organisationen. Bei ihnen sind die Praktiken, die Märkte erfordern, am stärksten entwickelt und ausgeprägt. Sie sind durch die fehlende Grundfinanzierung und die geringen Möglichkeiten, private und öffentliche Zuwendungen zu erhalten, darauf angewiesen, ihre Angebote wie Produkte zu verkaufen, betriebswirtschaftlich zu handeln und wettbewerbsfähig zu sein. Gewerbliche Organisationen bedürfen der Koordination. Verwaltungsmit-arbeiter und Politiker agieren nicht in gewerblichen Organisationen, jedenfalls nicht im Auftrag von Verwaltung und Politik. Die Arbeit von gewerblichen Organisationen orientiert sich zuvorderst an den Bedürfnissen ihrer Kunden.

6. Freigemeinnützige Organisationen stehen den gewerblichen in Sachen Markt-wirtschaftlichkeit nicht nach. Vielmehr als diese verfolgen sie aber auch das Ziel, Gemeinschaftlichkeit zu ermöglichen und Kooperation zu leben. Ste-hen bspw. Stadtfeste an oder wird politische Bildung öffentlich gefordert und gefördert, tragen freigemeinnützige Organisationen ihren Teil zur Konstitu-tion von Staatlichkeit bei. Mischfinanziert über ihre Angebote bzw. Produkte, öffentliche und private Zuwendungen (die gewerbliche so nicht erhalten kön-nen) sowie z. T. Eigenmittel, können freigemeinnützige Organisationen hyb-ride zwischen den Interessen ihres Milieus und ihrer Mitglieder, ihrer Klientel bzw. ihrer Zielgruppen, ihrer Kunden und denen der öffentlichen und privaten Zuwender agieren. Koordinatives Engagement ist wichtig, sollen freigemein-nützige Organisationen gut geführt werden. Stehen öffentliche Events und politische Veranstaltungen an, die von den freigemeinnützigen Organisationen mitgestaltet werden, werden in ihnen Verwaltungsmitarbeiter und Politiker aktiv. Die multiple Einbettung der freigemeinnützigen Organisationen löst sich zugunsten einer immer stärkeren Orientierung an Geldgebern und Kunden auf.

Was früher ihre Mitglieder an Einfluss ausüben konnten, können es heute die Finanziers.

7. Besonders von Einrichtungen der Kommunen – als Beispiel können hierfür die Stadttheater und die städtischen Volkshochschulen gelten – wird erwartet, dass sie Koordinations-, Steuerungs- und Regulationsaufgaben in ihrem Gemeinwesen wahrnehmen. Tatsächlich tun sie genau das nur sehr selten. Ihr Beitrag zur Konstitution einer Sphäre der gemeinschaftlichen und kooperativen Beziehungen ist eher gering. Sie sind markt- und damit marktwirtschaftskonstituierende Akteure mit Monopolcharakter auf Märkten, auf denen auch freigemeinnützige und gewerbliche Akteure unterwegs sind. Die Einrichtungen der Kommune agieren wettbewerblich und betriebswirtschaftlich, aber natürlich auch gemeinschaftlich und kooperativ. Sie werden relativ solide grundfinanziert. Koordinatives Engagement bestimmt ihr Innenleben. Während die Stadttheater trotz ihrer kommunalen Finanzierung auf ihre prinzipielle Unabhängigkeit von Verwaltung und Politik pochen, stellen sich die Volkshochschulen auch bestimmten staatlichen Anliegen, die z. B. über Aufsichtsgremien bzw. Beiräte und Fördervereine vermittelt werden.

Ausblick: Ansätze einer theoretischen Konzeption zivilgesellschaftlicher Staatlichkeit

6

6.1 Zentrale Elemente

Zivilgesellschaftliche Fragen sind vor allem Fragen zur Art des individuellen Engagements von Menschen, zur sozialen Gerechtigkeit und zur Verteilung von Wohlfahrtsleistungen sowie dem gesellschaftlichen Wohlfahrtsmix, zur demokratischen Erneuerung der Gesellschaft, zu Alternativen zur Marktwirtschaft und zur Konstitution eines spezifischen Sektors neben Markt und Staat. Mit einer nach Staatlichkeit fragenden zivilgesellschaftlichen und zum Staat und staatlichen Institutionen hin denkenden Perspektive empfiehlt sich, nach möglichen Alternativen zu der den Staat so häufig negativ darstellenden sektoralen Gesellschaftsdeutung zu fragen, die positiven Aspekte von Marktwirtschaftlichkeit anzuerkennen, das zivilgesellschaftliche Anliegen der demokratischen Erneuerung der Gesellschaft ebenso wie die von ihr mitbearbeitete soziale Frage ernst zu nehmen und darüber hinaus vielleicht auch nach der Spezifik eines homo politicus im Sinne eines individuellen Engagements für Staatlichkeit Ausschau zu halten.

1. Es ist wichtig, sich vom sektoralen Denken, das in den zivilgesellschaftlichen Debatten eine zentrale Rolle spielt, zu lösen. Diese vielfach von Evers und fundiert begründet nur von ihm vorgetragene These (so nachzulesen bei Evers 2011) ist nur zu unterstreichen, empfiehlt sich das sektorale Denken durch seine Definitions-, Abgrenzungs- und daraus folgenden Messbarkeitslogik zwar für die empirische Forschung, wird aber weder der gesellschaftlichen Wirklichkeit in den 1990er und 2000er Jahren noch den wissenschaftlichen Überlegungen zur Zivilgesellschaft, einigen sehr wohl kooperative und gemeinschaftliche Elemente integrierenden neueren Wirtschaftswissenschaften sowie den mittlerweile z. T. ebenso orientierten Verwaltungs- und Staatswissenschaften gerecht.

© Springer Fachmedien Wiesbaden GmbH, ein Teil von Springer Nature 2019
P.-G. Albrecht, *Staatlichkeit aus zivilgesellschaftlicher Perspektive*,
https://doi.org/10.1007/978-3-658-24505-4_6

Für eine Theorie zivilgesellschaftlicher Staatlichkeit empfiehlt es sich, von verschiedenen Sphären zu sprechen, die über jeweilige eigene Prinzipien, Handlungslogiken und Praktiken wie auch entsprechende (sozial konstruierte Selbst-) Begrenzungen verfügen und die – werden sie als Wirklichkeitsformen angesehen – in allen gesellschaftlichen Räumen von der Verhandlung von Nationalstaaten oder Weltkonzernen bis hin zu individuellen Begegnungen zwischen zwei Menschen anzutreffen sind und diese prägen.

2. Wichtig ist ebenso, die herrschende Marktwirtschaft – ein in den zivilgesellschaftlichen Debatten häufig mitschwingender Duktus – nicht in Gänze abzulehnen, sondern in ihren positiven Aspekten anzunehmen. Das bedeutet, die bestimmenden Prinzipien, Handlungslogiken und Praktiken der 1990er und 2000er Jahre in normativer und empirischer Hinsicht aufzunehmen, abzuklopfen und unter Verbesserung ihrer unzivilen Seiten in die gesellschaftliche Praxis wie auch das zivilgesellschaftliche wissenschaftliche Denken einzubeziehen. Dass gerade das Letztere sich nicht auf die klassischen Produktionswirtschaft (mit ihrer landwirtschaftlichen, ihrer industriellen, ihrer dienstleistungswirtschaftlichen und ihrer informationstechnologischen Ausprägung), sondern stärker auf die Sphäre der gemeinschaftlichen und kooperativen Beziehungen bezieht, ist zu beachten.

3. Die Bemühung um die demokratische Erneuerung bzw. Weiterentwicklung der Gesellschaft muss aufgenommen werden. Allerdings ist aus einer nach Staatlichkeit fragenden zivilgesellschaftlichen Perspektive neben der Frage nach Beteiligung im Allgemeinen auch die Frage der Umsetzung von Beteiligung durch institutionen-, rechts- und mitarbeitergebundene Verwaltungsmitarbeiter sowie parteigebundene Politiker zu stellen, die nicht nur den drittsektoralen Aspekten von Kooperation und Vergemeinschaftung gerecht wird, sondern auch der Konstitution des Eigenen dient: der Konstitution von Staatlichkeit durch – staatliche – Beteiligung. Diese Konstituierungsfrage ist nicht nur eine theoretisch bis jetzt unbearbeitete Frage, sie hat auch hohe Praxisrelevanz: Während Verwaltungen sich aufgrund ihrer Institutionalisierung, der rechtlichen Verankerung ihres Verantwortungsbereichs und ihrer Möglichkeit, Mitarbeiter (gut) zu bezahlen, wenig Nachwuchssorgen vermelden, sind die politischen Parteien umso stärker von Nachwuchsmangel betroffen[1]. Neben der Beteiligungsunwilligkeit haben es heutige ‚Beteiliger‘ auch mit

---

[1]Der Mitwirkendenschwund scheint sich dort häufig gerade dann zu verstärken, wenn die Möglichkeit, die Gesellschaft regierend zu gestalten, errungen ist und wenn politische Erfolge vermeldet werden können.

Beteiligungsinstrumentalisierungen durch die Wirtschaft zu tun, als dass sie Engagierte für den dritten Sektor der Kooperation und Vergemeinschaftung oder gar den staatlichen Sektor der Regulierung und Steuerung finden.

4. Die Bearbeitung der sozialen Frage als eine zentrale gesellschaftliche Frage ist ebenfalls sehr ernst- und aufzunehmen. Dies ist insbesondere im Blick auf eine zivilgesellschaftliche Staatlichkeit wichtig, weil gerade in Deutschland der Staat einen wichtigen eigenen Leistungsbeitrag zur Wohlfahrtsproduktion leistet und außerdem mithilfe der mit ihm korporatistisch verknüpften Wohlfahrtsverbände die soziale Frage zu bearbeiten sucht[2]. Viel wichtiger als diese empirischen Gegebenheiten ist – im Blick auf Staatlichkeit – allerdings der Umstand, dass mit dem Konzept des Welfare Mix ein exzellent ausgearbeitetes theoretisches Konzept vorliegt[3], welches sowohl die Wirklichkeit der gesellschaftlichen Bearbeitung der sozialen Frage sehr treffend beschreibt, als auch normative Ansprüche im äußerst umstrittenen gesellschaftlichen Konfliktfeld der Verantwortlichkeit in sozialen Belangen gut zu differenzieren wie auch zu definieren hilft[4]. Die hier vorgelegte Untersuchung mit ihren empirischen Befunden aus dem – kommunal bedeutsamen – Feld der Kultur, in dem es solche gesellschaftlichen Riesen wie die Wohlfahrtsverbände sowie so deutliche gesellschaftliche Cleavages wie im Bereich der sozialen Frage – nicht gibt, legt nahe danach zu fragen, ob es nicht so etwas wie ein dem Wohlfahrtspluralismus und Wohlfahrtmix ähnelndes Konzept des kulturellen Pluralismus bzw. Cultural Mix geben könnte. Dies ist in politisch-praktischer Hinsicht sehr bedeutsam, weil damit die in den Gerechtigkeitsdiskursen zumeist sehr dürftig behandelten (weil nicht direkt treffenden) Fragen von kultureller Integration (z. B. von Migranten, auch in religiöser Hinsicht) aufnehmen kann, ohne die Verantwortlichkeiten dafür dichotom an Staat bzw. Markt zu delegieren oder diffus dem dritten Sektor der Kooperation und Vergemeinschaftung zuzuschieben. Ein Konzept des Cultural Mix würde

---

[2]Gerade die Wohlfahrtsverbände gelten als große Akteure im dritten Sektor und sind als solche Projektionsfläche bürgerschaftlicher und zivilgesellschaftlicher Ansprüche sowie ob ihrer Staatsnähe und ihrer Staatsfixiertheit wie auch ihrer deutlich erkennbaren Verbetriebswirtschaftlichung und ihrer Wettbewerblichkeit Zielscheibe zivilgesellschaftlicher Kritik.

[3]Ein Konzept im Übrigen, dessen Entstehung der kritischen Auseinandersetzung mit dem Konzept des Wohlfahrtsregimes und seiner sektoralen Staat-Markt-Dichotomie geschuldet ist und diese aufzubrechen sucht.

[4]...ein Umstand, der wiederum nicht nur wissenschaftlich, sondern auch praktisch-politisch hoch relevant ist.

wahrscheinlich Diversität als Gestaltungsprinzip in den Mittelpunkt nehmen und dadurch möglicherweise noch einmal deutlich auf Grundwertbezug der persönlichen Freiheit verweisen, wie es im Konzept des Wohlfahrtspluralismus bereits zu erkennen, in nicht allzu tief schürfenden Debatten über die soziale Frage bzw. soziale Gerechtigkeit aber immer noch nicht angekommen zu sein scheint.

5. Die zivilgesellschaftliche Frage nach der Art des individuellen Engagements von Menschen (jenseits von Erwerbstätigkeit) ist aufzunehmen und in der Frage nach der Spezifik des homo politicus im Sinne eines nicht nur anteilnehmenden und aktiv partizipierenden, sondern auch staatskonstituierenden Menschen und seines Handelns zu vertiefen. Der im fünften Kapitel dieser Untersuchung erarbeitete Vorschlag, dies mit dem Begriff vom koordinativ engagierten Menschen zu tun, empfiehlt sich, wird damit nicht auf das wirtschaftswissenschaftliche Artefakt des *tätigen* Menschen (im Sinne des Unternehmers und guten Mitarbeiters) zurückgegriffen, sondern mit der Anlehnung an den Begriff des *engagierten* Menschen all die offen gesagten und unbewussten Aspekte des Idealtyps vom (bürgerschaftlich) engagierten Menschen aufgegriffen, der in den zivilgesellschaftlichen Debatten eingeführt und von der Gesellschaft – bei aller Ambivalenz in Bezug auf wenig, kein oder aber auch alternatives Engagement – gut aufgenommen wurde. Ein Bild vom koordinativ engagierten Menschen, der sich – bei aller Freiheit der Wahl und bei aller Vielfalt der Möglichkeiten, sich in die Gesellschaft einzubringen – auch staatskonstituierend engagieren kann, empfiehlt sich zum Beispiel für das lokale Handlungsfeld der Bildung. Eine – möglicherweise zivilgesellschaftlich zu nennende – Bildung kann so über die Vermittlung von Partizipationskompetenzen hinaus auch Koordinationskompetenzen vermitteln, ohne gleich bei wirtschaftswissenschaftlich-manageriellen oder aber verwaltungswissenschaftlich-hoheitlichen Bildungsansprüchen und -konzepten Anleihen nehmen zu müssen.

6.2 Dimensionen, Details und normative Bezüge

Viele Autoren der zivilgesellschaftlichen Debatten favorisieren in den 1990er und 2000er Jahren einen schlanken wie auch ermöglichenden Staat, verursacht der vorhandene Staat doch bei ihnen Bauchschmerzen und Angst – und ist deshalb zu meiden. Im Blick auf Staatlichkeit geht es den Autoren um die Geltung der Grundwerte Gerechtigkeit und Freiheit. Ein Konzept zivilgesellschaftlicher

Staatlichkeit kann diese Aspekte allerdings so nicht stehen lassen bzw. so nicht allein stehen lassen:

1. Im Blick auf eine zivilgesellschaftliche Staatlichkeit ist das Reden vom schlanken Staat zu einfach und das Konzept des ermöglichenden Staates zu allgemein, zu vielschichtig und damit zu unkonkret gehalten. Notwendig ist ja ein Staat, der beteiligt und der reguliert und steuert, sodass die nur konkret gut zu beantwortende Frage, ob und wen er wie in der Sphäre der Kooperation und Vergemeinschaftung und ob und wen er wie in der Sphäre der Wettbewerblichkeit und Betriebswirtschaftlichkeit beteiligten, regulieren und steuern kann, zivilgesellschaftlich weniger pauschal zugunsten des dritten Sektors und zu wenig konkret in Bezug auf die Wirtschaft beantwortet wird. Ein Konzept zivilgesellschaftlicher Staatlichkeit versucht ein – zunächst vages – Leitbild eines koordinativen Staates einzuführen.

2. Ein Konzept zivilgesellschaftlicher Staatlichkeit kann mit der häufig zivilgesellschaftlich transportierten diffusen Abneigung gegen den Staat, der Meidung allen Staatlichens bzw. der Entfaltung von Bedrohungsszenarien in Bezug auf Staatlichkeit nicht leben. Als notwendig wird vielmehr ein konkreter, kritischer und konstruktiv zu wendender Umgang mit dem Staat angesehen, der das gesellschaftlich notwendige Agieren von Amts wegen und aufgrund eines politischen Auftrags weniger meidet oder abwertet, als es bis dato geschieht. Neben die durch die von den zivilgesellschaftlichen Debatten allzu stark betonten bürgerlichen Abwehrrechte gegenüber dem Staat und die damit einhergehende Betonung der Abwehrmöglichkeiten – Debatten, die auch positiv genutzt wurden, um soziale Gerechtigkeits-, Gleichberechtigungsprinzipien sowie Ansprüche der Gleichwertigkeit der Lebensverhältnisse an den Staat zu schärfen und die entsprechenden Möglichkeiten zu stärken – müssen Möglichkeiten von Verwaltung und Politik treten, die zwar faktisch gegeben sind, aber von den dort Aktiven dennoch häufig als Handlungsunfähigkeit wie auch Ausgeliefertsein erlebt werden. Gesucht ist zusätzlich zur zivilgesellschaftlichen Figur des autonomen und selbstständigen Menschen eine Figur des koordinativen Verwaltungsmitarbeiters und Politikers, die es nur geben kann, werden die dafür notwendigen Kompetenzen gefördert.

3. Keinesfalls bedeutet das Gesagte, deutsche soziale Gerechtigkeits- und Gleichberechtigungsprinzipien sowie Ansprüche an eine Gleichwertigkeit der Lebensverhältnisse aufzuweichen, um einen Sozialstaatsabbau betreiben zu können (der im Übrigen nicht nur zu einem Abbau der Leistungen, sondern auch der Leistenden und damit von Mitarbeitern in Ämtern

und Politikbereichen und so zu einem Verschwinden eines Regulierungs- und Steuerungsbereichs führt).

4. Das Gesagte bedeutet ebenfalls nicht, die in Deutschland gegebenen Gewaltenteilungen und die Kontrollierbarkeit des Staates durch die Bürger zugunsten des Geforderten einzuschränken. Im Gegenteil: Es gilt, die von den zivilgesellschaftlichen Debatten verdeutlichten Freiheitsrechte sogar noch klarer auszubuchstabieren, als dies in den Debatten bisher geschieht. Gerade im Blick auf zivilgesellschaftliche Staatlichkeit wird deutlich, was Autonomie bedeutet – und wie dementsprechend Politik gemacht und eine Verwaltung organisiert werden muss (ohne sie zur Unsichtbarkeit hin zu verschlanken). Im Blick auf einen dem Prinzip der gesetzlichen Gleichheit verpflichteten Staat ist es notwendig, Konzepte dafür zu haben, wie mit Vielfalt umgegangen werden soll (um nicht stetig neue und andere Ansprüche – wie bspw. die von Zuwanderern – als zu wenig allgemein bzw. zu wenig mehrheitsfähig abzuwerten und abzulehnen).

5. Die in den zivilgesellschaftlichen Debatten häufig vertretene Logik des Gebenkönnens einerseits und des Nehmenmüssens andererseits und ihre Leitfiguren des Unternehmers- und Mäzens einerseits sowie des Benachteiligten andererseits sind – endlich – um die längst eingeführte Leitfigur des Bürgers zu erweitern (der auch eine deutlich staatsorientierte Seite hat, die er durch das – sogenannte – bürgerschaftliche, im fünften Kapitel koordinativ genannte, Engagement verwirklicht). Es bedarf, wie bereits ausgeführt, auch der – natürlich mit geringerer Einbettung, Wirkungskraft und somit Reichweite ausgestatteten – Leitfigur des guten Politikers wie auch des gerechten Amtsträgers, soll Staatlichkeit nicht in weitere Abwärtsstrudel geraten.

6.3   Empfehlungen zur weiteren Konzeptentwicklung

Die Auseinandersetzung um die Zivilgesellschaft (und so auch die Auseinandersetzung um zivilgesellschaftliche Staatlichkeit) wird von drei Perspektiven bestimmt. In den Debatten stehen sich häufig kritisch-emanzipatorische, institutionen-affine und wettbewerbswirtschaftlich-freiheitliche Positionen gegenüber. Diese drei Perspektiven werden hier – noch einmal – nachgezeichnet und mit Empfehlungen angereichert.

6.3.1 Empfehlungen für die drei „klassischen" Zugänge zu zivilgesellschaftlicher Staatlichkeit

A) Das vom Standpunkt einer kritisch-emanzipatorischen Perspektive her argumentierende Diskursfeld, das aus der Bottom-up-Sicht von Benachteiligten, gesellschaftlich Untenstehenden, Machtlosen und Nichtherrschenden her stete Hierarchie-, Macht- und Herrschaftskritik vorträgt, empfiehlt Folgendes als Beitrag für eine Theorie und Praxis zivilgesellschaftlichen Staatlichkeit – so, wie es auch Einiges am eigenen Standpunkt weiter zu entwickeln hat:

1. Sphären durchdringen uns. In jeder konstituieren sich Ungleichheitsverhältnisse und damit Herrschaft. Das fordert die kritisch-emanzipatorische Perspektive heraus, neben die Marktwirtschaftskritik und die Kritik *des* gesellschaftlichen Herrschaftsorganes Staat auch eine überzeugende Kritik der Sphäre der Koordination und Vergemeinschaftung zu stellen, vor allem aber die bisher die zivilgesellschaftlichen Debatten prägende allgemeine sektorale Kritik wie auch die sich anscheinend aufdrängende Kritik am Wohlfahrtsverbandswesen zu ergänzen um weitere kritisch-fundierte Beiträge.

2. Es gibt Alternativen zur herrschenden Marktwirtschaft. Allerdings haben die die Marktwirtschaft konstituierenden Praxisformen wie auch theoretischen Modelle auch ihre positiven Seiten, kann es gelingen wie auch – in bottom up denkenden Reformmodellen (die nicht Alternativmodelle genannt werden sollten) – sich zeigen, dass sich nicht so etwas wie das Recht des Stärkeren stetig durchsetzt, insbesondere wenn der Staat sich gerade *nicht* auf die Position des schlanken Staats zurückzieht.

3. Eine demokratische Erneuerung der Gesellschaft hat die Benachteiligten, gesellschaftlich Untenstehenden, Machtlosen und Nichtherrschenden besonders im Blick zu haben. Die Vertreter einer kritisch-emanzipatorischen Perspektive haben, so wie sie es tun, weiterhin besonders danach zu fragen, ob die Benannten im Blick sind und wie sie eigentlich in den Blick genommen werden – eine Aufgabe aller gesellschaftlichen Akteure, Institutionen und Sphären, in besonderer Verantwortung aber eine Aufgabe des demokratischen Staates.

4. Für die kritische-emanzipatorische Perspektive birgt das wohl im Kern am stärksten mit einer zivilgesellschaftlich-koordinativen Perspektive verwobene Konzept des Wohlfahrtspluralismus und des Wohlfahrtsmixes die Gefahr, dass Benachteiligungs-, Unterdrückungs- und Ausgrenzungskonstellationen nicht gesehen und dadurch nicht gerecht, gleichbehandelnd

und gleichwertig bearbeitet werden, weil es sich hierarchieblind gibt. Gleiches trifft für einen Cultural Mix zu, in dem sich ebenfalls Mehrheiten, gut positionierte und mächtige Gruppierungen durchsetzen können. Eine gute Beantwortung sozialer und kultureller gesellschaftlicher Fragen bedarf einer machtvollen darauf Einfluss nehmenden Instanz wie des Staates, dessen Rückzug keinesfalls zugestimmt werden kann.

5. Die weitere Ausarbeitung des Handlungskonzept der Koordination, dessen Archetyp wohl im – koordinierten – Gremien liegt, bedarf der Mitwirkung der Vertreter der kritisch-emanzipatorischen Perspektive, in der sie insbesondere unterstützende und assistierende innerhalb der Tätigkeit der Koordination herausarbeiten, durch die Integration bzw. Inklusion und Partizipation und Einflussnahme von Benachteiligten erst ermöglicht wird (welches eine konkrete staatliche Teilaufgabe innerhalb von Koordination sein kann).

6. Im Blick auf zivilgesellschaftliche Staatlichkeit macht es Sinn, das Rahmenkonzept des ermöglichenden Staates zu favorisieren, das weitreichender ist als von einem schlanken Staat auszugehen. Dieses Rahmenkonzept jedoch so auszubuchstabieren, dass damit nicht nur ein beteiligender Staat gemeint wird, der einerseits Bürger und insbesondere Benachteiligte nicht instrumentalisiert und zum anderen die Wirtschaft mit einzubinden in der Lage ist, sollte Anliegen der Vertreter einer kritischen-emanzipatorischen sein.

7. Die Rechte und die Möglichkeiten von staatlichen Verwaltungsmitarbeitern bzw. Politikern (die sich in der Realität von Staatlichkeit häufig ohnmächtig bzw. ausgeliefert erleben), sind Thema eines Konzeptes zivilgesellschaftlicher Staatlichkeit. Gerade Vertreter einer kritisch-emanzipativen Perspektive (wie bspw. Dahme und Wohlfahrt) können für einen entsprechenden Beitrag zur Verbesserung der Qualität auf intensive Befassungen mit den Mitarbeitern bspw. in Wohlfahrtsverbänden zurückgreifen, müssen jedoch nun auch Verwaltungsmitarbeiter und Politiker in den Blick nehmen.

8. Eine zivilgesellschaftliche Staatlichkeit setzt sich deutlich für den Erhalt von Gerechtigkeitsnormen ein, ja wünscht, dass diese auch auf kommunaler Ebene weiterhin mit Leben erfüllt werden können. Weil der Erhalt von Gerechtigkeitsnormen die zentrale selbstgewählte Bezugsgröße der kritisch-emanzipative Perspektive ist, kann sie diesbezüglich im Konzert der Meinungen sehr deutlich werden. Sich darüber hinaus etwas intensiver mit Freiheitsnormen zu befassen, ohne diese als falsche Normen abzutun, weil sie so häufig in Form eines gegnerischen Kampfwerkzeugs auftreten, würde ihr gut tun.

9. Die Ausbuchstabierung von Freiheitsrechten wie auch der dahinter liegenden Grundnorm im Blick auf ihre Konsequenzen für Autonomie und Vielfalt

(ohne etwa dem Staat das Nichtstun zu empfehlen) ist zwar eine zuvorderst freiheitliche Aufgabe – jedenfalls im Selbstverständnis der Vertreter u.g. Perspektive. Trotzdem hat – bei aller Schwierigkeit, den eigenen Grundstandpunkt abzugrenzen – auch die kritisch-emanzipative Perspektive einen Beitrag zu einer Gewährung derselben zu leisten, einen Beitrag, der noch aussteht; und der zunächst wohl auf die grundsätzliche Negierung wie auch Ablehnung von allzu viel Freiheitlichkeit (insbesondere der Freiheit der Starken) verzichten muss, will er gelingen. Die – häufig auch negativ gesehene – Rolle des Staates in freiheitlicher Perspektive zu vermessen, würde das analytische und normative Instrumentarium in Bezug auf den wettbewerbswirtschaftlich-freiheitlichen Diskursgegner (s. u.) deutlich verbessern helfen.

10. Nicht zuletzt ist festzuhalten: Die kritisch-emanzipative Perspektive hat die meisten Schwierigkeiten damit, die Figur eines zivilgesellschaftlich-koordinativ engagierten Verwaltungsmitarbeiters und Politikers anzuerkennen, ja sie zunächst einmal zumindest nicht abzulehnen. An diesem Gegenüber von Benachteiligten, gesellschaftlich Untenstehenden, Machtlosen, Nichtherrschenden will man, so ist zu vermuten, nicht mitbauen. Mehr als eine Zurückhaltung kann deshalb nicht empfohlen werden. Einzig eine gewisse Aufnahme der Erweiterung der eigenen Leitfigur (des Benachteiligten) um Engagementanteile, wie es die bürgerschaftlichen Debatten empfohlen haben, die Tradition der kritischen Forschung zu neuen sozialen Bewegungen und Protest schon lange nahe legt und in Ansätzen geschieht, ist zu erhoffen – und so eine kleine Verschiebung der eigenen Leitfigur in Richtung Staat zu vollziehen.

B) Die institutionen-affine Perspektive der klassischen Volks- und Betriebswirtschaftslehre bzw. Verwaltungswissenschaft, die sich häufig als Interessenvertretung derer der oben, der gesellschaftlich und institutionell Verantwortlichen und Führenden und vor allem ihrer Institutionen versteht, müsste folgende Argumente in die Auseinandersetzung einbringen sowie folgende Aspekte des eigenen Standpunktes überdenken:

1. Sphären bedürfen der Gestaltung. Das ist eine zentrale Führungsaufgabe. Sphären eignen sich allerdings nur wenig dafür, sie sektoral, institutionell und von oben her zu vermessen und zu gestalten.

2. Es gilt, die Marktwirtschaft zu gestalten. Das erfordert, nicht nur Führungs- und Institutionenfragen zu behandeln (oder wirtschaftstheoretische Kriterien zur Vermessung der Sphäre der Kooperationen und Vergemeinschaftung zu nutzen, wie in der Dritte-Sektor-Forschung stetig getan wird),

sondern Angebote am – weitestgehend gleichwertigkeitsbasierten – Leitbild des Kunden das Handeln der Institutionen und ihrer Führung zu orientieren. Ein Staat, der Vereinigungsfreiheit (die zu freigemeinnützigen Organisationen wie auch gewerblichen Unternehmen führt) und Vertragsfreiheit (der zu Kooperation wie auch Wettbewerb führt) gewährleistet, ist aufgerufen, Kundensouveränität zu stärken und Verbraucherschutz zu gewährleisten.

3. Die demokratische gesellschaftliche Erneuerung kann auch von oben her zustande kommen. Sie muss jedoch gewährt werden. Das ist für Institutionen wie auch Führung jedoch eine hoch anspruchsvolle, noch ungelöste Aufgabe, die keinesfalls ‚in der Natur der Sache' liegt, haben Institutionen und Führung doch z. T. auch andere Handlungslogiken und Prinzipien. Der Staat kann Vorreiter und Modellprojekt einer solchen Veränderung sein, die Wirtschaft bedarf des – gesellschaftlichen und staatlichen – Auftrags, nachzuziehen[5].

4. Die Vertreter der institutionen-affinen Perspektive, d. h. der klassischen Volkswirtschaftslehre, der Betriebswirtschaft und der Verwaltungswissenschaften wissen, dass in den Konzepten des Welfare und des Cultural Mix hierarchische Konstellationen mitgedacht werden (bzw. mitgedacht werden müssen) und deshalb soziale und kulturelle Institutionen und ihre Führungsstrukturen nicht einfach aufgegeben werden können, weil z. B. Bürger ihre gesellschaftlichen Belange zuvorderst selbst am besten regeln. Bei der Ausgestaltung der Strukturen hat ein Staat – in wie auch immer gearteter und sicher auch volks- und betriebswirtschaftlich sowie verwaltungswissenschaftlich zu vermessenden Form – mitzureden.

5. Der Beitrag einer institutionen-affinen Perspektive zu einem Handlungskonzept der Koordination liegt darin, und hier kann gerade dieser Standpunkt in den Diskursen deutlich gemacht werden, allgemeine Führungskompetenzen deutlich zu machen. Dies zu tun und nicht dabei die Beteiligungskompetenzen zu vernachlässigen, ist eine bedeutende, nicht nur in der Sphäre der Kooperationen und der Vergemeinschaftung geltende, sondern auch im Blick auf eine zivilgesellschaftliche Staatlichkeit wichtige Aufgabe.

6. Das Rahmenkonzept des ermöglichenden Staates bietet Möglichkeiten, volks- und betriebswirtschaftliche sowie verwaltungswissenschaftliche Akzente zu setzen. Eine solche Akzentuierung könnte darin liegen, Modelle

---

[5]...soll nicht das gerade wohlfeile Feigenblättchen Corporate Citizenship als Demokratisierung der Wirtschaft ‚verkauft' werden.

der konkreten Ausformung ermöglichender Institutionalisierung und ermöglichender Führung zu generieren.

7. Zur Frage der Arbeitssituation von Amtspersonen und Politikern, deren Möglichkeiten wie auch Rechte von einem Konzept zivilgesellschaftlicher Staatlichkeit in den Blick genommen werden, können Vertreter einer institutionen-affinen Perspektive – zumeist Volkswirtschaftler, Betriebswirte und Verwaltungswissenschaftler – etwas sagen. Gerade das im staatlichen Bereich häufig beobachtbare Ausspielen von Kompetenzen gegeneinander – hier ein Mitarbeiter mit höherer Befugnis, dort einer mit niedriger; hier ein Mitarbeiter im Backoffice-Bereich (in dem Mitarbeiter ausschließlich Mitarbeiterkontakt haben), dort einer im Frontoffice-Bereich (in dem man für Bürgerkontakte verantwortlich ist); hier ein eher beteiligender Kollege, dort ein durchsetzungsfähiger – bedarf der wissenschaftlich theoretischen Bearbeitung.

8. Die Gerechtigkeitsnorm, deren gesellschaftliche und insbesondere kommunale Geltung Anliegen eines Konzepts zivilgesellschaftlicher Staatlichkeit ist wird von volkswirtschaftlicher, betriebswirtschaftlicher und insbesondere verwaltungswissenschaftlicher Perspektive aus als ethisches Prinzip angesehen, das außerhalb der eigenen Zuständigkeitssphäre, den konkreten Institutionen und der konkreten Führung, gilt und auf die hin es einen Annäherungsprozess geben muss.

9. Auch wenn die Ausbuchstabierung der gesellschaftlichen Grundnorm der Freiheit am stärksten eine Fähigkeit der wettbewerbswirtschaftlich-freiheitlichen Perspektive (s. u.) zu sein scheint (gerade aus volkswirtschaftlicher Perspektive, aus der ja auch, vielleicht wird das an dieser Stelle deutlich, die Unterschiede und häufig asymmetrischen hierarchischen Beziehungen *zwischen* Märkten und Wirtschaftsformen sowie Unternehmen analysiert werden), sind – auch – freiheitliche Analysekategorien und Entwicklungskriterien gesucht (soll nicht immer nur auf die sehr allgemeine theoretische Grundnorm der Freiheit der Märkte abgestellt werden). In ein solches Konzept den Staat einzubinden, ist eine weitere schwergewichtige Zukunftaufgabe.

10. Eine letzte Überlegung sei angestellt: Die Figur eines zivilgesellschaftlich-koordinativ engagierten Verwaltungsmitarbeiters und Politikers stößt – völlig anders als in der kritischen-emanzipatorischen Perspektive – in der institutionen-affinen Perspektive auf Resonanz. Führungskräfte, die auf den Märkten nicht ‚Wölfe‘ und in ihren Unternehmen nicht Ausbeuter sind, sondern in der Lage sind zu strukturieren, zu definieren, zu regulieren und zu steuern, gelten schon lange als ein Ideal in diesem Feld und können insofern protegiert werden.

C) Vom Standpunkt einer wettbewerbswirtschaftlich-freiheitlichen Perspektive, für die individuelle Freiheit ein höherer Wert ist als staatliche Ordnung und staatlicher Ausgleich, bedarf eine Theorie und Praxis zivilgesellschaftlicher Staatlichkeit Folgendes (und ist Folgendes am eigenen Standpunkt weiterzuentwickeln):

1. Zunächst muss gesagt werden: Der Umstand, dass gesellschaftliche Sphären keine akteursfreien Räume sind, sondern von Menschen geschaffen und gestaltet werden, verweist darauf, die Autonomie und die Verantwortung des Einzelnen zu betonen, wie es aus wettbewerbswirtschaftlich-freiheitlicher Perspektive heraus geschieht, aber auch die daraus entstehende Vielfalt theoretisch zu fassen sowie argumentativ aktiv in die Diskurse um zivilgesellschaftliche Staatlichkeit einzubringen[6].

2. Die herrschende Marktwirtschaft entspricht einem menschlichen Grundbedürfnis, kann diese Perspektive argumentieren. Es gibt aber auch andere menschliche Bedürfnisse. Insbesondere Kooperation und Vergemeinschaftung beruhen nicht ausschließlich auf stetem Tausch von Gütern und Gaben (im Sinne von Handel) und sind nicht ausschließlich auf diesen hin angelegt. Deutlicher als bisher muss aber auch gesagt werden, dass der Staat keinesfalls Akteur in der Marktwirtschaft sein kann. Der Staat hat die Marktwirtschaftlichkeit nur zu ermöglichen (in dem er Akteure und Akteursbeziehungen ermöglicht, transparent sowie verantwortlich macht und im Zweifelsfall interveniert).

3. Die demokratische Erneuerung der Gesellschaft, eine bedeutende zivilgesellschaftliche Forderung, ist aus der Sicht der Vertreter einer wettbewerbswirtschaftlich-freiheitlichen Perspektive eine Hinwendung zum Bürger und zum Konzept des – freien – Bürgers. Eine solche zumeist an den Staat adressierte Forderung nicht als eine allgemeine Zurückhaltungsforderung, sondern als einen in Reformauftrag zu begreifen, stünde dieser Perspektive gut zu Gesicht (die überhaupt zu wenig Argumente dafür bringt, was der Staatsabbau außerhalb der allgemeinen Kostenreduktion für Erfolge zeigen soll).

4. Aus wettbewerbswirtschaftlich-freiheitlicher Perspektive ist das Konzept des Wohlfahrtspluralismus und des kulturellen Pluralismus zu begrüßen, rückt es doch – auch – das Prinzip individueller Selbstbestimmung ins Blickfeld, durch das es – aus Sicht der Vertreter der wettbewerbswirtschaftlich-freiheit-

---

[6]…und nicht nur in Form der Resignation: „Es gibt ja viel zu viel, was vielfalt- und autonomiefeindlich ist!".

lichen Perspektive – erst zur Vielfalt einer modernen Gesellschaft kommen kann. Zuzulassen, dass die Rolle des Staats in kultureller Hinsicht überhaupt eine Frage ist, die nicht sofort mit Nein beantwortet werden kann, muss sich wettbewerbswirtschaftlich-freiheitliche Perspektive erst noch eingestehen.

5. Das sich im Blick auf eine Konzeption zivilgesellschaftlicher Staatlichkeit empfehlende Handlungskonzept der Koordination mag zunächst, so scheint es, kein Schwerpunkt der wettbewerbswirtschaftlich-freiheitlichen Perspektive zu sein. Allerdings kann ein wettbewerbswirtschaftlich-freiheitlicher Beitrag zur Ausformulierung eines solchen Konzepts darin liegen, zunächst einmal selbst anzunehmen, dass Innovation und Produktivität auch bzw. gerade auch in Netzwerken gedeihen und aus Netzwerken heraus möglich werden, wird entsprechend koordiniert. Dass dies auch eine staatliche Koordination sein kann, wird sehr schwer praktisch zu akzeptieren wie auch theoretisch zu fassen sein.

6. Der ermöglichende Staat ist möglicherweise kein allzu wettbewerbswirtschatlich-freiheitliches Rahmenkonzept. Akzeptiert die wettbewerbswirtschaftlich-freiheitliche Perspektive, dass Staatlichkeit wichtig und nicht Schlankheit das zu favorisierende Merkmal eines Staates ist und nicht nur gut positionierte betuchte Bürger, die als Mäzen bzw. Stifter agieren, sondern auch Benachteiligte, Bedürftige und – im deutschen Sozialstaat anspruchsberechtigte – Personen einen Beitrag zur Konstitution der Gesellschaft leisten, was nur mithilfe spezifischer ausgleichender Unterstützung geht, sind gewinnbringende Beiträge der wettbewerbswirtschaftlich-freiheitlichen Perspektive zu den Debatten um den ermöglichenden Staat zu erwarten.

7. Für die Vertreter der wettbewerbswirtschaftlich-freiheitlichen Perspektive ist die Frage der Rechte und Möglichkeiten von Mitarbeitern eine, die sie zunächst auch mit Bezug auf allgemeine Bürgerrechte zu lösen suchen. Da dies möglicherweise wenig zielführend ist, lohnt es, dass die wettbewerbswirtschaftlich-freiheitlichen Vertreter sich – mit theoretischem Anspruch – den unterschiedlichen Freiheitsgraden (wie auch den unterschiedlichen Bezügen und Einbettungen) gerade in hierarchischen Institutionen stellen, in denen beileibe nicht jeder Mitarbeiter so etwas wie ein kreativer und freier Unternehmer ist.

8. Die Norm der Gerechtigkeit ist eine zentrale, deren Erhalt Anliegen einer zivilgesellschaftlichen Staatlichkeit – ein rotes Tuch für eine wettbewerbswirtschaftlich-freiheitliche Perspektive. Gerechtigkeit im Sinne eines Gleichgewichts stellt sich für sie auf Märkten wie von unsichtbarer Hand organisiert ein. Vielmehr möchte man über sie nicht sagen, ist Gerechtigkeit für d eine wettbewerbswirtschaftlich-freiheitliche Perspektive doch

eine Norm, die – für sie negativ – dazu genutzt wird, in Märkte einzu-
greifen. Sich dieser Norm und der mit ihr verbundenen Gleichberechtigungsprinzipien sowie die Prinzipien der Gleichwertigkeit der Lebensverhältnisse
zu nähern, ist Aufgabe für diese Perspektive, ist diese Norm in Verbindung
mit ihren Prinzipien, befasst man sich mit ihr, ja doch auch eine Grundlage
der Freiheit so vieler Menschen (wie der Liberale John Rawls vielleicht am
treffendsten institutionentheoretisch und freiheitlich ausgearbeitet hat, vgl.
Rawls 1979).

9. Die Norm der Freiheit und die daran anknüpfenden – bürgerlichen – Freiheitsrechte gelten – zumindest in der Selbstwahrnehmung – als Schwer-
punktkompetenz der wettbewerbswirtschaftlich-freiheitlichen Perspektive.
Dies darf nicht darüber hinwegtäuschen, dass aus staatlicher Sicht grundlegende theoretische Probleme wie die Herstellung von Selbstständigkeit,
der Umgang mit Autonomie und Vielfalt noch nicht gelöst sind. In dieser
Hinsicht Licht in das Dunkel zu bringen, mögen sich die Vertreter der wettbewerbswirtschaftlich-freiheitlichen Perspektive berufen fühlen. Gerade der
Staat weiß in dieser Hinsicht um offene Fragen!

10. Nicht zuletzt ist zu sagen, dass wie aus der Sicht der kritisch-emanzipatorischen wie auch aus Sicht der wettbewerbswirtschaftlich-freiheitlichen
Perspektive die Leitfigur des zivilgesellschaftlich-koordinativ engagierten
Verwaltungsmitarbeiters und Politikers sehr skeptisch betrachtet wird. Dieser Perspektive ist zu empfehlen, ihre Leitfigur des Individualisten (von
der bspw. Strachwitz ausgeht) weiter zur Leitfigur des Mäzens, des Paten,
des Stifters, Sponsors, Spenders und Förderers zu entwickeln, so wie es
geschieht – und diese Figur in die Debatten zu bringen und so ein neues
Gegenüber einer staatlichen Figur klarer zu beschreiben[7].

6.3.2   Empfehlungen für eine zivilgesellschaftlich-koordinative Perspektive zivilgesellschaftlicher Staatlichkeit

Eine eher zivilgesellschaftlich-koordinative Perspektive, die von Vielfalt und
Pluralismus ausgeht, wodurch eine ,gemixte' gesellschaftliche Wirklichkeit
entsteht, und die empfiehlt, Pluralismus und Vielfalt auch zu stärken, könnte

---

[7]Das Gönnertum selbst für eine figürliche Anregung für zivilgesellschaftlich-koordinativ
Engagierte zu halten, empfiehlt sich demgegenüber nicht.

folgende Beiträge zur Ausbuchstabierung eines Konzeptes zivilgesellschaftlicher Staatlichkeit leisten, die auch den eigenen Standpunkt stärken – und könnte sowie folgende Dinge am eigenen Standpunkt überdenken:

1. Gesellschaftliche Sphären sind schwer zu fassen, aber bei genauem Hinsehen ist eine große Vielfalt des Eingehens wie auch Lösens von Beziehungen, der Innenlebensstärkung wie auch Außenabgrenzung, der Hierarchisierung wie auch der Immerwiederherstellung gleicher Augenhöhe zu erkennen. Konzepte des Mix empfehlen sich also.

2. Vielfalt und Pluralismus konstituieren Märkte, auf Märkten wird gehandelt, über den Handel kann ein zufriedenstellender Wohlfahrtsmix hergestellt werden. Diese positive Seite von Wirtschaftlichkeit ist voll anzuerkennen. Handel allein ist jedoch nicht das einzige Verfahren, das einen zufriedenstellenden Wohlfahrtsmix befördert. Verfahren der Kooperation wie auch der Vergemeinschaftung (die zum Teil auch auf Märkten anzuwenden sind) sind ebenso wichtig. Und es bedarf eines die Marktakteure und das Marktgeschehen grundsichernden Staates.

3. Die zivilgesellschaftliche Forderung, die Gesellschaft zu demokratisieren – eine Anforderung auch an ein Konzept zivilgesellschaftlicher Staatlichkeit – steht einer zivilgesellschaftlich-koordinativen Perspektive gut zu Gesicht, ist es doch gerade von diesem Standpunkt aus wichtig, allzu starre Hierarchien und hierarchische Verfestigungen immer wieder zu verflüssigen, damit so etwas wie gleiche Augenhöhe, Pluralität und darauf aufbauend Vielfalt überhaupt ermöglicht werden. Gleichzeitig den Staat klar in der Gesellschaft zu verorten, damit er handlungsfähig wird – im Sinne eines Konstitutivs von Netzwerken, im Sinne der Gewährung des Agierenkönnens von Akteuren in Netzwerken und im Sinne der Stärkung benachteiligter Positionen in Netzwerken.

4. Wohlfahrtspluralismus und Welfare Mix sind empirisch-normative Kernkonzepte einer zivilgesellschaftlich-koordinativen Perspektive. Diese Perspektive nicht nur anhand der sozialen Frage und ihrer gesellschaftlichen Beantwortung deutlich zu machen, sondern auch kulturell durchzuspielen, kann eine löbliche Zukunftsaufgabe für eine zivilgesellschaftlich-koordinative Perspektive sein. Dass bei solchen – neuen – Überlegungen auch der Staat mit in den Blick genommen werden muss, der damit als Kulturverantwortlicher – in aller Zurückhaltung – neu entdeckt werden muss, versteht sich von selbst.

5. Ein Handlungskonzept der Koordination, in dem sich netzwerk- und aushandlungsorientierte Formen des Regieruns besonders manifestieren (wie das archetypische Beispiel des – staatlich geleiteten – Gremiums vielleicht

am deutlichsten macht), ist im Sinne einer zivilgesellschaftlich-koordinativen Perspektive zu einem Auseinandersetzungsfeld um zivilgesellschaftliche Staatlichkeit. Die zivilgesellschaftlich-koordinative Perspektive hat sich dafür einzusetzen, das vernetzende Moment der Koordination zu verdeutlichen, gäbe es ohne Koordination doch gar keine Vernetzung.

6. Der ermöglichende Staat ist ein Rahmenkonzept, dass aus Sicht zivilgesellschaftlicher Staatlichkeit zu favorisieren ist. Aus zivilgesellschaftlich-koordinativer Perspektive, die für ein Zusammenspiel und eine gewisse Ausgewogenheit zwischen individuellen, institutionellen, freigemeinnützigen und gewerblichen sowie staatlichen Interessen steht, empfiehlt sich ein solches Konzept, legt es doch sowohl grundgewährende als auch aushandlungsorientierte Governance-Strategien nahe, die für Netzwerke lebenswichtig sind.

7. Vertreter der zivilgesellschaftlich-koordinativen Perspektive haben es leicht, Mitarbeiter gleichzeitig als besonders im Wettbewerb stehend und ihren Nutzen maximierend, als Gemeinschaftswesen und Kooperationsbereite, als Regulierer und Steuerer anzusehen. Wie gerade Letzteres von Einzelnen innerhalb der Prinzipien, Logiken und Praxen geleistet werden kann, muss allerdings noch erforscht werden.

8. Wie auch für die vom Individuum her argumentierenden Vertreter der wettbewerbswirtschaftlich-freiheitlichen Perspektive ist auch für die Vertreter der zivilgesellschaftlich-koordinativen Perspektive die Norm der Gerechtigkeit eine, die sich zunächst ‚natürlich‘ im Wohlfahrts- und Kulturpluralismus einstellt. Mit ihr nicht nur im Sinne eines solchen natürlichen Gleichgewichts umzugehen, ist Hausaufgabe der zivilgesellschaftlich-koordinativen Perspektive, die für sie leichter zu lösen ist als für die Vertreter der wettbewerbswirtschaftlich-freiheitlichen Perspektive, hat die zivilgesellschaftlich-koordinative Perspektive doch weniger zu verlieren, wenn sie dies tut. Im empirischen Teil des Konzepts des Welfare Mix wird ja auch von einer – ‚geheimen‘ – austarierenden Kraft ausgegangen, die dazu führt, dass gewisse Mixverhältnisse sich überhaupt einstellen. In normativer Hinsicht fordert das Konzept eine explizite Kraft, die austariert: den Staat. Das Austarieren zu begründen, bedarf es der Normen der Gerechtigkeit.

9. Das theoretische Konstrukt der Freiheit ist ein Grundkonstrukt einer zivilgesellschaftlich-koordinativen Perspektive, deren Netzwerk- und Aushandlungsschwerpunkt nicht darüber hinwegtäuscht, dass er von grundsätzlich freien autonomen Akteuren ausgeht. Dies zu vertreten, stände der zivilgesellschaftlich-koordinativen Perspektive gut zu Gesicht. Außerdem hat auch sie die Hausaufgabe zu machen, die Rolle sowie die Aufgaben und

Grenzen des Staates in Netzwerken unter freiheitlichen Gesichtspunkten zu definieren.

10. Und nicht zuletzt: Aus Sicht einer zivilgesellschaftlich-koordinativen Perspektive, die in Netzwerken denkt und das Aushandeln in diesen Netzwerken in den Mittelpunkt ihrer Überlegungen stellt, ist es ebenso wie aus Sicht der institutionen-affinen Perspektive – also der Volkswirtschaftslehre, Betriebswirtschafts- und Verwaltungswissenschaften – notwendig, eine spezifische Figur im Netzwerk zu definieren, die das Netzwerk konstituiert, ins Netzwerk einlädt. Innerhalb des Netzwerkes kommt es dieser zivilgesellschaftlich-koordinativ engagierten Person darauf an, zu strukturieren, zu definieren, zu regulieren und zu steuern. Auf jeder dieser Koordinationsstufen wird jeweils gefragt: Wer steht für was? (Strukturieren), Wer ist für welche Aufgabe verantwortlich? (Definieren); Wie soll gehandelt und wie sanktioniert werden? (Regulieren); Welche Rolle hat der Koordinator? (Steuern). Es beinhaltet damit die Logiken von Beteiligung bzw. demokratischen Partizipation sowie der staatlichen Einflussnahme bzw. Machtausübung – und ist damit Sinnbild für eine neue zivilgesellschaftliche Staatlichkeit.

Appendix

Der Begriff *dritter Sektor,* der in den zivilgesellschaftlichen Debatten häufig verwendet wird, meint in dieser Untersuchung eine Sphäre der Kooperation und der Vergemeinschaftung. Diese Sphäre wird verstanden als – neben den primären sozialen Vergemeinschaftungsformen und Netzwerken der Familien, Verwandtschaften und Freundeskreise existierender – Bereich der direkten persönlichen Beziehungen von Menschen in Nachbarschaften und Vereinen und der Sphäre der Interaktion von Zusammenschlüssen, Verbänden, kleinen und großen gesellschaftlichen Gruppierungen (den zumeist freigemeinnützigen Assoziationen).

Bürgerschaftliches Element ist das charakteristischste Merkmal und das Ideal dieses – neben bzw. zwischen Markt und Staat verorteten – dritten Sektors, in dem anders als in den primären Beziehungen auch die Prinzipien der Freiwilligkeit und der Freiheitlichkeit gelten.

Die Studie meint mit dem Begriff *Wirtschaft* zumeist den Sektor bzw. die Sphäre der Marktwirtschaft, deren gewerbliche Akteure – die Unternehmen – in der Innenperspektive betriebswirtschaftlich und in der Außenperspektive wettbewerblich handeln.

Erwerbstätigkeit ist das zentrale individuelle Element von Wirtschaftlichkeit und – neben dem Markt in gesellschaftlicher Perspektive – der individuelle Archetypus dieses Sektors.

Der Begriff *Staat* bezieht sich im hier vorliegenden Text auf den Sektor Staat, zu dem – neben der hier nicht thematisierten Judikative – die Bereiche Verwaltung und Politik gehören. Staatliches Handeln ist Regulations- und Steuerungshandeln, das aus verwaltungsseitiger Sicht häufig anders konnotiert ist als aus (partei-) politischer Perspektive.

Koordinatives Engagement, so das Ergebnis dieser vom dritten Sektor sowie vom Konzept der Zivilgesellschaft her denkenden Studie, ist das zentrale individuelle

© Springer Fachmedien Wiesbaden GmbH, ein Teil von Springer Nature 2019   143
P.-G. Albrecht, *Staatlichkeit aus zivilgesellschaftlicher Perspektive,*
https://doi.org/10.1007/978-3-658-24505-4

Element innerhalb von zivilgesellschaftlicher Staatlichkeit und charakterisiert den zivilgesellschaftlichen Anspruch an diesen Sektor wohl auf das Treffendste.

Das Ausgangs*konzept* der Zivilgesellschaft meint zumeist den dritten Sektor, versucht sich vielfach von der Marktwirtschaft abzugrenzen und appelliert häufig an den Staat. Die Marktwirtschaft einzuhegen, eine Sphäre der Vergemeinschaftung und der Kooperation zu ermöglichen und dafür einen regulierenden und steuernden und insofern zivilgesellschaftlichen Staat zu schaffen, ist konzeptionelles Anliegen der vorgelegten Überlegungen, nämlich *die Konzeption von Staatlichkeit aus zivilgesellschaftlicher Perspektive.*

Literatur

Adloff, F., & Strachwitz, R. G. (2011). Eine Privilegierung von Stiftungen – wozu? *Forschungsjournal Neue Soziale Bewegungen, 1*(2011), 55–65.

Albrecht, P.-G. (2009). Zur zivilgesellschaftlichen Durchdringung von Wohlfahrtsverbänden. *Soziale Arbeit, 4*(2009), 136–146.

Anheier, H. (1997). *Der dritte Sektor in Deutschland. Organisationen zwischen Staat und Markt im gesellschaftlichen Wandel.* Berlin: Edition Sigma.

Backhaus-Maul, H. (1998). Kommunale Sozialpolitik: Sozialstaatliche Garantien und die Angelegenheiten der örtlichen Gemeinschaft. In H. Wollmann & R. Roth (Hrsg.), *Kommunalpolitik: Politisches Handeln in den Gemeinden* (S. 689–702). Bonn: Bundeszentrale für politische Bildung.

Backhaus-Maul, H. (1999). Ende eines Rechtsanspruchs. Die Welfare Reform in den USA. *Nachrichtendienst des Deutschen Vereins, 5*(1999), 409–411.

Backhaus-Maul, H. (2004). Corporate Citizenship im deutschen Sozialstaat. *Aus Politik und Zeitgeschichte, 14*(2004), 23–30.

Backhaus-Maul, H. (2006a). Gesellschaftliche Verantwortung von Unternehmen. *Aus Politik und Zeitgeschichte, 12*(2006), 32–38.

Backhaus-Maul, H. (2006b). Unternehmen in der Zivilgesellschaft. *Blätter der Wohlfahrtspflege, 4*(2006), 123–128.

Backhaus-Maul, H. (2007a). Zivilgesellschaft. In Deutscher Verein (Hrsg.), *Fachlexikon der sozialen Arbeit* (6. Aufl., S. 1065–1066). Baden-Baden: Nomos.

Backhaus-Maul, H. (2007b). Dritter Sektor. In Deutscher Verein (Hrsg.), *Fachlexikon der sozialen Arbeit* (6. Aufl., S. 216–217). Baden-Baden: Nomos.

Backhaus-Maul, H. (2008). Traditionspfad mit Entwicklungspotenzial. *Aus Politik und Zeitgeschichte, 31*(2008), 15–20.

Backhaus-Maul, H. (2009). Akteure in der Sozialwirtschaft. Institutionelle Routinen und neue Gestaltungsspielräume. *Archiv für Wissenschaft und Praxis der sozialen Arbeit, 3*(2009), 62–85.

Backhaus-Maul, H. (2011). Kommunale Selbstverwaltung in der Zivilgesellschaft. Plädoyer für die bürgerschaftliche Revitalisierung einer modernen Institution. *Blätter der Wohlfahrtspflege, 2*(2011), 48–50.

© Springer Fachmedien Wiesbaden GmbH, ein Teil von Springer Nature 2019 145
P.-G. Albrecht, *Staatlichkeit aus zivilgesellschaftlicher Perspektive,*
https://doi.org/10.1007/978-3-658-24505-4

Backhaus-Maul, H., & Bürsch, M. (2005). Moderne Freiwilligendienste in der Zivilgesellschaft. Transatlantische Impulse für neue Initiativen. *Blätter der Wohlfahrtspflege, 3*(2005), 112–114.

Backhaus-Maul, H., & Kunze, M. (2011). Unternehmen in Gesellschaft. Soziologische Zugänge. In A. Schneider & R. Schmidtpeter (Hrsg.), *Corporate social responsibility* (S. 99–1129). Berlin: Gabler.

Backhaus-Maul, H., Biedermann, C., Nährlich, S., & Polterauer, J. (2008). Corporate Citizenship. Die Renaissance unternehmerischen Engagements. *Blätter der Wohlfahrtspflege, 6*(2008), 203–205.

Birkhölzer, K., Kistler, E., & Mutz, G. (Hrsg.). (2004). *Der Dritte Sektor. Partner für Wirtschaft und Arbeitsmarkt.* Wiesbaden: VS Verlag.

Böhnisch, L. (2005). Die Kapitalismusdebatte, der Sozialstaat und die Soziale Arbeit. *Sozialextra, 7–8*(2005), 6–9.

Böhnisch, L., & Schröer, W. (2004). Bürgergesellschaft und Sozialpolitik. *Aus Politik und Zeitgeschichte, 14*(2004), 16–22.

Bundestagsenquetekommission Zukunft des bürgerschaftlichen Engagements (Hrsg.). (2002). *Bericht: Bürgerschaftliches Engagement: Auf dem Weg in eine zukunftsfähige Bürgergesellschaft.* Opladen: Leske und Budrich.

Dahme, H.-J. (2006). Controlling und Evaluation. Neue Managementinstrumente in der Jugendhilfe und ihre Bedeutung für die freien Träger. In H.-J. Dahme & T. Simon (Hrsg.), *Controlling in der offenen Jugendarbeit: Grundlagen und Verfahren, dargestellt an modellhaften Prozessen in der Praxis* (S. 25–47). Berlin: Eigenverlag des Deutschen Vereins für Öffentliche und Private Fürsorge.

Dahme, H.-J. (2008). Krise der öffentlichen Kassen und des Sozialstaats. *Aus Politik und Zeitgeschichte, 12*(13), 11–16.

Dahme, H.-J., & Rammstedt, O. (Hrsg.). (1983). *Georg Simmel – Schriften zur Soziologie.* Frankfurt a. M.: Suhrkamp.

Dahme, H.-J., & Simon, T. (Hrsg.). (2006). *Controlling in der offenen Jugendarbeit: Grundlagen und Verfahren, dargestellt an modellhaften Prozessen in der Praxis.* Berlin: Eigenverlag des Deutschen Vereins für Öffentliche und Private Fürsorge.

Dahme, H.-J., & Wohlfahrt, N. (Hrsg.). (1998). *Umsteuerung oder Ende der Gesundheitsförderung? neue Herausforderungen an die Prävention.* Düsseldorf: Akademie für Öffentliches Gesundheitswesen.

Dahme, H.-J., & Wohlfahrt, N. (2000). Zur politischen Inszenierung von Wettbewerb und Vernetzung im Sozial- und Gesundheitssektor – auf dem Weg zu einem neuen Ordnungsmix? In H.-J. Dahme & N. Wohlfahrt (Hrsg.), *Netzwerkökonomie im Wohlfahrtsstaat: Wettbewerb und Kooperation im Sozial- und Gesundheitssektor* (S. 9–27). Berlin: Edition Sigma.

Dahme, H.-J., & Wohlfahrt, N. (2003). Aktivierungspolitik und der Umbau des Sozialstaates. Gesellschaftliche Modernisierung durch angebotsorientierte Sozialpolitik. In H.-J. Dahme, A. Otto, N. Trube, & N. Wohlfahrt (Hrsg.), *Soziale Arbeit für den aktivierenden Staat* (S. 75–102). Opladen: Leske und Budrich.

Dahme, H.-J., & Wohlfahrt, N. (2007). Aporien staatlicher Aktivierungsstrategien. Engagementpolitik im Kontext von Wettbewerb, Sozialinvestition und instrumenteller Governance. *Forschungsjournal Neue soziale Bewegungen, 2*(2007), 27–39.

Dahme, H.-J. & Wohlfahrt, N. (2008). *Kommunale Selbstverwaltung und Soziale Dienste. Grundlagen, aktuelle Praxis und Entwicklungsperspektiven.* Weinheim und München: Juventa.

Dahme, H.-J., & Wohlfahrt, N. (2009). „Enabling Communities": Die Rettung der kommunalen Daseinsvorsorge durch bürgerschaftliche Sozialpolitik? *Sozialmagazin, 5*(2009), 40–47.

Dahme, H.-J., & Wohlfahrt, N. (2010a). Dezentralisierung und Kommunalisierung: Die Aktivierung des Lokalen als Aufgabe und strategische Ressource bürgerschaftlicher Sozialpolitik. In H.-J. Dahme & N. Wohlfahrt (Hrsg.), *Regiert das Lokale das Soziale? Die Kommunalisierung und Dezentralisierung sozialer Dienste als sozialpolitische Reformstrategie* (S. 26–41). Baltmannsweiler: Schneider-Verlag Hohengehren.

Dahme, H.-J., & Wohlfahrt, N. (2010b). Sozialraumorientierung in der Kinder- und Jugendhilfe. Lebensweltbezogene Fallarbeit oder funktionale Dezentralierung? In H.-J. Dahme & N. Wohlfahrt (Hrsg.), *Regiert das Lokale das Soziale? Die Kommunalisierung und Dezentralisierung sozialer Dienste als sozialpolitische Reformstrategie* (S. 113–128). Baltmannsweiler: Schneider-Verlag Hohengehren.

Dahme, H.-J., & Wohlfahrt, N. (2010c). Freiwilliges Engagement: Wer hilft hier eigentlich wem? Zur Rolle der Verbände in der aktuellen Engagementpolitik. *Sozialmagazin, 10*(2010), 10–19.

Dahme, H.-J., & Wohlfahrt, N. (2010d). Freie Wohlfahrtspflege und Bürgerschaftliches Engagement – Eine Zwischenbilanz. *Theorie und Praxis der sozialen Arbeit, 2*(2010), 115–124.

Dahme, H.-J., & Wohlfahrt, N. (2011a). Neubeginn verbandlicher Engagementpolitik? Ein Kommentar zum Austritt von Arbeiterwohlfahrt und Paritätischem Gesamtverband aus dem Bundesnetzwerk Bürgerschaftliches Engagement. *Theorie und Praxis der sozialen Arbeit, 1*(2011), 58–63.

Dahme, H.-J., & Wohlfahrt, N. (2011b). Gerechtigkeit im Kapitalismus: Anmerkungen zur affirmativen Normativität moderner Gerechtigkeitstheorien. *Neue Praxis, 4*(2011), 385–408.

Dahme, H.-J., & Wohlfahrt, N. (2011c). Freie Wohlfahrtspflege und Bürgerschaftliches Engagement. Eine Zwischenbilanz. *Theorie und Praxis der sozialen Arbeit, 2*(2011), 115–124.

Dahme, H.-J., Grunow, D., Breitkopf, H., et al. (1983). *Gesundheitsselbsthilfe im Alltag: Ergebnisse einer präsentativen Haushaltsbefragung über gesundheitsbezogene Selbsthilfeerfahrungen und -potentiale.* Stuttgart: Enke.

Dahme, H.-J., Otto, H.-U., Trube, A., & Wohlfahrt, N. (Hrsg.). (2003). *Soziale Arbeit für den aktivierenden Staat.* Opladen: Leske und Budrich.

Dahme, H.-J., Kühnlein, G., & Wohlfahrt, N. (2005). *Zwischen Wettbewerb und Subsidiarität: Wohlfahrtsverbände unterwegs in die Sozialwirtschaft.* Berlin: Edition Sigma.

Dettling, W. (2007). Vom Rand in die Mitte? Perspektiven der Bürgergesellschaft. *Forschungsjournal neue soziale Bewegungen, 2*(2007), 7–14.

Dörner, K. (2007). *Leben und Sterben, wo ich hingehöre. Dritter Sozialraum und neues Hilfesystem.* Neumünster: Paranus.

Esping-Andersen, G. (1990). *The three worlds of welfare capitalism.* Princeton: University Press.

Evers, A. (1982). *Praxis der Gemeinden bei der Beteiligung der Bürger an der Bauleitplanung.* Bonn: Bundesministerium für Raumordnung, Bauwesen und Städtebau.

Evers, A. (1989). *Arbeit und Engagement im intermediären Bereich: Zum Verhältnis von Beschäftigung und Selbstorganisation in der lokalen Sozialpolitik.* Augsburg: Maro.

Evers, A. (2002). Arbeitsmarkt- und beschäftigungspolitische Innovationen in Europa: Potenziale und Grenzen dezentraler Kooperationsansätze. *Arbeit und Sozialpolitik, 3/4*(2002), 45–58.

Evers, A. (2003). Öffentliche Einrichtungen als soziale Unternehmen. Potenziale hybrider Organisationsformen im Bereich sozialer Dienstleistungen. In J. Allemendinger (Hrsg.), *Entstaatlichung und soziale Sicherheit. Verhandlungen des 31. Kongresses der deutschen Gesellschaft für Soziologie in Leipzig.* (Bd. II, S. 975–990). Opladen: Leske und Budrich.

Evers, A. (2004). Sektor und Spannungsfeld. Zur Theorie und Politik des dritten Sektor. In Aktive Bürgerschaft e. V. (Hrsg.), *Diskussionspapiere zum Nonprofit-Sektor* (Paper Nr. 27) (S. 975–990). Münster: Westfälische Wilhelms-Universität.

Evers, A. (2005). Konzepte der EU-Kommission zu Sozialdienstleistungen und die Rolle der deutschen Wohlfahrtsverbände. *Theorie und Praxis der Sozialen Arbeit, 2*(2005), 36–43.

Evers, A. (2007). Dabei sein ist alles? Wie die Bürgergesellschaft Eingang in Politik und Sozialstaat findet. *Forschungsjournal Neue soziale Bewegungen, 2*(2007), 48–54.

Evers, A. (2008). Investiv und aktivierend oder ökonomistisch und bevormundend? Zur Auseinandersetzung mit einer neuen Generation von Sozialpolitiken. In A. Evers & R. G. Heinze (Hrsg.), *Sozialpolitik. Ökonomisierung und Entgrenzung* (S. 227–249). Wiesbaden: VS Verlag.

Evers, A. (2011). Der Bezugsrahmen Zivilgesellschaft. Definitionen und ihre Konsequenzen für die Engagementforschung. *Soziale Arbeit, 6*(2011), 207–220.

Evers, A., & Ewert, B. (2010). Hybride Organisationen im Bereich sozialer Dienste: Ein Konzept, sein Hintergrund und seine Implikationen. In T. Klatetzki (Hrsg.), *Soziale personenbezogene Dienstleistungen* (S. 103–128). Wiesbaden: VS Verlag.

Evers, A., & Heinze, R. G. (Hrsg.). (2008). *Sozialpolitik. Ökonomisierung und Entgrenzung.* Wiesbaden: VS Verlag.

Evers, A., & Nowotny, A. (1987). *Über den Umgang mit Unsicherheit. Die Entdeckung der Gestaltbarkeit von Gesellschaft.* Frankfurt a. M.: Suhrkamp.

Evers, A., & Olk, T. (1996). *Wohlfahrtspluralismus. Vom Wohlfahrtsstaat zur Wohlfahrtsgesellschaft.* Wiesbaden: Westdeutscher Verlag.

Evers, A., & Wiesner, C. (2006). Eine neue Kultur des Regierens und Verwaltens? Zur weiteren Entwicklung des Programms Soziale Stadt. *Theorie und Praxis der Sozialen Arbeit, 6*(2006), 4–12.

Evers, A., Leichsenring, K., & Pruckner, B. (1993). *Alt genug, um selbst zu entscheiden. Internationale Modelle für mehr Demokratie in Altenhilfe und Altenpolitik.* Freiburg i.Br.: Lambertus.

Evers, A., Rauch, U., & Stitz, U. (2001). Ist Engagement erwünscht? Sein Stellenwert im Kontext eines Umbaus öffentlicher Dienste und Einrichtungen. In R. G. Heinze & T. Olk (Hrsg.), *Bürgerengagement in Deutschland* (S. 209–230). Opladen: Leske und Budrich.

Evers, A., Heinze, R. G., & Olk, T. (Hrsg.). (2011). *Handbuch Soziale Dienste.* Wiesbaden: VS Verlag.

FDP-Bundesvorstand (Hrsg.). (2007). *Mehr Markt im Sozialmarkt: Chance für mehr Qualität, Kosteneffizienz und Kundenzufriedenheit* (Beschlusspapier vom 17.09.2007). Berlin: Bundesvorstand der FDP.

Greiffenhagen, M. (1999). Deutschland und die Zivilgesellschaft. *Landeszentrale für politische Bildung Baden-Württemberg, 3*(1999), 48–152.

Grunow, D., Wohlfahrt, N., & Nothbaum-Leiding, B. (1988). *Bürgernähe der Verwaltung.* Frankfurt a. M.: Campus.

Habermas, J. (1992). *Faktizität und Geltung. Beiträge zur Diskurstheorie des Rechts und des demokratischen Rechtsstaats.* Frankfurt a. M.: Suhrkamp.

Hornstein, W., & Mutz, G. (1993). *Die europäische Einigung als gesellschaftlicher Prozess. Soziale Problemlagen, Partizipation und kulturelle Transformation.* Baden-Baden: Nomos.

Klatetzki, T. (Hrsg.). (2010). *Soziale personenbezogene Dienstleistungen.* Wiesbaden: VS Verlag.

Klein, A. (2001). *Diskus der Zivilgesellschaft.* Opladen: Leske und Budrich.

Klein, A. (2005). Bürgerschaftliches Engagement und Zivilgesellschaft – die reformpolitische Diskussion. *Archiv für Wissenschaft und Praxis der sozialen Arbeit, 4*(2005), 4–19.

Klein, A., & Schmalz-Bruns, R. (Hrsg.). (1997). *Politische Beteiligung und Bürgerengagement in Deutschland.* Bonn: Bundeszentrale für politische Bildung.

Klie, T. (2011). *Zivilgesellschaft – Mehr als ein dritter Sektor.* Zentrum für zivilgesellschaftliche Entwicklung Freiburg im Breisgau 2011. http://www.zze-freiburg.de/assets/pdf/Unser-Verstaendnis-von-Zivilgesellschaft-zze.pdf. Zugegriffen: 1. Sept. 2012.

Klie, T., & Roß, P. (2005). Wie viel Bürger darf's denn sein!? Bürgerschaftliches Engagement im Wohlfahrtsmix. *Archiv für Wissenschaft und Praxis der sozialen Arbeit, 4*(2005), 20–43.

Kühnlein, I., & Mutz, G. (1996). *Psychotherapie als Transformationsprozess.* Opladen: Westdeutscher Verlag.

Lynen von Berg, H., & Roth, R. (Hrsg.). (2003). *Maßnahmen und Programme gegen Rechtsextremismus wissenschaftlich begleitet.* Opladen: Leske und Budrich.

Mutz, G. (1983). *Sozialpolitik als soziale Kontrolle am Beispiel der psychosozialen Versorgung.* München: Profil.

Mutz, G. (1995). *Biografische Kontinuität im Transformationsprozess. Ein wissenssoziologischer Beitrag zur Transformationsforschung* (Habilitationsschrift). München: Universitätsschriften.

Mutz, G. (2002). Corporate Citizenship in Deutschland. Annäherungen an ein zivilgesellschaftliches Konzept? *Politische Psychologie, 1/2*(2002), 129–138. Zitiert aus: http://www.b-b-e.de/fileadmin/inhalte/aktuelles/2001/ijf/reden/wiss.../rede_mutz.pdf. Eingesehen am 01.07.2018.

Mutz, G. (2003). Bürgerschaftliches Engagement im Wandel der Arbeitsgesellschaft. In Sozialpädagogisches Institut München (Hrsg.), *Die Gesellschaft umbauen.* München: SPI e. V.

Mutz, G. (2011). Bürgerschaftliches Engagement. Zivilgesellschaftlicher Aufbruch oder Instrumentalisierung? *Sozialextra, 1/2*(2011), 41–44.

Mutz, G., Kühnlein, I., Burda-Viering, M., & Holzer, B. (1997). *Eigenarbeit hat einen Ort. Öffentliche Eigenarbeit im Haus der Eigenarbeit München.* München: MPS & Anstiftung.

Mutz, G., Ludwig-Mayerhofer, W., Koenen, E. J., Eder, K., & Bonß, W. (1995). *Diskontinuierliche Erwerbsverläufe. Analysen zur postindustriellen Arbeitslosigkeit.* Opladen: Leske und Budrich.

Mutz, G., Korfmacher, S., & Arnold, K. (2002). *Corporate citizenship in Deutschland.* Frankfurt a. M.: Deutscher Verein für öffentliche und private Fürsorge.

Nährlich, S. (1998). *Innerbetriebliche Reformen in Nonprofit-Organisationen: Das Deutsche Rote Kreuz im Modernisierungsprozess.* Wiesbaden: Deutscher Universitätsverlag.

Nährlich, S. (2005). Die wollen nur unser Geld! Von der mitunter schwierigen Zusammenarbeit von Unternehmen mit Nonprofit-Organisationen. *Blätter der Wohlfahrtspflege, 3*(2005), 110–111.

Nährlich, S. (2007a). Orientierungslos, mutlos, machtlos: Die Idee der Bürgergesellschaft hat es noch nicht zum gesellschaftlichen Leitbild geschafft. *Blätter der Wohlfahrtspflege, 4*(2007), 151–152.

Nährlich, S. (2007b). Bürgerstiftungen. In A. Habisch (Hrsg.), *Handbuch corporate citizenship. Corporate social responsibility für manager* (S. 9–21). Berlin: Springer.

Nährlich, S. (2007c). Temporäre Beschaulichkeit um einen innovativen Kern: Bürgerstiftungen in Deutschland. *Blätter der Wohlfahrtspflege, 2*(2007), 48-52.

Nährlich, S. (2008). Euphorie des Aufbruchs und Suche nach gesellschaftlicher Wirkung. *Aus Politik und Zeitgeschichte, 31*(2008), 26–31.

Nährlich, S., & Strachwitz, R. G. (2005). Zur Standortbestimmung von Bürgerstiftungen und Zivilgesellschaft. In S. Nährlich, R. G. Strachwitz, E. M. Hinterhuber, & K. Müller (Hrsg.), *Bürgerstiftungen in Deutschland. Bilanz und Perspektiven* (S. 9–26). Wiesbaden: VS Verlag.

Nährlich, S., & Zimmer, A. (2000). Management Know-how für eine aktive Bürgerschaft. In S. Nährlich & A. Zimmer (Hrsg.), *Management in Nonprofit-Organisationen: Eine praxisorientierte Einführung* (S. 9–21). Opladen: Leske und Budrich.

Nährlich, S., et al. (2008). Corporate Citizenship: Die Renaissance unternehmerischen Engagements. *Blätter der Wohlfahrtspflege, 6*(2008), 203–205.

Nullmeier, F. (2002). Vergeßt die Bürgergesellschaft?! *Forschungsjournal Neue Soziale Bewegungen, 14, 4*(2002), 13–20.

Olk, T. (2004). Zwischen Sozialmarkt und Bürgergesellschaft: Die Wohlfahrtsverbände im expandierenden Sozialstaat. *Sozialextra, 11*(2004), 6–10.

Olk, T. (2005). Bürgerschaftliches Engagement. In D. Kreft & I. Mielenz (Hrsg.), *Wörterbuch Soziale Arbeit* (S. 178–182). Weinheim: Beltz.

Olk, T. (2007). Hat sich Engagementpolitik etabliert? *Forschungsjournal Neue soziale Bewegungen, 2*(2007), 15–26.

Priller, E. (Hrsg.). (2011). *Zivilengagement. Herausforderungen für Gesellschaft, Politik und Wissenschaft.* Berlin: Lit.

Priller, E., & Zimmer, A. (2005). Ein europäischer Vergleich von Dritte-Sektor-Organisationen. *Archiv für Wissenschaft und Praxis der sozialen Arbeit. Vierteljahresheft zur Förderung von Sozial- Jugend- und Gesundheitshilfe, 4*(2005), 128–145.

Putnam, R. (1999). Demokratie in Amerika am Ende des 20. Jahrhunderts. In F. W. Graf, A. Platthaus, & S. Schleissing (Hrsg.), *Soziales Kapital in der Bürgergesellschaft* (S. 21–70). Stuttgart: Kohlhammer.

Rawls, J. (1979). *Eine Theorie der Gerechtigkeit.* Frankfurt a. M.: Suhrkamp.

Rifkin, J. (1995). *Das Ende der Arbeit und ihre Zukunft.* Frankfurt a. M.: Campus.

Roß, P., Grüger, C., & Haigis, T. (2007). Regieren in der Bürgerkommune. *Forschungsjournal Neue soziale Bewegungen, 2*(2007), 194–200.

Roth, R. (1985). *Rebellische Subjektivität. Herbert Marcuse und die neuen Protestbewegungen.* Frankfurt a. M.: Campus.

Roth, R. (1987). Kommunikationsstrukturen und Vernetzungen in neuen sozialen Bewegungen. In R. Roth & D. Rucht (Hrsg.), *Neue soziale Bewegungen in der Bundesrepublik Deutschland* (S. 68–88). Bonn: Bundeszentrale für politische Bildung.

Roth, R. (1995). Kommunitaristische Sozialpolitik? Anmerkungen zur aktuellen Debatte über Professionalität und Ehrenamt in der Sozialpolitik. *Forschungsjournal Neue soziale Bewegungen, 3*(1995), 44–53.

Roth, R. (1998). Lokale Demokratie „von unten" – Bürgerinitiativen, städtischer Protest, Bürgerbewegungen und neue soziale Bewegungen in der Kommunalpolitik. In H. Wollmann & R. Roth (Hrsg.), *Kommunalpolitik. Politisches Handeln in den Gemeinden* (S. 2–22). Bonn: Bundeszentrale für politische Bildung.

Roth, R. (2000). Bürgerschaftliches Engagement – Formen, Bedingungen, Perspektiven. In A. Zimmer & S. Nährlich (Hrsg.), *Engagierte Bürgerschaft* (S. 25–48). Opladen: Leske und Budrich.

Roth, R. (2004). Die dunklen Seiten der Zivilgesellschaft – Grenzen einer zivilgesellschaftlichen Fundierung von Demokratie. In A. Klein, K. Kern, B. Geißel, & M. Berger (Hrsg.), *Zivilgesellschaft und Sozialkapital*. Wiesbaden: VS Verlag.

Roth, R. (2005). Die Hartz-Reformen – Ein politischer Gau. *AKP Fachzeitschrift für alternative Kommunalpolitik, 6*(2005), 41–43.

Roth, R. (2006). Abschied von der Zivilgesellschaft. Kritische Anmerkungen zur zweiten Runde der Bundesprogramme gegen Rechtsextremismus und Fremdenfeindlichkeit. *Forschungsjournal Neue Soziale Bewegungen, 4*(2006), 6–15.

Roth, R. (2008). Ideen für eine Bundesstiftung zur Demokratieförderung und Rechtsextremismusprävention. *Forschungsjournal Neue Soziale Bewegungen, 4*(2008), 115–121.

Roth, R. (2009). Die Bedeutung des bürgerschaftlichen Engagements für die Zukunftsfähigkeit der Kommunen. *Forschungsjournal Neue Soziale Bewegungen, 22*(2009), 123–130.

Roth, R. (2010). *Demokratie braucht Qualität! Beispiele guter Praxis und Handlungsempfehlungen für erfolgreiches Engagement gegen Rechtsextremismus*. Berlin: Friedrich Ebert Stiftung.

Roth, R., & Gesemann, F. (2011). *Kommunale Integrationspolitik. Probleme, Konzepte, Strategien und Erfolge in der Integration von Zuwanderern in Deutschland*. Bonn: Bundeszentrale für politische Bildung.

Roth, R., & Olk, T. (2007). *Mehr Partizipation wagen. Argumente für eine verstärkte Beteiligung von Kindern und Jugendlichen*. Gütersloh: Bertelsmann Stiftung.

Roth, R., & Rucht, D. (2000). Jugendliche heute: Hoffnungsträger im Zukunftsloch? In R. Roth & D. Rucht (Hrsg.), *Jugendkulturen, Politik und Protest* (S. 9–35). Opladen: Leske und Budrich.

Roth, R., & Rucht, D. (Hrsg.). (1987). *Neue soziale Bewegungen in der Bundesrepublik Deutschland*. Bonn: Bundeszentrale für politische Bildung.

Roth, R. & Rucht, D. (2008). *Die sozialen Bewegungen in Deutschland seit 1945. Ein Handbuch*. Frankfurt a. M.: Campus.

Roth, R., et al. (2007). *Wir und die anderen: Gruppenauseinandersetzungen Jugendlicher in Ost und West* (gemeinsam mit P.-G. Albrecht, R. Eckert, C. Thielen-Reffgen & T. Wetzstein). Wiesbaden: VS Verlag.

Roth, R., Gesemann, F., & Aumüller, J. (2010). *Abschlussbericht zur Evaluation des Berliner Landesprogramms gegen Rechtsextremismus, Rassismus und Antisemitismus.* (Kurzfassung in Thesenform). Berlin: Institut für Demokratische Entwicklung und Soziale Integration.

Rucht, D., & Roth, R. (2000). Weder Rebellion noch Anpassung: Jugendproteste in der Bundesrepublik 1950–1994. In R. Roth & D. Rucht (Hrsg.), *Jugendkulturen, Politik und Protest* (S. 283–303). Opladen: Leske und Budrich.

Sachße, C. (2008). Zur intellektuellen Biografie von Adalbert Evers. In C. Leggewie & C. Sachße (Hrsg.), *Soziale Demokratie, Zivilgesellschaft und Bürgertugenden* (S. 17–34). Frankfurt a. M.: Campus.

Schröder, G. (2000). Die zivile Bürgergesellschaft. Anregungen zu einer Neubestimmung der Aufgaben von Staat und Gesellschaft. In Friedrich-Ebert-Stiftung (Hrsg.), *Die Bürgergesellschaft. Perspektiven für Bürgerbeteiligung und Bürgerkommunikation* (S. 185–194). Berlin: Dietz.

Schüßler, G., & Strachwitz, R. G. (2002). Sondervotum zur Zusammenfassung des Berichts. In Bundestagsenquetekommission Zukunft des bürgerschaftlichen Engagements (Hrsg.), *Bericht: Bürgerschaftliches Engagement: Auf dem Weg in eine zukunftsfähige Bürgergesellschaft* (S. 742–746). Opladen: Leske und Budrich.

Strachwitz, R. G. (1992a). Bürger und Staat. In R. G. Strachwitz (Hrsg.), *Vorträge und Beiträge 1988–1992* (S. 7–24). Berlin: MAAS.

Strachwitz, R. G. (1992b). Mäzenatentum heute. In R. G. Strachwitz (Hrsg.), *Vorträge und Beiträge 1988–1992* (S. 32–39). Berlin: MAAS.

Strachwitz, R. G. (1992c). Aufbau in den neuen Bundesländern. In R. G. Strachwitz (Hrsg.), *Vorträge und Beiträge 1988–1992* (S. 39–44). Berlin: MAAS.

Strachwitz, R. G. (1992d). Die Stiftung als Instrument des Spendens. In R. G. Strachwitz (Hrsg.), *Vorträge und Beiträge 1988–1992* (S. 45–50). Berlin: MAAS.

Strachwitz, R. G. (1992e). Über das Stiften. In R. G. Strachwitz (Hrsg.), *Vorträge und Beiträge 1988–1992* (S. 51–55). Berlin: MAAS.

Strachwitz, R. G. (1992f). Europäisches Mäzenatentum. In R. G. Strachwitz (Hrsg.), *Vorträge und Beiträge 1988–1992* (S. 56–67). Berlin: MAAS.

Strachwitz, R. G. (1994). *Stiftungen nutzen, führen und errichten – Ein Handbuch.* Frankfurt a. M.: Campus.

Strachwitz, R. G. (1995). *Der Zweite und der Dritte Sektor: Was heißt Corporate Community Investment?* München: Maecenata.

Strachwitz, R. G. (2000a). Aktuelle Strukturfragen von Not-for-Profit-Organisationen. In A. Hauser & R. Neubarth (Hrsg.), *Sozialmanagement – Praxishandbuch Soziale Dienstleistungen* (S. 19–41). Neuwied: Luchterhand.

Strachwitz, R. G. (2000b). Auf dem Weg in die Zivilgesellschaft. Anmerkungen zur Reform des Stiftungs- und Gemeinnützigkeitsrechts. In A. Zimmer & S. Nährlich (Hrsg.), *Engagierte Bürgerschaft. Traditionen und Perspektiven* (S. 325–338). Opladen: Leske und Budrich.

Strachwitz, R. G. (2003). Bürgerschaftliches Engagement in der Zivilgesellschaft. In Sozialpädagogisches Institut München (Hrsg.), *Die Gesellschaft umbauen* (S. 19–35). München: SPI e. V.

Strachwitz, R. G. (2004). Der Staat will sich reformieren – Wo bleibt eigentlich der Bürger? In *Frankfurter Rundschau* 11.02.2004. http://www.strachwitz.com. Zugegriffen: 6. Nov. 2007.

Strachwitz, R. G. (2005). Bürgerstiftungen in der deutschen Stiftungstradition: Zeitgemäßer Ausdruck bürgerschaftlicher Selbstorganisation. In S. Nährlich, R. G. Strachwitz, E. M. Hinterhuber, & K. Müller (Hrsg.), *Bürgerstiftungen in Deutschland. Bilanz und Perspektiven* (S. 27–38). Wiesbaden: VS Verlag.

Strachwitz, R. G. (2007a). Das Stiftungswesen in Deutschland: Gut konstruierte und engagiert geführte Stiftungen weisen eine hohe Krisenresistenz auf. *Blätter der Wohlfahrtspflege,* 2(2007), 43–47.

Strachwitz, R. G. (2007b). Neue Rahmenbedingungen der Zivilgesellschaft. *Forschungsjournal Neue soziale Bewegungen,* 2(2007), 40–47.

Strachwitz, R. G. (Hrsg.). (1992). *Vorträge und Beiträge 1988–1992.* Berlin: MAAS.

Strachwitz, R. G., & Merker, F. (Hrsg.). (2005). *Stiftungen in Theorie, Recht und Praxis. Handbuch für ein modernes Stiftungswesen.* Berlin: Duncker und Humblodt.

Wollmann, H., & Roth, R. (Hrsg.). (1998). *Kommunalpolitik. Politisches Handeln in den Gemeinden* (Erweiterte und revidierte Neuausgabe). Bonn: Bundeszentrale für politische Bildung.

Wurtzbacher, J. (2008). *Urbane Sicherheit und Partizipation. Stellenwert und Funktion bürgerschaftlicher Beteiligung an kommunaler Kriminalprävention.* Wiesbaden: VS Verlag.

Zimmer, A. (Hrsg.). (1992). *Vereine heute – zwischen Tradition und Innovation: Ein Beitrag zur Dritten-Sektor-Forschung.* Basel: Birkhäuser Verlag.

Zimmer, A. (1996). *Vereine – Basiselemente der Demokratie. Eine Analyse aus der Dritte-Sektor-Perspektive (Habilitationsschrift).* Opladen: Leske und Budrich.

Zimmer, A. (1997). Public-Private Partnerships: Staat und Dritter Sektor in Deutschland. In A. Zimmer, H. Anheier, E. Priller, & W. Seibel (Hrsg.), *Der dritte Sektor in Deutschland: Organisationen zwischen Staat und Markt im gesellschaftlichen Wandel* (S. 75–97). Berlin: Edition Sigma.

Zimmer, A. (2001). NGOs – Verbände im globalen Zeitalter. In A. Zimmer & B. Weßels (Hrsg.), *Verbände und Demokratie in Deutschland* (S. 331–358). Opladen: Leske und Budrich.

Zimmer, A. (2002). NGOs als Akteure einer internationalen Zivilgesellschaft. In A. Zimmer & C. Frantz (Hrsg.), *Zivilgesellschaft international: Alte und neue NGOs* (S. 9–22). Opladen: Leske und Budrich.

Zimmer, A. (2005). Die Arbeiterwohlfahrt: Eine Organisation auf Zukunftskurs. *Theorie und Praxis der Sozialen Arbeit,* 1(2005), 4–15.

Zimmer, A. (2009). Zivilgesellschaft – Entwurf und Befund. In K. König & S. Kropp (Hrsg.), *Theoretische Aspekte einer zivilgesellschaftlichen Verwaltungskultur* (S. 13–32). Speyer: Deutsches Forschungsinstitut für die öffentliche Verwaltung.

Zimmer, A. (Hrsg.). (1992). *Vereine heute – Zwischen Tradition und Innovation: Ein Beitrag zur Dritten-Sektor-Forschung.* Basel: Birkhäuser.

Zimmer, A., & Frantz, C. (Hrsg.). (2002). *Zivilgesellschaft international: Alte und neue NGOs.* Opladen: Leske und Budrich.

Zimmer, A., & Hallmann, T. (2002). Identität und Selbsteinschätzung von Nonprofit-Organisationen. In A. Zimmer & C. Frantz (Hrsg.), *Zivilgesellschaft international: Alte und neue NGOs* (S. 279–301). Opladen: Leske und Budrich.

Zimmer, A., & Nährlich, S. (2000). Zur Standortbestimmung bürgerschaftlichen Engagements. In A. Zimmer & S. Nährlich (Hrsg.), *Engagierte Bürgerschaft. Traditionen und Perspektiven* (S. 9–22). Opladen: Leske und Budrich.

Zimmer, A., & Priller, E. (1997). Zukunft des dritten Sektors in Deutschland. In A. Zimmer, H. Anheier, E. Priller, & W. Seibel (Hrsg.), *Der dritte Sektor in Deutschland: Organisationen zwischen Staat und Markt im gesellschaftlichen Wandel* (S. 249–284). Berlin: Edition Sigma.

Zimmer, A., & Priller, E. (2001). Wohin geht der Dritte Sektor? In A. Zimmer & E. Priller (Hrsg.), *Der dritte Sektor international: Mehr Markt – Weniger Staat?* (S. 9–28). Berlin: Edition Sigma.

Zimmer, A., & Priller, E. (2004). *Gemeinnützige Organisationen im gesellschaftlichen Wandel: Ergebnisse der Dritte-Sektor-Forschung.* Wiesbaden: VS Verlag.

Zimmer, A., & Priller, E. (2005). Ein europäischer Vergleich von Dritte-Sektor-Organisationen. *Archiv für Wissenschaft und Praxis der sozialen Arbeit, 4*(2005), 128–144.

Zimmer, A., Bugari, A., & Krötz, G. (1992). Vereinslandschaften im Vergleich: Kassel, München, Zürich. In A. Zimmer (Hrsg.), *Vereine heute – Zwischen Tradition und Innovation: Ein Beitrag zur Dritten-Sektor-Forschung* (S. 170–205). Basel: Birkhäuser Verlag.

Zimmer, A., Joseph, M., & Klingemann, J. (1992c). Vereine und kommunale Unterstützung: Das Beispiel Kassel. In A. Zimmer (Hrsg.), *Vereine heute – Zwischen Tradition und Innovation: Ein Beitrag zur Dritten-Sektor-Forschung* (S. 222–256). Basel: Birkhäuser.

The manufacturer's authorised representative in the EU is Springer
Nature Customer Service Centre GmbH, Europaplatz 3, 69115 Heidelberg,
Germany. If you have any concerns regarding our products, please
contact ProductSafety@springernature.com

Printed and bound by CPI Group (UK) Ltd, Croydon, CR0 4YY
27/04/2026
02097655-0009